KB143663

선비민주주의 총서 Ⅱ

제도적 통섭과
민본의 현대화

유교문화
학술총서
02

선비민주주의 총서 Ⅱ

제도적 통섭과
민본의 현대화

신정근 외 지음

성균관대학교
출 판 부

민주화가 되고 문민정부가 들어서면서 민주주의는 자연히 더욱더 깊어지고 넓어지리라 생각했습니다. 국내외 상황을 보면 민주주의는 심화되지 않고 언제든지 후퇴할 수 있습니다. 그리하여 민주주의가 다시 화두가 되고 있습니다.

2014년 한국연구재단의 토대연구지원사업 과제로 선비민주주의가 제시되었습니다. '다시 민주주의'를 생각하던 시점과 절묘하게 맞물렸습니다. 성균관대학교 유교문화연구소는 이 연구 과제를 신청하기 위해 이현선, 심승우 선생님과 팀을 이루었습니다. 동양철학과 서양정치사상 분야의 공동연구원을 섭외하여 계획서를 작성했습니다. 서로 모르던 사이였지만 계획서 작성 단계에서부터 호흡이 잘 맞았고 과제 선정의 기쁨을 누렸습니다. 아직도 염곡동 한국연구재단 서울청사에서 심사위원들의 공격적인 질문에 대답하고 나와서 결과를 예상하던 일이 엊그제처럼 다가옵니다. 연구과제 명칭은 〈선비정신의 현대화와 대안적 민주주의의 모색: 동양 민본주의와 서양 민주주의의 통섭 연구〉이었습니다. 연구진은 연구책임자를 포함하여 공동연구원 열두 분, 전임연구원 두 분, 연구보조원 두 분으로 큰 규모를 이루었습니다.

과제가 선정된 뒤에 형식적인 공동연구가 아니라 실질적인 공동연구의 기회로 삼자면서 주기적으로 만나고 발표회를 하는 등 연구총서

6권의 집필을 향해 큰 걸음을 내딛었습니다. 박사학위를 하고 적어도 한 분야에서 10년 이상의 내공을 쌓은 연구자들끼리 서로가 서로에게 배우며 교학상장하는 즐거움을 만끽했습니다. 그 과정에서 6권이 모두 완간된다면 민본주의와 민주주의에 관한 담론을 정리하고 대안을 제시할 수 있으리라는 기대에 부풀어 오르기도 했습니다. 3년 과제를 1년 수행하고 연차평가를 받으면서 정말 뜻하지 않은 결과를 받아들여야 했습니다. 모든 과정을 순조롭게 진행했지만 1차년도 연차평가에서 탈락의 고배를 마셨습니다. 공동연구진의 진정성과 열의를 알리기 위해 노력했지만 탈락의 평가를 되돌리지 못하고 공동연구팀은 해체될 수밖에 없었습니다. 결국 연구책임자의 소임을 제대로 수행하지 못한 셈이고 이 점에 대해 공동연구원과 전임연구원으로 참여해 주신 선생님에게 죄송하기 그지없습니다. 우여곡절에도 불구하고 1차년도의 결실을 두 권의 책으로 정리하게 되었습니다. 끝까지 완주하지 못했지만 연구 과제에 참여하고 출간의 약속을 지켜주신 선생님들에게 진심으로 감사의 말씀을 드리지 않을 수가 없습니다. 6권의 약속을 지키지 못한 만큼 앞으로 기회가 된다면 화려하고 뛰어난 분들과 다시 팀을 이루어 여한을 풀 수 있게 되기를 바랍니다. 마지막 팀의 운영에 열의를 쏟고 마지막으로 원고의 수합과 편집에 남다른 열정을 보여준 심승우, 이시우 선생님에게 감사의 말씀을 드리고 공동과제의 수행을 위해 옆에서 많은 일을 도와준 설준영, 김자림 선생님의 노고에도 고마움을 전합니다. 짧은 시간 안에 책을 만드느라 고생하신 출판부 선생님들에게 위로의 마음을 전합니다.

2017년 8월

신정근 씁니다

| 목차 |

• 서문 | 신정근 …………………………………………………………………… 5

• 총론 민본과 민주의 제도적 통섭과 민본주의의 현대적 변용
  | 신정근 …………………………………………………………………………… 9

1부 민본과 민주의 제도적 비교와 통섭

1장 조선시대 민본과 제도 그리고 정치적 효과 | 방상근 …………… 25

2장 아테네 민주주의와 유교 민본주의의 재조명 | 임경석 ………… 73

3장 민본과 민주의 제도적 통섭 가능성에 대한 검토 | 심승우 …… 105

2부 민주주의의 한국적 수용과 민본주의의 서구적 변용

1장 한국적 민주주의의 형성과 민본주의의 역할 | 함규진 ………… 143

2장 민주주의에 대한 민본적 비판과 변용 | 이현선 ………………… 173

3장 민본주의의 '민본'과 소수자 문제 | 이시우 …………………… 193

4장 휴머니즘, 민본주의 그리고 민주주의 | 오수웅 ………………… 237

민본과 민주의 제도적 통섭과
민본주의의 현대적 변용

● 신정근 | 성균관대학교

1. 연구의 의의 및 목적

총서 I에서 우리는 우선 민본주의와 민주주의 각각의 이념과 사상에 나타난 주요 개념 및 그 역사적 전개 과정에서 제도로 구체화된 맥락을 면밀히 고찰하는 연구를 진행하였다. 어떤 사상이 특정한 문화나 국가에서 기원한다고 해서 그 사상의 가치나 유용성이 꼭 그 지역에만 국한되는 것은 아닐 것이다. 민주주의 개념이나 체계를 반드시 최초의 사회적 맥락과 관련해서만 평가해야만 하는 것도 아니다. 더구나 민본주의가 역사 속에서 겉으로 드러난 내용 못지않게 역사적 사실로 제대로 포착되지 않고 실현되지 않은 상태로 담겨 있는 민본주의의 잠재적 가능성에 더욱 주목할 필요가 있다.

역사적 맥락을 적극적으로 고려한다면, 민본주의로 상징되는 한국의 전통적인 정치이념과 지적 사유의 전통은 과거의 유산이나 화석이 아니라 현재까지 한국에 수용된 자유민주주의 등 서구의 정치이념들과 상호 융합되어 우리의 과거를 구성해 왔으며 동시에 현재와 미래의 유용한 이론적·실천적 아이디어와 자원을 제공해 줄 수 있는 정치이념 및 지적 기반으로 작용할 수 있을 것이다. 때문에 총서 Ⅱ에서는 특히 조선의 민본적 제도가 가진 민주적 잠재성과 한국의 민주주의 수용과 정착 과정에서 나타나는 민본주의와 민주주의의 상호 영향 관계를 통섭의 관점에서 조망하고자 한다.

이런 관점에서, 비록 조선의 제도적 질서와 서구의 제도적 질서가 일치하지 않을지라도 민본주의의 정치적 기본방향이 민주주의의 그것과 공통성을 갖는다면 그 공통성에 기반하여 민본주의의 민주적 가치의 보편성을 정밀하게 재구성할 수 있을 것이다. 물론 그 공통성만으로는 충분하지 않을 것이다. 본 연구가 강조하는 부분적/전면적 통섭의 반복적인 적용과 피드백을 통해서만 민주주의에 대한 새로운 해석과 가치, 사유가 창출될 수 있기 때문이다. 더구나 일제의 식민지와 해방 이후 서구 근대화의 일방적인 우세 속에서 전통적 사유와 실천이 오랜 내부적 외부화를 거치면서 물리적으로 정신적으로 서구화되어 버린 것이 우리의 현실이라면, 지금의 대한민국에서 민본주의의 이념체계와 실천을 어떻게 변용하고 재현할 것인가가 절박한 과제가 된다. 개념을 넘어서 민본주의와 민주주의의 제도적 공통성과 진화, 변용에 대한 부단한 천착과 통섭을 진행하는 것은 궁극적으로 현실에 대한 실천적 개입이자 정치적 실험이기도 하다.[1]

이 점에서 총서 Ⅰ과 마찬가지로 총서 Ⅱ에서도 동양과 서양의 가치

---

1 당초 우리 연구의 궁극적인 목적은 동서양 민본과 민주의 개념과 제도적 통섭을 통해 선비정신의 민주적 변용과 이론적 재구성, 대안적 민주주의의 제도적 모델을 구성해 보는 것이었다. 그러나 이 연구는 다음 기회를 약속한다.

체계를 동등한 관점에서 상호 소통과 융합의 가능성을 조망하는 '통섭 (consilience)'의 방법을 통해 동양의 '민본주의'와 서양의 '민주주의'의 제도적 융합 가능성을 적극적으로 모색하고자 한다. 즉, 동양의 민본주의와 서양의 민주주의 사상의 공통분모와 연결지점을 파악해내고 통섭을 통해 민본사상의 민주적 변용과 민주주의 제도의 재구성을 시도한다는 것이다. 서구적 가치와 사유, 동양적 가치와 사유의 자율성을 침해하지 않으면서도 통섭을 통해 민본주의에 내재한 민주주의에 대한 새로운 가치와 사유를 창출하고자 한다. 그러므로 우리 연구의 맥락에서 동양의 민본주의와 서구의 민주주의 사조는 어느 일방의 우세와 지배 속에서 다른 흐름을 편입(환원주의적 통섭)시키는 것이 아니라 다양한 접점에서 서양과 동양의 부분적·전면적 통섭을 통해 새로운 흐름을 만들어내는 비환원주의적 통섭을 의미한다. 물론 이런 모색이 동양과 서양의 단순한 공존이나 병립 혹은 기계적이고 형식적인 통합을 의미하는 것은 더더욱 아니다. 동양의 민본주의와 서구의 민주주의가 하나의 단일한 공통분모를 가지는 것은 아니지만 서로 부분적으로 중첩·순환되면서 관계를 맺는 새로운 제도적 디자인과 재구성을 모색한다는 것을 의미한다.

2. 선비민주주의 총서 II의 내용 및 구성

총서 I이 개념을 중심으로 전개되었다면 총서 II의 1부는 '제도'를 중심으로 민본과 민주의 비교와 통섭을 진행하며(중점과제 2) 핵심주제는 '민본과 민주 제도의 형성과 변화, 정치적 효과'이다.

1부 : 민본과 민주 제도의 형성과 변화, 정치적 효과

① 동양의 민본적 제도의 형성과 변화, 정치적 효과

② 서양의 민주적 제도의 형성과 변화, 정치적 효과

③ 동서양의 민본적 제도와 민주적 제도의 비교와 통섭 가능성

아울러 총서 Ⅱ의 2부에서는 '민주주의의 한국적 수용과 민본주의의 서구적 변용'(중점 과제3)을 주제로 민본주의의 현대적 변용과 적용을 다룬다.

2부 : 민주주의의 한국적 수용과 민본주의의 서구적 변용: 융합과 지평의 확대

① 한국적 민주주의의 형성과 민본주의의 역할

② 민주주의에 대한 민본주의적 비판과 변용

③ 민본주의의 서구적 변용과 민주주의

(1) 민본과 민주 제도의 형성과 변화, 정치적 효과

총서 Ⅱ의 1부에서는 유교적 민본에 대한 이해가 전통적인 정치사회적 제도에 어떻게 나타나고 있는지를 살펴볼 것이며 아울러 민주에 대한 서구의 이해가 역사적 시기별로 어떤 정치사회적 제도로 나타나고 있는지를 비교·고찰해 볼 것이다. 민주주의 사상의 역사가 복잡하며 때로는 상충하는 개념들로 특징된다면 제도의 정치적 성격 역시 획일적으로 규정되기보다는 이견과 논쟁이 존재할 수 있을 것이다. 핵심적인 이슈로서 '누구'를 인민으로 이해할 것인가, '지배와 참여'를 어떻게 이해할 것인가, 인민을 위한 정치는 어떠해야 하는가를 놓고 다양한 제도적 질서와 원리가 가능하다는 것이다. 또한 민본과 민주에

대한 이해는 그에 상응하는 제도와 정치질서를 구성하기 마련이며 시대적 특징과 한계가 아로새겨지기 마련이다. 이 과정에는 역사적 사실로서 제도에 국한되지 않고 민본적 사유에 내재된 잠재적 제도화에 대한 비판적–현대적 재구성의 시도가 포함될 것이다. 이런 맥락에서 동서양의 심의정치와 법치를 중심으로 대안적 민주주의의 제도적 디자인을 모색해 보았다. 이러한 작업을 통해 우리는 민본과 민주에 대한 이해가 수렴되는 제도에 대한 통섭적 이해가 확보될 수 있기를 기대한다.

총서 Ⅱ의 1부 첫 번째 과제로서 방상근은 '조선(동양)의 민본 제도와 정치적 효과'에 대해 공공성을 중심으로 논의를 전개하면서 조선 정치제도의 현대적 함의를 고찰하고 있다. 오늘날 '가산제적 자본주의로의 회귀' 및 '다문화주의 공포의 심화'라는 두 가지 현상은 '민주주의 후퇴'와 밀접한 연관을 갖고 있다. 이 연구는 한국사회가 가산제적 자본주의와 다문화주의 공포의 심화에 영향받을 때, 이러한 변화에 따르는 가장 큰 도전은 연대의 위기와 대표의 위기를 가져옴으로써 우리가 성취한 민주주의의 원활한 작동을 위협한다는 인식에서 출발한다. 특히 방상근은 민주주의 후퇴와 대의민주주의 위기를 어떻게 극복하고 지속 가능한 민주주의는 어떻게 가능할 수 있는지의 문제를 '공공성 가치의 재발견'을 중심으로 논의를 시작하고, 대의민주주의 신뢰회복의 핵심적인 가치로서 한국정치사상 전통에 나타난 민본의 이상과 공공성의 함양을 중심으로 우리 사회에 줄 수 있는 함의를 모색하고자 한다. 이를 위해 먼저 조선시대의 정치에서 공공성의 붕괴에 직면하여 그 회복을 위해 노력했던 구체적인 사례들을 시기별로 나누어 검토하고 공공성의 내용을 절차적 측면, 정치리더십의 측면, 경제적 측면, 사회적 측면으로 나누어 분석한다. 이렇게 제시된 전통사회의 정치적 가치로서의 민본과 공공성은 한국정치에서 정치의 우선성을 회복하고, 민주적 정치과정에서 대의제기관인 의회가 명실상부하게 한국정치의 중심으로 자리매김하는 데 도움을 줄 수 있을 것이다.

총서 II의 1부 두 번째 하위과제에서 임경석은 '아테네 민주주의와 유교 민본주의의 재조명'에서 아테네 민주주의와 유교적 민본주의가 추구했던 각각의 기본 이념과 원칙을 살펴보고, 이후에 양자가 추구하는 가치와 제도가 이상적 민주주의 체제와 비교할 때 어떤 장점과 단점을 지니며, 더 나아가 양자의 현실적 한계점을 정치철학적 관점에서 비교 · 분석하고 있다. 이러한 목표 수행의 과정에서 임경석은 역사적으로 확증된 정치적 · 법적 차원의 제도들뿐만 아니라 아테네 민주주의와 유교 민본주의에 내재된 이념들의 가치 실현과 관련해서 기존에 강조되었던 서구중심주의나 동아시아 가치론의 편협성을 극복하고자 한다. 또한 그동안 간과된 양자의 상보적인 융합작업을 통해 새로운 민주주의 사상을 위한 통섭의 기틀 마련에 초석을 제공해 보고자 했다. 이러한 작업을 위해 필자는 민을 중심으로 아테네 민주주의와 유교 민본주의의 정치적 이상을 함께 수렴할 수 있는 자립적인 생활 경제권의 개념을 강조함으로써 정치적 평등과 민주주의의 연계 필연성에 주목하고 있다. 아울러 이러한 진행과정을 기반으로 현대 대의민주주의의 바람직한 보완책의 한 가지 가능성으로서 선비민주주의 모델에 주목하면서 그 제도적 최소요건을 검토하고 있다.

총서 II의 1부 세 번째 하위과제에서 심승우는 정치와 법치의 영역에서 민본과 민주의 제도적 공통분모와 연결지점에 주목하고 정치적 상상력을 동원해 민주주의 심화의 관점에서 민본적 공론정치의 급진적 현대화와 민본적 법치주의의 민주적 변용을 적극적으로 모색하고 있다. 먼저, 정치 제도의 통섭을 위해 심의정치에 대한 동서양의 제도적 특징과 전통을 분석, 비교, 검토하고 심의의 질적 제고 및 심의정치의 재구성에 부합할 수 있는 전통적 사유의 원리와 가치들을 추출하여 제도적으로 '현대화'시키는 방안을 검토한다. 특히, 한국과 동양의 전통적 사유에 현재 대의정치의 위기를 극복할 수 있는 이론적·실천적 자원들을 도출하고 이런 자원들을 적극적으로 활성화시킬 수 있는 급진적 아이디어를 제안한다. 두 번째로, 동서양의 입헌주의 비교라는 희소한 연구를 진행하는바, 민본적 법치주의의 현대화와 관련하여 조선시대 왕과 관료들이 정치적 주체이자 통치의 주체로서 민본에 입각한 헌법적 가치와 윤리를 내면화했듯이, 그런 헌법적 주체의 민주적 확장을 통해 우리의 헌법이 담고 있는 정치적 가치와 이상, 공동선을 체화하고 정치공동체에 적극 참여할 수 있는 진정한 주체로서 시민의 형성을 적극적으로 모색해야 한다고 주장한다.

(2) 민주주의의 한국적 수용과 민본주의의 서구적 변용: 융합과 지평의 확대

총서 Ⅱ의 2부에서는 오랜 기간 형성되어 온 서구의 민주주의 이론과 제도가 단기간에 한국사회에 수용되면서 어떤 변용을 거쳤는지를 중심적으로 고찰해 보며 민본주의와 민주주의의 통섭의 관점에서 현대 사회의 쟁점에 대한 분석을 전개한다. 이 작업은 민주주의 수용을 가능하게 만들었던 민본주의의 입장에서 민주주의를 비판적으로 검토하는 연구이면서 동시에 서구의 민주주의 개념과 원리의 관점에서 한국의 민본주의 전통에 대한 비판적 검토를 의미한다. 아울러, 이 과정에서 민의 위상과 역할은 어떻게 변화되었는지, 또한 그러한 주체의 변화와 맞물려 있는 제도적 비교를 통해 그 공통성의 기반을 확보하려한다. 이처럼 민주주의 수용에 대한 역사적 분석과 구체적인 이슈에 대한 분석을 통해 개념적·제도적 수준에서 동서양 양자 간의 상호적인 비판적 검토가 전개될 때 민본과 민주의 통섭의 가능성과 전략이 적극적으로 검토될 수 있을 것이다. 특히 이러한 작업을 통해 우리는 민본과 민주의 개념과 가치, 제도의 차이와 이질성 속에서도 핵심적인 공통성을 도출하고 상용 가능성을 정당화/모색할 수 있을 것이다. 이런 연구의 실천적 함의는 한국 민주주의 정착에 지대한 영향을 미쳤던 우리의 전통적 사유가 향후 한국 민주주의의 운동과 제도의 전개에 있어서도 영향을 미칠 것이라는 점이다. 특히 마지막 두 원고는 소수자 문제와 교육 문제라는 현대 한국사회의 주요 쟁점에 대해 전통적 사유와 실천의 적용을 실험적으로 검토하고 있다.

총서 Ⅱ 2부의 첫 번째 하위과제에서 함규진은 '한국적 민주주의의 형성과 민본주의의 역할'에 대해 논하고 있다. '민주주의'가 한국에 이식된 때는 해방 내지 정부 수립부터였고, '정치적 민주주의'가 정립된 때는 1987년 이후였다. 그러나 21세기 초인 지금에 이르러서도 '우리는 과연 민주주의 국가에서 살고 있는가?' '민주주의의 효용이란 무엇인가?' 등의 '민주화 이후의 민주주의' 담론이 종적 없이 유행하고 있다. 그것은 한국 민주주의가 자생적인 이론 구성, 사회운동, 사회개혁 등을 거쳐 이루어진 것이 아니라 사회의 극소수만이 대강의 이념을 인지한 상태에서 '위로부터' 일방적으로 제도의 토대가 놓인 '외생적 기원'을 갖기 때문에, 또한 그 전과 후의 특유의 정치사(해방공간의 정치 과잉, 분단과 전쟁, 냉전으로 인한 이념적 기형화, 오랜 권위주의 정권 등등)가 있었기 때문에, 특유하게 고안, 형성된 '한국적 민주주의'가 오늘날까지 영향을 미치고 있기 때문이라고 볼 수 있다. 그러한 '한국적 민주주의'란 민주주의 제도화에 불리한 환경에서 민주주의를 정립하려는 시도이기도 했고, 그 자체가 그런 민주주의 제도화의 방해물이 되기도 했다.

함규진은 독창적인 시도를 통해 한국적 민주주의의 형성 과정을 분석함에 있어 '민본주의'라는 개념을 제시하고, 그 개념을 '애민'과 '위민'이라는 두 가지 요소 중심으로 정리한 다음, 전통적인 정치사상 및 정치문화에서 비롯된 그러한 민본주의가 한국 민주주의 발전사에 영향을 미친 과정을 주로 집권세력과 그 대항세력이 표출한 담론에 대한 문헌 분석으로 탐구하며, 마지막으로 오늘날 한국 민주주의의 숙제에 대하여 민본주의가 어떤 의미를 갖는지를 고찰한다. 민본주의는 정치사적으로 명백히 제기된 이념도 아니고, 정치사상사적으로 확고히 정립된 사상도 아니다. 한국정치사의 우여곡절을 '민본주의적 민주주의'라는 말로만 설명할 수도 없다. 그러나 이념과 문화가 부정형적인 형태일지라도 사람들(엘리트와 대중 모두)의 사고에 영향을 미치며, 결국 정치사는 사람이 절반 이상 주도하여 구성하는 것인 만큼, 한국 특유의 정치사를 설명하는 데 민본주의를 고찰하는 것이 유의미할 것이다. 그리고 그런 시도가 싫든 좋든 한국 정치문화의 '운명'으로 존재했다면, 그 목욕물을 쏟아버리기 전에 혹시 아기가 있지 않은지 신중히 살피는 것이 한국 민주주의의 발전을 위해 현명한 시도임을 강조하고 있다.

총서 Ⅱ 2부의 두 번째 하위과제에서 이현선은 함규진의 분석방향과 반대로 '민주주의에 대한 민본주의적 비판과 변용'을 다루고 있다. 주지하듯이, 한국 민주주의 정착 과정은 결코 서구 민주주의의 일방적 전파와 이식으로만 설명될 수 없고, 민주주의를 수용할 수 있는 내재적 정치 문화와 역량으로서 '유학적 전통', 곧 '민본주의'를 결코 간과할 수 없다. 이현선은 동양 전통에서 언급되는 '민본주의' 사상이 어떻게 정치 주체의 확장으로 이어지는지 알아보고, 이를 통해 현대 민주주의

하에서 정치 주체의 문제를 반성적으로 고찰해 보고자 한다.

동양 전통에서 '민본(民本)'에 대한 언급은 『서경』에 연원을 두고 있다. 그러나 여기에서 '민'은 어디까지나 '군(君)'에 의존적인 존재이며, 통치자의 정치적 바탕 이상의 의미를 가지지 않는다. 즉, 이 단계에서 정치 주체는 군주〔君〕에 한정된다. 그런데 공자에 이르러 천(天)과 민(民)을 매개하는 '군자(君子)' 관념이 등장한다. 공자는 군자의 개념을 도덕성을 갖춘 '사(士)' 계층으로 확장함으로써 통치 권력의 견제와 정치 참여 주체의 확장을 가져왔다. 이러한 '군자' 개념은 정치적 관점에서 볼 때, 여전히 군주의 입장에서 일반 대중〔民〕에 대한 교화를 실행하는 매개자라고 할 수 있다. 반면, '민'의 직접적 · 경제적 요구를 정치에 반영함으로써 도리어 민의 입장에서 군주의 정치를 시정할 것을 요구한 것은 맹자이다. 그는 백성의 최소한의 경제적 요구가 충족될 때, 자연스럽게 도덕적 정치 곧 왕도정치가 시행된다고 보았다. 이러한 입장은 이후 중국과 한국의 신유학 사상에도 관철된 것이다. 송대 이후 신유학자들은 '사창제'와 '향약'의 도입을 적극 주장함으로써 민생의 안정과 도덕 정치 실현을 함께 이루고자 한다. 유학의 정치사상에서 '민본'은 아래로부터 민의 현실적 요구가 폭넓게 정치에 반영되는 방향으로 발전되어 왔다는 점은 인정할 수 있음에도, '민'의 직접적 · 적극적 정치 참여를 의미하지 않는다. 이 점은 확실히 개개인의 정치적 참여를 보장하는 민주주의 이념과 거리가 있는 지점이다.

그러나 이현선에 의하면, 오늘날 대의제 민주주의는 선거제도를 통한 정치권력 선출을 형식적으로 갖추고 있을 뿐, 내용적으로 일반 대중의 정치적 요구를 반영하는 데 있어서는 오히려 '민본'의 유학 정치 전통보다도 취약한 모습을 보일 때가 많다. 이는 유학 전통하에서 '민본'의 정치 이상을 실현코자 하는 '사(士)' 즉 지식인 계층이 적극적으로 역할을 한 반면, 현대 민주주의 하에서 지식인 계층이 실제 정치권력 및 일반 대중과 괴리된 상태에 놓여 있는 것이 하나의 원인이라고 할 수 있다.

총서 Ⅱ의 2부의 세 번째 글에서 이시우는 '민본주의와 소수자 문제'에서 '다수의 지배'로 '소수자'가 배제되는 우리 민주주의 현실 문제를 비판한다. 특히, 이시우는 '소수자' 배제의 현안을 유교 민본주의(民本主義)의 '민본'과 연관 지어 고찰함으로써 그 해결방안을 모색하며 이를 통해 유교민본주의가 '소수자 담론'에 참여하는 방법을 찾는다. 이시우는 연구 결과 다음의 핵심사항을 강조하고 있다. 첫째, 민본 개념의 역사적 의미를 추적한다. 둘째, 소수자의 의미를 밝힌다. 셋째, 동양의 민본주의든 서양의 민주주의든 '민본', '민주'의 기치를 내건 이상 아무리 작은 '소수'일지라도 '민'의 구성원으로 인식해야 한다. 소수자에게도 권리와 권력의 기회를 공정하게 주는 것이 진정한 '민본'·'민주'임을 밝힌다. 마지막으로, 유교의 '민'과 오늘날의 '소수자'가 역사의 주변인이 아니라 역사의 주체가 될 수 있는 실천적 방법을 제시한다. 그 일환으로 소수자의 복지, 소수자에 대한 관용, 소수와 다수의 공존, 정치적 참여와 연대의 방식을 검토한다. 이시우는 '민'·'소수자'의 참여는 민주주의를 민주화하는 길이고, 민본주의·민주주의라는 말을 그 원래의 명실상부한 의미로 되돌려야 한다고 주장한다. 결국 유교민본주의와 서구민주주의를 통섭하여 대안적 형태의 민주주의로서 '민본민주주의(民本 民主主義)'의 가능성을 검토하고 있다.

총서 Ⅱ 2부 네 번째 글에서 오수웅은 '휴머니즘과 민본주의의 융합 가능성'이라는 주제로 흥미로운 글을 전개하고 있다. 오수웅 논문의 목적은 두 가지이다. 하나는 휴머니즘(humanism)과 민본주의(民本主義)의 개념과 발전을 살펴봄으로써, 양자가 융합될 수 있는 접점을 탐색하는 것이다. 다른 하나는 서양 민주주의의 태동과 발달이 휴머니즘의 지속적 발전에 토대를 두고 있다는 전제하에, 민본주의가 민주주의에 긍정적으로 결합 또는 기여할 수 있는 접점을 발견하여 부각시키는 것이다. 관점과 접근에 따라 논의가 다양하게 전개되는 것을 피하기 위해, 교육의 관점과 역사적 접근에 의존하였다. 이런 관점에서 오수웅은 논문 2장에서 휴머니즘의 기원, 발전 및 동양적 수용을 살펴봄으로써, 민주주의에 미친 휴머니즘의 영향을 조명하였다. 휴머니즘은 고대로부터 계속된 일종의 교육 및 교육프로그램으로서 중근세 이탈리아의 정치상황적 요구에 의해 확산되면서 교육적 성격뿐만 아니라 정치이념적 성격을 획득하게 되었고, 결과적으로 민주주의 태동의 토대가 되었다는 점을 부각시키고자 했다.

3장에서는 민주주의의 동양적 수용과 대응을 살펴봄으로써, 민본주의의 등장배경과 특징을 부각시켰다. 민주주의의 전래와 수용은 휴머니즘의 수용과 마찬가지로 유학을 토대로 이루어졌으며, 그 결과 20세기 초에 비로소 민주주의에 상응하는 동양의 정치이념이자 용어로서 민본에 '주의'가 결합되어 '민본주의'가 등장하게 되었다는 점을 보여주고 있다. 이 과정에서 인과 민의 구분, 그리고 민의 정치적 객체성과 민본사상의 계급적 성격을 드러내고자 하였다. 4장에서는 휴머니즘과 민본주의 각각이 국가의 관리 또는 시민교육과 인재 등용에 미친 영향을 고찰함으로써, 양자가 민주주의에 대해 가지는 교육적 차원의 접점들을 드러내고 있다. 휴머니즘이 인문학과 인문교사와 활동 그리고 공직을 담당할 시민의 양성이라는 교육이념으로 기능하게 되었듯이, 유학은 중국 고중세를 거치면서 체계적이고 제도적인 인재 등용을 위한 교육프로그램이자 이념으로 기능함으로써, 결과적으로 민본사상을 확산시키는 데에 기여했다는 점을 부각시키고자 했다. 마지막으로 결론에서는 이상에서 살펴본 휴머니즘과 민본주의의 개념과 발달을 토대로, 양자의 유사성과 상이성을 추론하여 민주주의와 민본주의가 결합될 수 있는 접점을 일곱 가지로 정리하였다. 그리고 민본주의가 민주주의에 기여하기 위해서는 그런 접점들에 대한 대처와 방안이 필요하다는 것을 제안하고 있다. 오수웅의 논문은 교육학(철학) 분야에서 동서양의 실천적 · 실용적 통섭을 시도하고 있는 독창적인 연구라고 볼 수 있다.

1부

민본과 민주의 제도적 비교와 통섭

– 제도의 비교와 통섭을 중심으로

1장 조선시대 민본과 제도 그리고 정치적 효과

방상근

2장 아테네 민주주의와 유교 민본주의의 재조명

임경석

3장 민본과 민주의 제도적 통섭 가능성에 대한 검토

심승우

조선시대 민본과 제도 그리고 정치적 효과[1]

– 공공성의 회복을 중심으로

● 방상근 | 여주대학교 ——————

1. 서론 – 공공성의 회복과 민본(民本)

이 글에서는 조선시대 유교의 민본(民本) 이념이 어떻게 제도적으로 구현되어 조선사회의 건강성과 공공성이 유지되었는지를 살펴보고자 한다. "백성이 나라의 근본"이라는 민본의식은 위정자가 "하늘을 대신하여 만물을 다스린다"는 대천이물(代天理物)의 정신과 결합되어 있고, 따라서 통치자는 백성의 이야기를 경청하고 백성과 소통하는 리더십이 요구되었으며, 이는 '공공성(公)에 대한 요구'로 구체화되고 제도화되어 갔다. 그 과정을 살펴보기 위해서 조선시대를 전기/후기/영정조(탕평정치) 시기로 나누고, 각 시기가 직면했던 문제들과 그 문제들을 해결해

---

1 이 글은 2015년 4월 『평화연구』(제23권 1호)에 게재된 논문(방상근 · 김남국, 「대의민주주의 위기와 공공성의 정치: 한국정치사상의 전통」)을 총서의 취지에 맞추어 수정 보완한 것이다.

나가는 데 발휘되었던 원칙과 제도를 '민본' 이념의 구현과 '공공성'이라는 관점에서 검토하고자 한다.

공공성은 우리가 사적 영역과 구분되는 공적 영역에 등장해서 정치공동체의 운명에 자발적으로 참여하는 시민으로서 역할을 하는 과정에서 드러나는 덕목이다. 사적 영역이 개인과 가족의 공간으로 정의된다면 공적 영역은 이 공간을 제외한 나머지 공간으로 정의되기도 한다. 또는 공적 영역을 국가와 정부의 업무에 관련된 영역으로 한정하고 나머지 공간을 사적 영역으로 정의하기도 한다. 오늘날 우리 사회에서 공적 영역의 공간은 점점 커져가고 있지만, 그 공간을 채울 우리의 공공성은 점점 더 희미해져 가고 있는 것이 현실이다.[2] 이 글은 한국정치사상의 전통과 논의에 천착하여 우리 사회가 잊고 있었던 공공성의 가치와 그 실천을 위한 원칙을 제시하고자 한다. 서양이 아닌 우리의 전통에서 공공성에 대한 담론을 재검토하여 현대적 관점으로 복원하는 작업과 이를 통해 재조명된 공공성의 가치를 의회정치의 중심 규범으로 설정하는 것은 대의민주주의의 위기를 해소하는 데 도움이 될 것이다.

정치사회를 구성하는 세력(군/신/민)의 측면에서 조선시대를 개괄적으로 살펴보면, 조선 전기는 군권이 강한 상황에서 대체로 군주가 주도하는 정치가 추진되었고, 조선 후기는 사림(士林)이 상대적으로 정치의 주도권을 가지고 군과 민의 사이를 연결하는 역할을 수행하였다.

---

2 서울대 사회발전연구소가 SBS와 공동연구한 발표(2014. 11.)에 따르면 OECD 33개 국가의 공공성을 구체적 수치를 통해 분석한 결과 한국의 공공성은 가장 낮은 33위로 나타났다. 항목별로 보면 한국은 공공성을 구성하는 4대 요소(공익성, 공정성, 공개성, 공민성) 가운데 공민성이 32위(33위는 헝가리), 공개성은 31위(32위 이탈리아, 33위 헝가리), 그리고 공정성과 공익성은 최하위인 33위를 기록하였다. 이처럼 한국사회의 공공성이 낮은 이유는 일차적으로 정부와 정치에 책임이 있지만 더 근본적인 원인으로는 한국인의 '가치관 구조'에 기인한다는 것이 연구결과이다.

그리고 영정조 시기에는 한편으로 군권이 강화되면서도, 다른 한편으로는 민의 세력이 성장하는 가운데 '민본'을 넘어서는 '민주'의 이상까지 논의되기도 하였다. 이 글에서는 조선시대의 각 시기마다 나타나는 '민본'의 구체화를 위한 제도적 구현 속에는 이러한 군/신[士]/민의 정치적 위상과 역할의 차이도 내재하고 있다는 점을 고려하여, 그들 간의 갈등과 대립이 어떻게 제도를 통해 나타나는지를 고찰하고자 한다. 이를 위해서 먼저 동양에서 '공공성'이란 무엇인가를 살펴보고, 한국정치 전통에서 민본사상에 입각한 공공성 회복의 사례와 제도는 무엇인지를 알아보고, 공공성 회복을 위한 원칙, 그리고 현대적 함의를 제시함으로써 결론에 대신하고자 한다.

2. 공공성이란 무엇인가?

(1) 공공성의 개념 정의

'공공성'과 관련하여 오늘날 많이 사용되는 영어 '퍼블릭(public)'의 어원은 라틴어 '푸베스(pubes)'로서 개인의 행동이 다른 사람들에게 미치는 영향을 이해할 수 있는 능력이나 자기 자신의 입장에서 벗어나 전체를 볼 수 있는 능력인 '성숙성(maturity)'을 의미한다.(Mathew 1984, 122) 임의영은 이러한 논의를 바탕으로 공공성이라는 말의 의미를 ① 행위의 주체(agency)와 관련하여 국가 혹은 정부 및 공공기관에 의해서 이루어지는 행위 일체를 공적인 것으로 규정하는 법적이고 제도적인 성격, ② '공중(the public)'이라고 할 수 있는 '다수의 사람들에게 공통적으로 혹은 보편적으로 관련되는 경우'를 공적인 것으로 규정하는 것,

③ 정부나 국가만을 전제하는 것이 아니라 사회활동 전반에 적용할 수 있는 의미로서의 '공식성(officiality)', ④ 행위의 목적과 관련된 것으로서의 '공익(public interest)'을 추구하는 것, ⑤ '접근 가능성(accessibility)과 공유성'을 공적인 것의 핵심적 요소로 보는 공공재(public good)의 성격, ⑥ 사람들에게 '알려지는 것'을 의미하는 '개방성(openness)'과 '공지성(publicity)'을 포함하는 개념으로 분류한다. (임의영 2003, 27-29)

　그동안 한국의 학계에서 공공성 개념에 대한 논의는 대체로 '신자유주의적 시장'에 대한 반대와 대안의 제시라는 차원에서 이루어져왔다. 예를 들어 오건호는 공공성을 "심화되는 빈부격차를 해소하고 사회 구성원들에게 필요한 기본생활을 사회적으로 보장하는 평등과 연대의 가치"라고 규정하고 시장과 이윤논리를 벗어나 생산·공급되는 사회적 서비스·재화 그리고 그것을 담보하는 사회제도의 영역으로 이해하고 있다. (오건호 2006, 5-9) 최현은 민주화 이후 공공성을 실현하는 핵심적 실천으로서 건전하고 지적인 시민을 양성할 수 있는 사회경제적 조건의 형성을 강조하면서 1997년 경제위기 이후 시민들에게 사회안전망을 마련하는 실천이 공공성을 확보하는 활동의 핵심이라고 주장한다. (최현 2006, 16-23) 신진욱은 공공성을 다수의 사회 구성원에 미치는 영향, 만인의 필수생활 조건, 공동의 관심사, 만인에게 드러남, 세대를 넘어서는 영속성 등의 의미요소가 포함되어 있는 것으로 보고 있다. (신진욱 2007, 31) 이러한 공공성에 관한 논의들이 공공성을 주로 절차에 관한 협정이나 합리적 사회경제모델의 설계라는 차원에서 이해하는 것이라면, 공공성은 시민적 덕성으로 공공선에 봉사하겠다는 시민들의 각오와 능력의 발휘를 필요로 하며, 그것을 위해서는 정치적 토론의 공간 속에서 조직되는 더 깊은 형태의 도덕적 합의를 필요로 하기 때문에, 공공성의 핵심적 본질은 '정치적인 것'이며, 따라서 공공성에 관한 연구는 사회적 갈등과 균열의 정치화라는 문제로까지 천착해 들어가지 않으면 안 된다는 견해도 있다.(고원 2009, 321)

(2) 서양에서의 공공성

공공성에 대한 관심은 그 역사가 매우 오래되었고, 서양사회에서는 고대부터 공의 개념이 비교적 잘 정리되어 왔다. 고대 그리스의 폴리스나 공화정 시기의 로마에서는 공동체 전체에 관한 일을 공적인 것으로, 개인 또는 개별적 주체에 관한 일은 사적인 것으로 뚜렷이 구분하였다. 그리스 사회에서 공, 사에 대응하는 개념은 각각 코이논(koinon)과 이디온(idion)이었는데, 전자는 어떤 특징을 '공유하는 것(sharing)'을 의미하였고, 후자는 다른 것으로부터 '구분되는 것(distinctiveness)'을 의미하였다. 즉 공(koinon)은 모두에게 공통된 일, 공동체와 관련된 사안을 지칭하였고, 사(idion)는 공동체 내의 다른 주체와 구별되는 일, 개체와 관련되는 일을 지칭하는 것이었다. 이러한 개념은 다시 로마로 넘어오면서 '제국 전체에 관련된 일'을 지칭하는 푸블리쿠스(publicus)와 '개인적인 일'을 지칭하는 프리바투스(privatus)로 구분, 정립되었다.(소영진 2008, 48)

이처럼 서구에서는 정치를 공공영역으로, 가정을 사적 영역으로 보는 공사개념의 전통이 상당히 긴 역사를 갖고 있다. 공공성은 일정한 신분을 지닌 사회성원(자유민이면서 가부장)이 상호 평등한 대화를 통해 공동 관심의 문제를 의논하는 장소 혹은 공동행위를 말하는 것이다. 이에 비해, 오늘날 이코노미(economy), 즉 경제의 어원인 오이코스(가정)는 경제적 생산 활동과 생명의 재생산 활동이 이루어지는 곳이다. 이 영역은 여성, 노예 등 인간으로서 자격을 완전하게 인정받지 못한 사람들로부터 구성되며 가부장의 절대적인 권위가 지배하는 영역이다.(정하영 2008, 191) '가정'이라는 울타리를 경계로 공과 사를 구분하는 서구(그리스)의 전통은 '개인'을 정치공동체의 기본단위로 보는 근대에서는 상당히 변화되었으나, 삶의 세계를 가정 밖의 세계와 가정 안의 세계로 이분화해서 보는 사고방식은 오늘날에도 여전히 서구의 정치철학 영역에서 기본이 되어 있다. 서구의 정치철학에서 공적인 세계란 공동의 삶(common life)에 관련한 문제가 논의되고 실행되는 인간 활동의 영역으로 정의되며, 사적인 세계는 그 외의 나머지로 간주되는 가정, 또는 개인적 일에 해당하는 일들의 영역으로 정의되는 것이다.(김기현 2002, 65)

(3) 동양에서의 공공성

서구의 경우뿐만 아니라 동양에서도 공공성의 문제는 이미 오래전부터 논의되어 왔다. 공공(公共)이란 말이 동아시아 문헌에서 처음으로 나온 것은 사마천의 『사기(史記)』로 기원전 1세기 무렵까지 거슬러 올라간다. 한문제(漢文帝)가 궁궐 밖을 행차하고 있는데 갑자기 한 백성이 황제가 타고 있는 여가(輿駕)에 뛰어들었다. 이에 말이 놀라서 하마터면 황제가 떨어질 뻔 했다. 당연히 냉정을 잃었을 한문제는 옆에 있던 장석지에게 당장 벌을 내리라고 했다. 그런데 뜻밖에도 장석지는 벌금형이라는 가벼운 판결을 내렸다. 이에 한문제는 화를 내며 자칫하면 자기가 죽을 뻔했는데 고작 벌금형이냐고 다그쳤다. 그러자 장석지는 "법이란 천자가 천하와 함께 공공하는 바입니다[法者天子與天下公共也]."라고 대답했다. 이에 한문제는 그의 말을 따랐다. 이 용례에 의하면 '공공'이란 '모두[公]가 공유한다[共]', 즉 천자라 할지라도 세상 사

람들과 마찬가지로 법을 따라야 한다는 의미로 쓰였음을 알 수 있다. (조성환 2014, 103-104)

　동양 사회에서 공공성을 상징하고 있는 '공(公)'의 개념은 세 가지 의미를 내포하고 있었다. 즉 첫째는 정치권력이나 제도 그리고 지배기구와 같은 정치영역 일반(political realm in general), 둘째는 공정(justice)이나 공평(fairness)과 같이 인간의 이성에 의해 합리적으로 논의될 수 있는 보편적 도덕 원칙, 셋째는 정치체제에 소속된 대다수의 구성원들이 공통으로 지니고 있는 일반 의지(general will)를 가리킨다. 이러한 동양의 '공' 개념에는 지배권력(公權力)이 정치체제의 구성원들의 일반 의지(民心이나 公論)에 맞게 공정하고 공평하게 행사되어야 한다는 의미가 담겨져 있다.(이승환 2005, 22-23)

　동서양의 전통에서 중요한 차이 가운데 하나는 서구가 가정의 울타리를 경계로 공사개념을 구분한 것과는 달리 동아시아에서는 가정을 공공성의 기초적인 장으로 보았다는 점이다. 공(公)자에 대한 어원은 제사라는 공동의 공간과 이것을 지배 또는 관리하는 우두머리를 의미한다. 즉 원래 제사를 지내는 공동 공간을 의미하는 공과 이 공간을 지배하는 제사 담당자를 가리켰던 개념이 사적 소유제의 발달로 인한 사의 개념과 다시 이에 대한 대응으로서 평분의 개념으로 발전되었고, 더 나아가 공정성·공평성과 같은 윤리적 의미로 확장되었다. 이러한 이유로 유교의 논의 속에서 공은 ① 권력/권위와 관련되어 있으며, ② 공평 혹은 공정과 같은 윤리원칙을 의미하는 공으로 확대되었고, ③ 공동(共同) 혹은 평분(平分)의 의미까지 내포하고 있다.(정하영 2008, 192-197)

　중국의 송대(宋代) 이후 공공성의 개념은 주자학에서 말하는 공(公)과 사(私)의 대립구도 속에서 논의되어 왔다. 즉 '천리(天理)의 공'과

'인욕(人欲)의 사'라고 흔히 말해지는 것처럼 공(公)의 개념 속에는 정사(正邪), 시비(是非)의 긴장된 윤리성이 부여되고 '공'은 인(仁)과 의(義) 혹은 자기의 사욕을 극복하고 돌아가야 할 예(禮)에 비유되어 거의 천리(天理)와 같은 사회적 규범성을 갖고 있었다.(미조구치 2004, 24) 여기서 공은 만인이 지향해야 할 보편성인 반면, 개별적인 인욕은 사(邪) · 비(非) · 사(私)로 간주되어 압살되어야 할 것으로 설정되어 있다. 이러한 공의 개념은 공론 · 공의라는 말로 사용되면서 "누구라도 긍정할 수 있는 공정한 논의"라는 의미로 사용되고 이때의 공은 조정 내의 논의의 내용을 의미하는 것이었다. 그런데 이러한 공론 · 공의의 개념은 명말(明末) · 청초(淸初)가 되면 지방의 신사(향신)들로부터 시작된 논의를 가리키게 되고, '공'의 개념도 논의의 담당자 혹은 논의가 이루어지는 공공(公共)의 공간을 가리키게 된다. 즉 공론 · 공의가 한쪽으로 치우친〔偏私〕 논의에 대한 공정한 논의라는 의미였기 때문에 개별〔個私〕 의견을 포함하거나 혹은 그에 근거한 다수 또는 집단 의견이라는 의미를 갖는 정도로 바뀌게 된다. 이는 사(私)와 이율배반적으로 대립적이었던 공(公)에 사를 포함해서 각 사를 가로로 연결시킨 이어짐의 공이라는 새로운 국면이 초래됨을 말한다.(미조구치 2011, 491)

이처럼 공공성은 동서를 막론하고 모든 시대를 통해서 인간들이 모여서 살아가는 공동체 속에서 지속적으로 제기되어 왔던 문제였고, 여기서 공공성을 구현하는 주체들의 범위와 그들이 추구하는 공공의 가치의 내용, 그리고 그 가치내용이 형성되는 공론장의 성격과 운영방식이 어떠해야 하는가 하는 문제가 중요한 과제로 제기된다. 그리고 이러한 과제들을 해결해 가는 데 있어 각각의 공동체가 처한 시대와 역사적 상황에 따라서 다양한 차이를 보이게 마련이다. 이러한 과제를 어떻게 해결하고 공공성을 달성해 나갈 것인가 하는 문제는 과거는 물론 현재에 있어서도 여전히 공동체의 유지와 안정뿐만 아니라 흥망성쇠를 결정하는 주요한 요인이 된다고 할 수 있다.[3]

다음 장에서는 근대 이전의 한국의 전통사회에서 '공공성'이 시대에 따라서 어떠한 모습으로 나타났는지, 그리고 그러한 공공성의 문제가 붕괴와 회복의 순환 과정 속에서 어떠한 시대적 과제를 낳았는지, 그리고 그 속에서 군주와 정치가들은 어떠한 생각을 하고 공공성의 실천을 위한 모색을 했는지를 살펴보고자 한다.

3. 한국정치 전통에서 공공성 회복의 사례

한국정치사에 공공성을 추구하는 전통은 오랫동안 존재해 왔다. 특히 주자학을 통치이념으로 삼았던 조선왕조는 공(公) 개념에 입각하여 고려 말에 무너졌던 국가적 공공성을 회복하고 사회적 갈등을 조정하고 통합하고자 노력하였다. 그동안 학계에서는 이에 관한 많은 연구들이 진행되어 왔다. 그 결과 조선조 유교정치에서는 소통을 통한 공론의 형성과 그에 기반한 공론정치가 활성화되었다는 점이 논의되어 왔다. 이하에서는 '조선시대의 공공성'과 관련하여 조선 전기의 대표적

---

3 근대 이후의 '공공성'은 국가, 백성, 경제, 사회 등의 측면에서 추적되어 왔다. 가령 국가는 역사적으로 '국민국가'로 발전함으로써 궁극적으로 '국가적 공공성'을 완성했고, 백성(people)은 참정권을 갖추면서 단순한 민(people)에서 국민(nation)으로 고양됨으로써 '공민적 공공성'을 달성했다. 경제는 지방적 국지성과 집단적 고립성을 넘어 전국적, 전 국민적으로 확산되어 생산·교류양식 측면뿐 아니라 국민과 국가의 살림살이 전체를 포괄하는 '국민경제'가 됨으로써 비로소 '경제적 공공성' 수준 또는 공공경제(public economy)단계에 이르렀다. 또한 사회는 '시민사회'가 확대됨으로써 '사회적 공공성'에 도달하였다.(황태연 2013, 6)

사례인 세종시대의 정책과 함께 조선 중기 및 후기에 '공공성의 회복'을 위해서 이루어졌던 정책과 사례들을 조명해 보고자 한다.

(1) 조선 전기

1) 공론정치와 공공성

조선의 공공성 정치는 공론정치로 특징지어진다. 공론정치란 "양반이라 통치되는 지식인 관료들과 예비 관료집단인 유생들이 다양한 방식으로 공론을 형성하고, 이러한 공론이 국왕과 언관을 주축으로 하여 공식적이고 공개적으로 소통되는 정치"를 의미한다.(엄훈 2002, 389) 다시 말하자면, 공론정치는 소통을 통해 공론(public opinion)을 형성하는 정치이다. 그리고 그 제도적 특징으로는 재상중심정치, 간관제도, 유향소, 경연, 학교, 집현전, 홍문관 등 교육 및 조언기구의 제도화, 사림세력에 의한 붕당정치 등을 들 수 있다.

공론정치의 핵심어인 '공론'의 의미에 대해서는 "천하의 모든 사물들이 한결같이 하는 말" 또는 "사람의 마음이 모두 그렇게 여기는 것"으로, 이미 결정되어 있는 실체가 아니라 다양한 토론과 대화 속에서 형성되고 만들어지는 것(박현모 2004, 45-47)이라고 이야기된다. 또한 성리학적 차원에서 정치체의 구성원들이 표출해 내는 리(理)에 부합하는 공통된 의견 및 다수의 합리적 의지(이승환 2005, 13-14)라고 정의되기도 한다. 따라서 '공론'에 도달하기 위해서는 반드시 소통과정을 거쳐야 한다. 공론은 공적인 문제에 대한 토론과 합의를 통해 정당화되기 때문이다.

공론정치로 특징되는 조선조의 정치는 공공성(publicity)을 중시한다. '공론'의 개념 속에는 공정하며 공개적이고 공공적인 공(公, public opinion)의 개념과 합리적인 의사결정 과정을 거치지 않은 채 많은 사람들이 정서적으로 공감하는 의견인 중(衆), 여(與), 물(物)의 개념이 혼합되어 있는 것(김영주 2002, 86)이기 때문이다. 유교 이념의 구현을 천명한 조선왕조는 국정의 총괄자로서 재상의 역할과 언관의 면책특권을 존중하는 한편, 국왕을 중심으로 한 주기적인 어전회의와 다양한 정치비평을 통해 공정하고도 신중한 정책결정이 이루어질 수 있도록 의사결정 과정을 제도화했다. 정도전 등 조선의 건국자들이 구상한 성리학의 정치체제론에 따라 형성된 '재상위임론'과 '간관론', '유자(儒者)들의 의론〔公論〕을 반영하는 정치운용론'이 그것이다. 그리고 이러한 공론정치의 구조 내지 제도적 장치는 '정치적 정당성의 유교적 근거'로서 매우 중시되었다. 국왕을 비롯한 대부분의 유교지식인들이 자신들의 행위를 제약하려 할 때 공론이라는 용어를 거론한 것은 이 때문이다.(박현모 2006, 140-141)

정도전을 포함한 조선 전기의 유학자들은 언로(言路)의 개방을 통한 공론에 입각한 통치를 강조하면서, 언론의 개방과 언관의 기능 강화를 역설하였다. 언로의 개방은 군주의 독선과 독재를 예방하고 민의와 민정을 상달시킴에 있어서 매우 효과적인 수단이다. 정도전은 상고(上古)시대에는 간관(諫官)이 따로 없었으나 언로는 넓어서, 위로는 공경(公卿), 대부(大夫)에서 아래로는 사서(士庶), 상고(商賈), 백공(百工), 악관(樂官)에 이르기까지 천하 백성이 통틀어 정치를 비판할 수 있는 자유가 있었음을 지적하면서, 한나라 이후 생긴 간관제도가 오히려 불합리한 것으로 보았다. 그러나 현실적으로 존재하는 간관제도를 없애기보다는 그 기능을 대폭 강화할 것을 주장하였다.(차장섭 2007, 227) 공론정치의 활성화와 정치의 공공성을 구현하기 위해서 꼭 필요한 제도라고 보았기 때문이다. 공론정치의 제도적 특징으로 지적되는 경연의 활성화, 신문고의 설치, 상소제도 등은 그러한 인식이 원론적 차원에서만이 아니라 실제의 제도로 구현되었음을 보여주는 것이었다.

2) 경제적 균열의 극복: 전제(田制)개혁과 부세(賦稅)개혁

새로운 왕조 조선을 세운 신흥사대부세력들은 고려 말의 시대적 과제였던 권문세족의 국가 사유화를 해소하고 국가적 공공성의 붕괴 문제를 해결해야 했다.(김영수 2006, 35-37) 이를 위해 전제(田制)의 개혁이 요구되었고, 당시 관료 사이에서 전제개혁을 둘러싼 논쟁이 발생하였다. 이색을 중심으로 한 사전(私田)개선론자들은 사전 자체는 문제될 것이 없다고 보고 거기서 야기되는 폐단만 제거하자는 논리를 내세웠고, 반면에 사전개혁론자들은 현재의 사전을 일거에 혁파하여 재분배하자고 주장하였다. 결국 개선론자들의 저항이 있었음에도 불구하고 전제개혁은 실행에 옮겨졌고, 전국에 걸친 양전(量田)사업이 시작되고 새로운 전적(田籍)이 반포되어 과전법(科田法)이 성립하였다.(박홍규 2007, 158-161)

그러나 과전법은 고려 이래의 수조권(收租權)에 의한 토지의 점유 및 그 관계의 전면적 부정은 아니었다. 즉 과전법은 수조지의 재경리(再經理), 재분배라는 점에서는 지배층의 세력을 재편하는 커다란 개혁이었지만, 수조권 그 자체나 수조권에 기반한 경제적 사회관계의 존속이라는 점에서 근본적인 개혁은 아니었다. 과전법은 비록 고려 말 사전개혁론자들의 개혁안이 받아들여져 단행된 것으로 일전다주(一田多主)의 현상을 척결하는 데 커다란 성과를 거두기는 하였지만, 사전개선론자와 개혁론자들의 견해를 절충한 위에 수조지를 존속시키고 사적 소유에 기반한 농장문제를 해결하지 못하였다는 점에서 불철저한 개혁이라고 할 수 있다.(최상용 · 박홍규 2007, 146-147)

조준과 정도전을 통해서 이루어진 전제(田制)의 개혁과 더불어 태종과 세종시대에 걸쳐서 부세(賦稅)개혁이 이루어짐으로써 '경제적 균열'을 극복하기 위한 노력이 이루어졌다. 특히 태종시대까지 사용되었던 답험법(踏驗法)을 개정하여 세종시대에는 공법(貢法)을 개정하는 성과를 이루어냈다는 점에서 주목할 만하다. 세종 9년(1427년)에 세종은 세제의 개혁방안을 문과시험으로 출제하면서 답험(踏驗)의 폐해와 공법(貢法)의 필요성을 제기하였다.(『세종실록』 9년 3월 16일 갑진조) 그로부터 3년 후 세종은 "정부, 육조와 각 관사와 서울 안의 전함(前銜) 각 품관 및 각도의 감사, 수령, 품관으로부터 여염(閭閻)의 세민(細民)에 이르기까지 모두 가부(可否)를 물어서 아뢰게 하라"고 지시하였다.(『세종실록』 12년 3월 5일 을사조) 그 명령이 있은 지 5개월 후에 호조에서는 중외(中外)의 공법에 대한 가부의 의논을 갖추어 아뢰었는데 전국 17만 2,806명의 신민을 대상으로 공법에 대한 찬반 여부를 조사하여 그 가운데 9만 8,657명이 찬성했고, 그보다 적은 7만 4,149명이 반대했다.[4]

그런데 세종은 전국적인 여론조사와 사대부들의 찬반 이유에 대한 의견조사, 어전회의 등에서 찬성 의견이 높았음에도 불구하고 또다시 보류상태로 놓아 두었다. 그 기간 동안 그는 척박한 토지에 무거운 세액이 책정되지 않도록 하는 방법과 흉년이 들었을 때 발생할 수 있는 공법제도의 문제점을 보완하게 했다. 그 결과 그동안 반대하던 사람들

---

4 반대하던 사람들의 논리에 의하면 비옥한 토지는 대체로 부자가, 척박한 토지는 가난한 사람들이 가지고 있는데 만약 "여러 해의 중간 수량을 참작하여 세금을 매기면" 가난한 사람들에게 불리한 결과를 가져온다는 것이었다. 이에 반해 찬성하던 사람들은 "중앙에서 파견된 조사관이 풍흉의 정도를 보고 세액을 매기는" 손실답험법 때문에 아전의 농간이 심하고 뇌물을 받은 조사관들의 낮은 세액 책정으로 국가재정도 고갈된다는 점, 따라서 이를 극복하기 위해서는 객관적인 기준에 의해 일정한 세금을 매기는 공법을 시행해야 한다고 주장했다.(『세종실록』 12년 8월 10일 무인조)

도 나중에는 공법 실시에 찬성하게 되었다.(『세종실록』26년 11월 5일 경진조) 이후 이 제도는 경국대전에 반영되어 조선왕조 조세제도의 기틀로 작동하게 된다.

그러면 세종은 어떻게 개혁 피해자의 반대를 극복하고 사회적 합의를 이룰 수 있었을까? '손실답험법'에서 토지의 비옥도와 지역별 일기에 따라 국가에서 정한 일정액을 내도록 하는 '공법'으로의 전환에서 중요한 것은 그 법을 제정, 시행하는 과정인데 세종은 무려 3단계에 걸친 '17년간(1427-1444)의 긴 토론'을 거쳐 반대자들까지도 그 제도의 필요성을 인정한 상태에서 시행에 들어갔다. 그 3단계란 첫째 전국적인 여론조사 단계이다. 세종은 '신민들의 의향'을 알아보라는 지시를 생략한 채 답험손실의 폐해와 공법 시행의 방법만을 말하던 호조판서 안순의 보고를 받은 자리에서 "정부, 육조와 각 관사 및 서울 안의 각 품관, 각 도의 감사, 수령, 품관으로부터 여염(閭閻)의 세민(細民)에 이르기까지 모두 가부를 물어서 아뢰게 하라."고 명하였다.(박현모 2006, 143-144)

두 번째 단계는 관인(官人)들의 숙의(熟議)단계이다. 전국적인 여론조사가 마무리될 즈음에 호조판서 안순이 "공법의 편의 여부를 가지고 경상도의 수령과 인민들에게 묻사온즉 좋다는 자가 많고 좋지 않다는 자가 적었으며, 함길, 평안, 황해, 강원 등 각도에서는 모두들 불가"하게 생각한다고 보고했다. 토지가 상대적으로 비옥한 남쪽의 전라도와 경상도를 제외한 북쪽 지역의 사람들이 "모두 반대"한다는 것이다. 이에 대해 세종은 "각 도의 보고가 모두 도착해 오거든 그 공법의 편의 여부와 답사의 폐해를 구제하는 일 등을 백관으로 하여금 숙의하여 아뢰도록 하라"고 명했다. 제 1단계 여론조사 결과가 모두 올라온 다음에 그 결과를 참조하여 백관들로 하여금 공법에 대한 의견과 개선책을

문서로 보고하라는 것이다.(박현모 2006, 144-145)

셋째 최종논의와 지역별 실시단계이다. 시행이 유보되었던 공법은 1년이 지난 1438년(세종20년) 여름에 다시 거론되었다. 세종은 "공법은 지금 시행하지 않더라도 후세 자손들이 반드시 다시 의논하여 시행하려는 자가 있을 것이지만 이미 법제가 제정되었고 인민들도 익히 알고 있을 터이니 그냥 내버려둘 수도 없다."고 말했다. 이미 법제화된 새 제도가 인민들에게 충분히 알려져 있는데 한번 시행해 보는 것이 어떻겠는가 하는 것이다. 특히 세종은 이번에도 찬반양론의 대립 속에서 그 시행이 지지부진해질 것을 우려하였고, "경상, 전라 양도의 인민들 가운데 공법의 시행을 희망하는 자가 많다고 들었다. 이제 이 지역의 민간을 방문하여〔訪于民間〕 백성들 가운데 희망하는 자가 2/3가 되면 우선 이들 두 도에 시행"해 보는 것이 어떻겠냐고 제안했다.(『세종실록』 20년 7월 10일 임진조)

전국적인 여론조사가 아니라 경상, 전라 양도의 인민들을 대상으로 그 찬반 여부를 알아보자는 국왕의 2차 여론조사 제의에 대해 대다수 신료들은 처음에는 반대하였다. 이에 세종은 세제 관련 담당자들을 불러 공법 실시 여부를 어전회의에서 논의하도록 하였고, 참석자들은 "공법에 대한 편리 여부는 이미 현지 인민에게 물은 바 있사오니 우선 경상, 전라 양도에 그 편익 여부를 시험하게" 하자고 제의했다. 특히 호조참판 우승범 등은 "대사를 도모하는 자는 여러 사람과 더불어 모의하지 않는다 하옵니다. 우선 앞서 정한 법을 전라, 경상 양도에 시험하게 하옵소서."라고 강력히 주창하였고, 결국 "이로써 논의를 확정짓고 경상, 전라 양도에 공법을 시험 실시하게" 하였다.(『세종실록』20년 7월 11일 계사조)

세종은 '전세제도의 개혁'이라는 어려운 과제를 해결해 나가는 데 있어서 많은 장애요인에 직면하였다. 특히 기득권층인 고위관료들의 반대와 저항이 컸다. 세종은 이 문제를 여론조사라는 방법으로 극복해냈다. 유교정치에서 강조되는 민심(民心), 즉 "백성 다수가 찬성한다."는 사실이야말로 기득권 세력의 반대 논리를 넘어서는 데 매우 효과적이라고 판단했기 때문이다. 또한 상대적으로 토지가 척박한 이북 지역 주민의 반대에 대해서는 공법제도를 수정해서 과도한 전세(田稅)가 매겨지지 않도록 보완책을 마련하였다. 공법이 처음 논의되었을 때 '여러 해의 중간을 비교하여 일정한 세액'을 매기려던 생각에서 벗어나지 않으면서도 논의를 진행해가면서 지역과 작황의 여건을 감안한 세제로 발전시켜나갔다.(박현모 2014, 363-364) 답험손실법에서 공법으로의 전환은 양전(量田) 및 전품(田品) 등제, 전세법(田稅法) 자체의 개정, 재정 운영방식의 개혁 등 전통시대 전제(田制)의 전 부분에 걸친 변화를 초래하였다. 세종은 공법(貢法)이라는 세제개혁을 통해서 정액(定額)세제에 기반하여 국가재정을 확충하는 한편 백성들의 고통도 줄여 주었던 것이다.

3) 사회적 균열: 중앙집권화와 사회적 소수자 보호

국가적 공공성이 무너지고 이로 인해 권문세족과 권귀(權貴)에 의한 사적이고 자의적인 지배가 이루어졌던 고려 말의 상황을 극복하기 위해 조선은 건국 초기부터 중앙집권화를 지향하였다. 특히 정도전은 중앙집권화의 필요성을 강조하면서 관리 이외의 귀족이나 호족의 지배로부터, 그리고 관리의 권력 남용으로부터 백성을 보호하고자 노력하였다. 이를 위해서 한편으로는 백성에 대한 통치권을 중앙정부에 집중하여 관권으로 하여금 귀족이나 호족의 사적 지배를 억제하고, 다른 한편으로는 관권에 의한 관권의 감독과 견제를 실현하고자 했다. 전자는 중앙정부로 하여금 전국을 일원적으로 지배하는 것으로, 후자는 권력을 상하로 계층화하여 소관(小官)은 대관(大官)에게, 지방은 중앙에 예속시켜 통제를 받게 하는 것으로 구체화되었다.(차장섭 2007, 225-226)

소외받는 계층에 대한 보호와 그들의 처우를 개선하고자 하는 노력은 죄수에 대한 처우를 개선하고자 했던 세종의 정치를 통해서 잘 나타났다. 특히 감옥이 텅 비어 원통하고 억울함이 없는 나라를 건설하려는 세종의 노력은 만의 하나라도 억울한 사람이 없도록 세심한 판결을 내려야 한다고 강조했던 그의 '교서'에서 잘 드러난다. 지난날의 형벌과 감옥 사건들을 널리 살펴 관료들의 반성을 촉구하는 사례를 거론하는 세종 13년에 작성된 교서(『세종실록』 13년 6월 2일)는 그가 지은 여러 교서 가운데 가장 길었으며 그 만큼 공정한 재판에 대한 그의 열정이 특별했음을 알 수 있다. 형벌의 집행과정에서 나타나기 쉬운 오판의 위험성에 주목하면서 그러한 잘못은 백성에 대해서뿐만 아니라 천지조화의 기운을 훼손시킨다는 유교의 천인감응(天人感應)의 정신을 담고 있었다.(조남욱 2014, 129-130)

세종의 어록 가운데 그가 궁극적으로 원하는 나라를 엿볼 수 있는 대목이 있다. 첫째, 백성이 나라의 근본이 되고 그 백성들의 삶에 기쁨을 주는 정치를 표방하였다. 즉 "백성은 나라의 근본이니, 근본이 튼튼해야만 나라가 평안하게 된다 (……) 근심하고 탄식하는 소리가 영구히 끊어져서 각기 생생하는 즐거움을 이루도록 할 것이다."[5]라는 말이 그것이다.(『세종실록』 5년 7월 3일) 둘째, 양민과 천민을 구별 없이 공평히 대하는 나라이다. "임금의 직책은 하늘을 대신하여 만물을 다스리는 것이다. 만물이 그 처소를 얻지 못하여도 오히려 대단히 상심(傷心)할

---

5 民惟邦本 本固邦寧 (……) 而亦免於冤抑 使田里永絕愁嘆之聲 各遂生生之樂.

것인데 하물며 사람일 경우야 어떠하겠는가. 진실로 차별 없이 만물을 다스려야 할 임금이 어찌 양민과 천인을 구별해서 다스릴 수 있겠는 가."(『세종실록』9년 8월 29일) 셋째, 감옥이 텅 비어 원통하고 억울함이 없는 나라이다. "감옥이 텅 비어서 죄수들로 하여금 원통하고 억울한 일이 없는 지경에 이르는 것을 기약하였다."(『세종실록』29년 2월 8일)

이처럼 세종의 꿈은 백성이 근본이 되고 공평하며 억울함이 없는 나라를 만드는 일이었다. 절대군주시대였던 15세기에 이토록 민주적인 군주의 비전은 민주주의를 표방하는 현재에도 구현하기 어려운 것으로서 '민유방본(民惟邦本)'의 나라를 건설하기 위해 매진한 세종의 고민의 흔적들을 세종실록 곳곳에서 찾아볼 수 있다. 세종이 재위 32년에 훙 (薨)했을 때 사관이 "백성들이 생업에 종사하기를 즐겨한 지 무릇 30여 년〔民樂生生者 凡三十餘年〕"이라고 기록한 것(『세종실록』32년 2월 17일)과 후일에 율곡 이이가 "세종께서 국가를 안정시켜 후손에게 잘 살 수 있는 길을 터놓았으며 우리나라 만년의 기틀을 다져놓았다."고 평가한 것은 세종이 유교적 이념에 충실한 '보살핌'의 정치를 통하여 사실상 평가할 만한 구체적인 업적을 내었음을 시사하는 것이다. 이는 사회적 약자를 배려하고 보호함으로써 사회적 공공성을 회복해야 하는 오늘날 의 우리들에게도 시사점을 주고 있는 것이라고 할 수 있다.

(2) 조선 후기

1) 사림(士林)정치와 공공성

사림파가 등장하는 16세기 조선사회는 세조의 정변과 패권정치 이후 연산군시대의 폭정, 그리고 그 이후에 등장한 외척, 훈척(勳戚)이 주도하는 정치 속에서 조선 전기에 이루어졌던 국가적 공공성 회복 노력은 심하게 위축되어 갔다. 그들은 자신들의 권력을 유지하기 위해 정치적 비판자였던 사림들에 향해 '사화'라는 탄압을 가했고 국가의 요직을 독점하고 자신들의 사적인 경제기반을 확대해 갔다. 이로 인해 공론에 기반한 정치전통이 무너졌을 뿐만 아니라 경제적 균열이 심화되고 사회적인 동요가 커져갔다. 특히 권신의 농간으로 조선의 부세(賦稅)와 수취체제는 문란해져 갔다. 전세, 부역, 공납의 제도가 변칙적으로 작동되었을 뿐만 아니라 훈척의 자의적이고 수탈적인 지배행태로 말미암아 사익 위주로 부(富)의 편중이 팽배한 반면에 공공영역은 몰락하고 있었다. 명종의 죽음과 선조의 즉위로 훈척정치가 막을 내리고 선조대에 정권을 장악하기 시작한 사림파들 앞에는 훈척정치의 유산을 청산하고 다시 국가적 공공성을 바로 세워야 하는 과제가 놓여 있었다.

선조대에 훈척정치의 잔재를 청산하는 문제를 둘러싸고 강, 온의 견해차를 드러내며 분열한 사림세력은 학파를 매개로 붕당(朋黨)을 구축하며 대립하게 되었다. 사림정치의 확립과 더불어 전개되는 붕당정치는 성리학적 붕당론에 논리적 근거를 두고 있다. 전통적으로 송대(宋代) 이전의 중국에서 붕당은 부정적으로 인식되었다. 그러나 성리학이 성립한 송대에 이르러 구양수와 주희 등에 의해서 붕당긍정론이 형성되었고 군자를 지향하는 사대부가 붕당을 형성하여 사익을 추구하는 소인을 분별하고 물리쳐야 한다는 논의가 이루어졌다.[6] 그리고 조선에서는 중종대의 조광조 이후 도학(道學)을 신봉하고 실천하는 군자들의

---

6 남송(南宋)의 주희는 붕당을 없애면 오히려 간당(奸黨)의 전횡이 초래되어 국가가 멸망하게 될 수 있음을 강조하여 군자의 진출을 위해서는 붕당이 필요한 정치 형태임을 언급하였다. 또한 그는 현부(賢否)와 충사(忠邪)에 대한 철저한 분별을 통해, '군자를 나아오게 하고 소인을 물리침〔進君子 退小人〕'을 실현함으로써 진정한 탕평(蕩平)도 가능한 것이라고 주장했다.

집단이 형성되는 것을 긍정하는 생각이 확산되었다.

　그런 관점에서 볼 때 붕당정치는 사림세력이 지향하던 성리학적 정치개혁의 일환으로 확립된 것이라 할 수 있으며, 그 이면에는 정치세력의 견제와 대립구조가 훈척정권과 같은 독점세력의 등장을 막는 적절한 장치가 될 수 있다는 공감대가 작용하고 있었다. 사림들은 이를 토대로 정국의 주도권을 확보하기 위한 경쟁을 하였고 그 과정에서 그들의 정치사상을 현실에 적용하기 위한 공론 대결은 불가피한 일이었다. 조야(朝野)의 사림이 급속하게 결속함과 동시에 향촌에서 서원건립운동이 활발하게 전개되는 사실은 사림의 공론이 정국의 주요 변수로 부상하게 되었음을 말해 주는 것이었다. 이에 따라 재야유생들의 정치참여가 보장되기에 이르렀고, 성균관 및 향촌의 유생들은 상소를 매개로 한 공론형성을 통해 삼사(三司)의 언론과 대등한 위상을 확보할 수 있게 되었다. 결국 선조대부터 대두하는 정치형태는 성리학적 이념에 투철한 사림이 주도하는 사림정치이면서도 정치세력의 역학관계를 골격으로 하는 붕당정치이자 정치적 명분 확보를 위해 공론 대결을 근간으로 하여 전개된 공론정치였던 셈이다.(설석규 2007, 284-285)

2) 경제적 균열: 대동법(大同法)과 공물변통(貢物變通)

　조선시대 공물제도는 각 지방의 특산물을 바치게 하였는데 부담이 불공평하고 수송과 저장이 불편하였다. 또 방납(防納), 생산되지 않는 공물의 배정, 공안(貢案)의 증가 등 관리들의 모리(謀利)행위 등의 폐단은 농민 부담을 가중시켰고 국가수입을 감소시켰다. 이에 이이가 선조 2년(1569년)에 대동법의 전신인 수미법(收米法)의 실시를 처음으로 건의하였으나 시행되지 않았다. 그러나 서인의 정신적 지주였던 이이가 제안하고 남인의 영수 유성룡이 시행한 수미법은 이후 대동법이 많은 난관에도 불구하고 당파를 초월하여 추진되는 데 큰 힘이 되었다. 유성룡의 뜻을 계승한 한백겸, 이원익 등과 이이의 경제사상을 적극적으로 받아들인 조익, 김육 등이 대동법 추진에 동참했기 때문이다.

전쟁이 끝나자 농민의 공납 부담이 높아지면서 공납의 폐해는 다시 일어났다. 광해군 대에 영의정 이원익이 대공수미법을 경기도에 한하여 시행하여 중앙에 선혜청과 지방에 대동청을 두고 이를 관장하였다. 대동법은 가호(家戶)를 대상으로 정부 물자를 직접 수취하는 대신에 경지(耕地)를 대상으로 쌀(또는 옷감·동전)을 징수하고 공인(貢人)에게 지급하여 정부물자를 조달하게 하는 제도이다. 논/밭에 관계없이 1결당 대동미 12말을 징수하도록 하였다. 따라서 토지가 많은 지주는 많이 내고 토지가 없는 전호(佃戶)는 면제받게 된다. 인조 원년(1623년)에 이조정랑 조익의 상소로 삼도대동청이 설립되어 강원, 충청, 전라도에도 실시되었다. 그러나 대동법 시행 이후 방납(防納)세력의 반대와 저항이 거세어졌고, 공물부과에서 자의적 수탈의 기회를 찾는 지방 관리도 이에 동조하고 조정 내에서도 관료들의 견해가 통일되지 않고 반대자가 늘어났다. 이로 인해 이듬해 강원도만 남기고 폐지되었다. 이후 대동법의 시행이 시도되었으나 아직 시행되지 못하고 있었다.

효종 즉위년(1649) 9월 우의정에 임명된 김육은 그해 11월에 자신을 쓰려면 대동법을 실시하라는 내용의 상소를 올렸다. 그는 대동법을 시행해야 할 이유를 "이 법의 시행을 부호들이 좋아하지 않습니다. 국가에서 영(令)을 시행하는 데 있어서 마땅히 소민(小民)들의 바람을 따라야 합니다. 어찌 부호들을 꺼려서 백성들에게 편리한 법을 시행하지 않아서야 되겠습니까."라고 하였다.(『효종실록』 즉위년 11월 5일 경신조) 효종은 "대소를 참작하여 시행하라."고 소민들의 편을 들었다. 그러나 양반 지주들의 반대 때문에 그 확대는 쉽지 않았다. 대동법 반대세력은 김육이 "옳다고 여기시면 시행하고 불가하면 신을 죄 주소서."라고 말한 것이 방자하다며 일제히 공격하였다. 그러는 가운데 대동법 시행을 놓고 김육과 대립하던 이조판서 김집이 벼슬을 내놓고 고향으로 돌아갔다.(『효종실록』 1년 1월 21일 을해조)

대동법의 취지인 조세균등화와 안민(安民)은 유학자라면 누구도 반대할 수 없는 명분이었다. 김육이 대동법을 추진하는 것에 대해 반대했던 김집조차 대동법 자체를 비난하지는 않았다. 특히 김육은 대동법에 대한 확고한 명분과 추진의지를 가지고 있었기 때문에 조정 내에서 대립과 갈등이 만만치 않았음에도 불구하고 자신의 소신을 꺾지 않았다. 그는 효종 2년(1651) 영의정에 임명되자 드디어 대동법을 충청도에 확장 실시하는 것에 성공했다. 그가 사망한 직후 전라도 해읍에 대동법이 실시되었으며, 현종 3년(1662)에는 전라도 전역에 실시되었다. 숙종 34년(1798)에는 황해도까지 실시됨으로써 대동법은 전국적인 세법으로 정착될 수 있었다.

대동법은 '공평'과 '효율'을 함께 실현한 제도설계였다. 첫째, 과세표준이 명확해졌다. 대동세(大同稅)에는 진상과 공물뿐만 아니라 요역, 그리고 중앙과 지방의 정부가 징수하는 잡다한 과외(課外) 잡세(雜稅)를 거의 포괄하였다. 둘째, 납세자 부담이 공평해졌다. 공물과 요역은 경지 규모를 참작하였지만 가호를 대상으로 부과된 점에서 인두세의 요소를 가졌으나 대동법은 경지의 소득에 비례하여 부과되었기 때문이다. 셋째, 17세기 대동법의 보급으로 방납인과 관리에 의한 중간수탈을 막을 수 있어서 인민의 부담이 줄고 공평해지면서도 재정은 더욱 충실해졌다. 공물을 부과하는 경우에 그 항목의 결정과 품질의 심사과정에서 개재되었던 자의적 농간이 쌀 12말을 일률적으로 받는 대동법에서는 사라졌다. 넷째, 현물로 받는 공납제 대신에 물품화폐와 금속

화폐로 징수하는 대동법을 통해 정부는 세입의 양적 파악을 진전시켜 수용물자의 조달을 기획할 수 있게 되어 대동절목과 선혜청의 사례에서 드러나듯이 재정기획력이 현저히 향상되었다. 다섯째, 대동법은 토산물의 자의적인 수탈을 막아 생산의 발전을 촉진하고 대동미의 방출로 시장을 성장시켰다.(이헌창 2007, 340-341)

3) 사회적 균열: 균역법(均役法)과 호포제(戶布制)

17세기에 들어서 조선정부는 전후 복구사업과 북벌(北伐)에 필요한 재원을 확보하기 위해 흐트러진 국역(國役)체계를 재정비하는 데 많은 노력을 기울였다. 특히 군역(軍役)은 전세(田稅)와 대동법과 함께 수포(收布)로 전환되면서 국방상의 이유보다 국가재정의 보전책(補塡策)으로서의 역할과 의미가 더욱 강조되었다. 이에 중앙과 지방의 각 관청에서는 군역이 면제되는 층을 줄이고 자원을 계속 색출하여 수포대상층을 넓히려는 정책을 추진하였다. 당시 양반층은 신분적 특권을 내세워 출포(出包)를 거부하였으며 군역은 양인농민의 부담으로 전가되었고 과중한 양역(良役) 부담으로 초래된 농민경제 파탄은 부역자원의 고갈과 신분제를 동요시키는 계기로 작용하였다. 따라서 정부는 국역체제의 원활한 운영을 목표로 각종 사회신분 정책을 시행하여 지배질서를 안정시키려 했고 이 과정에서 다양한 견해들이 제시되었다. 대체로 기존의 신분질서를 유지하면서 부세(賦稅)를 바로잡는 것을 통해 양반사대부의 이익을 보전(補塡)하는 입장과 신분체계에 내재된 구조적 모순을 직시하고 국가주도의 개혁을 통해 새로운 사회운영방식을 모색하는 입장이 있었다.(원재린 2002, 381-382)

집권층인 서인, 노론계를 대표하는 송시열은 현실에서 주자명분론의 효용성을 확신하고 있었고 신역(身役)문제를 강상(綱常)윤리의 관점에서 접근하였다. 과중한 신역을 감(減)해 주고 여러 해 동안 빚을 지거나 조세를 체납한 자는 탕감하여 주는 일을 공심(公心) 혹은 천리(天理)를 실현하는 일로 간주하였다. 천리의 실현을 위해 관련 부세(賦稅) 전액을 임시로 감할 것을 주장하였고 대신 부족분은 여러 각사와 각아문에 비축된 것을 사용하고 군주 이하 백관(百官)들이 근검절약할 것을 권면하였다. 아울러 군주의 덕의(德意)를 느끼도록 내탕(內帑)의 재물을 풀어 백성을 구제할 것을 건의하였다.(『현종실록』12년 11월 정축조) 그는 사족(士族)도 출포(出布)해야 함을 논하였고, 이에 따른 신분의식의 약화에 대해서는 예(禮)의 강상윤리를 기초로 하는 가례(家禮), 향약(鄕約), 족표(族表) 등의 여러 제도 장치를 통해서 대처할 수 있다고 보았다.(김준석 2003, 87)

하지만 호포제를 시행하는 과정에서 양반사족들의 반발도 거셌다. 그들은 호포제 시행의 전제조건이라고 할 수 있는 철저한 호구관리와 공정한 포 배정의 어려움을 지적하기도 하고 사족 내에서도 품관(品官)과 산관(散官), 군관(軍官)과 교생(校生) 등 다양한 차등이 존재하는 상황에서 무엇을 기준으로 등급을 나눌지 어렵다는 의견을 내세우기도 하였다.(『숙종실록』 37년 8월 갑술조) 또한 명분의리론의 차원에서 양반의 특권을 강조하면서 사족에 대한 수포(收布)에 반대하기도 하였다. 이는 기본적으로 물상(物象)의 차별을 인정하고 이를 통한 계급 간 준별을 강조하면서 모든 사물 속에 하늘로부터 품수 받은 귀천(貴賤)의 차별성이 내재해 있듯이 인사(人事)에서도 각각 분한(分限)을 지키는 것이 중요하다며 사족에 대한 호포 부담에 반대하는 것이었다.(『숙종실록』 7년 4월 병술조)

그러나 대체로 호포제 찬성론자들은 사족수포로 인한 차별적 신분의식 약화를 우려하면서도 부세(賦稅)의 불균등성을 교정함으로써 국가재정의 안정적 운영을 도모할 수 있다는 점에서 법 시행에 강한 의지를 보였다. 특히 집권층인 노론이면서도 호포제 시행을 주장했던 송시열은 부세제도를 바르게 고침으로써 대토지소유자를 일정 견제하고 중소지주와 농민층을 보호하려는 정책을 구상하였다. 반면에 그는 정전론(井田論)과 공전론(公田論) 같이 이 시기에 토지제도 자체를 근본적으로 개혁하자는 논의에 대해서는 분명한 반대의사를 피력하였다.[7] 그는 전면적인 토지개혁을 포기하는 대신 차선책으로 부세제도의 이정(釐正)을 주장하고 이를 통해서 문란해진 대민수취질서를 재정비하고 국가가 재정을 보정함으로써 농민의 부담을 일정 정도 경감시킬 수 있을 것으로 기대하였다. 즉 부세제도 개선을 통해 농민층의 최저재생산을 보증하고, 대신 강상(綱常)질서의 확립을 도모하여 민심의 동요를 막겠다는 의도였다.(원재린 2002, 400-404)

조선 후기에 임진왜란과 병자호란을 경험하면서 다시 국가적 공공성의 파괴를 경험하였고, 이로 인해 17세기 이후의 조선의 정치가들은 다시금 '공공성'의 복원을 통해서 사회경제질서와 사회문화적 가치관을 재정립하고자 하였다. 그 결과 경제적 측면에서는 균등과세를 목적으로 하는 공물변통과 대동법에 관한 논의로 나타났고, 사회문화적 측면에서는 균역법과 호포제에 관한 논의로 나타났다. 사회경제적 약자를 보호하고 사회적 소수자를 포용하고자 했던 이러한 노력을 통해서 조선 후기 사회는 어느 정도 사회적 통합을 유지할 수 있었다.

---

7 유형원은 항산(恒産)을 목표로 하는 공전론(公田論)과 그 시행을 통한 경제적 평등이 확보될 필요가 있다고 보았고, 이를 위해서 토지세습제의 폐지를 주장하였다. 그는 각각의 직분을 다하는 사회를 만들기 위해 당시 역제(役制)의 모순을 근본적으로 해결할 방안을 모색하였고, 고르게 경지를 나누어 주고 경지에 따라 병역의무를 지게 하는 공전제(公田制) 방안을 제시하였다.

(3) 영정조(英正祖) 시기

1) 탕평정치와 공공성

17세기 이후 조선사회를 규정하는 정치적 요소는 당쟁(黨爭)이었다. 당쟁은 한편으로는 사회 여러 세력이 지닌 에너지를 파괴하고 붕괴시키는 점에서 부정적인 면모를 지니고 있었지만, 다른 한편으로는 다양한 이해를 가진 여러 정치세력들이 자신들의 정치적 이상과 견해를 활발히 개진하고 현실의 변화를 끌어내려는 과정으로 발전하면서 사회변화와 성장의 요소로 작용하고 있었다. 그러나 당쟁의 격화는 필연적으로 탕평의 문제를 제기했다. 유교정치론에서는 궁극적으로 당쟁이 없는 상태를 이상시하고 있었으므로 당쟁이 있으면 반드시 탕평이 문제되기 마련이었다. 그러기에 당쟁이 시작됨과 동시에 탕평책이 논의되었고, 이와 관련한 논의를 두고 모든 당파가 참여하여 탕평에 대한 대책을 제시하였다.

17세기 이후 당쟁이 격화되며 형성된 당쟁극복론-탕평론은 크게 두 가지 입장으로 나눌 수 있었다. 하나는 당파의 존재를 긍정하는 가운데 당쟁의 격화를 막고자 하는 방안이고, 다른 하나는 당파의 존재 자체를 부정하며 당쟁을 원칙적으로 인정하지 않는 방안이다. 후자의 입장을 취했던 노론들은 군자당이 소인당을 배제하고 독존적으로 정치를 운영해야 한다는 '군자-소인론'을 내세우며 자신들의 일당 전제의 주요 논거로 삼았고, 시비(是非)를 명확하게 분별함으로써 자신들의 주장의 정치적 정당성을 확보하고자 하였다. 특히 송시열에게 공론이란 시시비비가 명확해진 상태에서 결정되는 군자당의 공론이었다. 송시열은 군자-소인당의 논리를 적극적으로 옹호하고 붕당의 존재 자체를 인정하면서도 군자당에 의한 일당 전제를 긍정하고 있었

다.(정호훈 2007, 555-558)

　반면에 당파의 존재를 긍정하는 가운데 당쟁의 격화를 막고자 하는 입장을 취했던 대표적 인물인 박세채는 환국(換局)으로 표현되는 숙종 대 남인과 노론의 극단적 알력으로 정국이 경색되는 상황 속에서 '조제 보합(調劑保合)'의 원칙을 제시하며 탕평의 정치를 펼칠 것을 촉구하였다. 그는 당색을 따지지 말고 능력에 따라 인재를 등용하면 당파 간의 갈등이 종식될 것이라는 것을 주요 논거로 하였고, '시비(是非)의 명확한 분변'을 우선시하는 것이 아니라 '재주가 있으면 등용한다'는 유재시용(惟才是用)의 원칙에 기초하여 정국을 운영해야 한다고 주장하였다. 그의 생각은 현실의 질서를 인정하는 위에서 여러 당파의 인재를 고르게 수용하는 방식으로 당쟁의 문제를 풀자는 것이었고, 정치 운영의 중심 역할은 현실의 군주에게 귀착되어야 한다는 것이었다. 이런 점에서 그의 정치론은 극단적인 도덕정치론과 공론정치론의 추구를 부정함과 동시에 군주의 정치적 권위를 보다 제고하는 측면에서 구성된 것이었다.(정호훈 2002, 455-459)

　박세채의 탕평론은 갑술환국 이후 숙종에 의해 수용되었으며 그 결과로 숙종 20년(1694년)에는 박세채가 개진한 탕평 교서가 반포되기도 하였다. 그렇지만 탕평책이 정치쟁점으로 본격적으로 등장하기 시작한 시기는 숙종 말부터였으며 그것이 본궤도에 오른 것은 1728년(영조4)의 무신(戊申)변란 직후였다. 1728년의 무신변란은 17세기 이래 형성된 모순이 총체적으로 표출된 대파국이었다. 노론의 전제(專制)에 불만을 품어 오던 일부 소론과 남인세력이 연합하여 영조의 치세 자체를 부인하고 반정(反正)을 도모하였다는 측면에서, 또한 조선의 정치적 기축을 이루었던 양반들이 양민, 천민들과 손잡고 무력을 동원하여 국가의 전복을 꾀했다는 점에서 이 정변이 가진 정치사적인 문제는 심각했다. 종래의 정국 운영방식으로는 더 이상 국가를 유지(경영)할 수 없다는 점이 분명해졌고 국왕을 비롯한 관료, 유학자들은 그들의 처지에 따라 독자적인 탕평이념과 탕평방식을 강구했으며 탕평은 이제 국가경영의 핵심적인 문제로 부각되었다.

탕평은 붕당세력 간의 갈등을 조정하여 정치적 참여 폭을 넓히고, 정치의 공공성과 사회적 책임성을 회복함으로써 점차 보수화하던 정치권력의 내적 모순을 극복하고 이를 통하여 심각한 구조적 난맥상을 보이고 있던 제반 사회적 갈등과 모순에 효과적으로 대처하기 위한 것이었다. 영조와 그의 정치에 동조한 탕평파 관료들은 명분과 형식보다는 실사(實事), 실용에 의한 실익, 실리를 중시했다. 그들은 경제적 실익이 증진되고 그 이익의 균분성과 호혜성에 바탕을 두어 사회성원들 간에 조화와 평안이 이루어진 상태를 탕평으로 이해했다. 따라서 탕평의 실현방법에 있어서 교화적 방법보다는 경제에 더 많은 비중을 두는 입장을 취하였고, 영조는 소론탕평파의 도움을 받아 노론당-소론당을 조제시키면서 제도와 법령의 역할을 강조했다. 이들은 이러한 입장에서 붕당 간의 시비론적 갈등을 지양하고 민사(民事)에 대한 대책강구와 관료제의 효율성, 실무능력을 강조했다.(김성윤 2007, 596-600)

2) 사회경제적 균열: 신해통공(辛亥通共)과 금난전권(禁難廛權) 폐지

17세기 중반 이후부터 상업질서의 상황이 변화하면서 상거래 품목이 확대되고 물량이 증가하였으며 거래행위도 활성화되었다. 이에 따라 이전에는 지정 대상이 아니던 품목들이 시전(市廛)형태를 빌려 거래되기 시작하였고 서울의 인구증가와 도시 영역의 확장으로 시전의 수와 시전 설치 지역이 확대되었다. 이로 인해 신전(新廛), 즉 새로이 전방(廛房)을 차린 상인들은 자신들의 상권을 보호할 목적으로 관할기

관인 평시서(平市署)의 시안(市案)에 등록하였고, 국가에서는 등록한 시전상인들에게 세금을 거두는 대가로 그들의 상권을 보호하기 위해 난전권(亂廛權)과 같은 특권을 부여하였다.

이처럼 국가가 공인하는 시전체계를 통해 구현하고자 했던 조선시기 상업정책의 핵심은 상거래에서 발생할 수밖에 없는 '부당이익'의 환수에 있었다. 여기에는 상거래를 통한 이익을 부당하게 여기고 그것이 농업노동의 차원에서 보면 일하지 않고 농단을 부려 얻어낸 이익이라는 가치관이 전제되어 있다. 이런 관점에서 시전을 통해 물자의 교환을 활성화하면서도 거기에서 생기는 이익을 상인들의 사익으로만 머물지 않도록 정부가 환수하여 관리하는 데 그 설립목표가 있었다. 시전상인의 난전권에는 불법상행위를 한 비시전인을 잡아들일 수 있는 착납권(捉納權)과 그들이 소지한 물권을 정부기관에 귀속시키는 속공권(屬公權)이 있었고, 이 권한을 통해 시전들은 자신들의 이익에 저촉되는 상행위를 제한할 수 있었다.(정승모 2007, 493) 그러나 이후 난전권의 행사를 통해 소상인들의 물건을 빼앗아 이익을 챙기는 일들이 빈번히 일어나면서 난전권의 남용이 사회문제로 되었고 영조대에 이르러는 이에 대한 개혁조치가 요구되는 상황이었다.

통공(通共)정책의 효시는 영조17년(1741년) 한성좌윤 이보혁의 건의에 따라 실시한 신유통공(辛酉通共)이다. 그 내용의 핵심은 시전의 크고 작음 그리고 취급하는 물종의 긴요함(緊)과 헐함(歇)을 헤아려서 시전의 규모가 크고 국역 부담이 많은 물종(緊)의 난전은 일체 엄금하는 반면, 시전의 규모가 작고 국역 부담이 적은 물종(歇)의 난전은 허락한다는 것이었다. 신유통공은 소상인의 상업 활동을 보호하여 도시민의 생활필수품이 원활하게 공급될 수 있도록 배려하는 한편, 양반, 궁방, 군문 등이 자행하는 대규모 난전을 금지하여 시전체계도 유지될 수 있게 하고자 했던 조치였다.

통공정책은 탕평정치와 일맥상통한다. 영조의 탕평정책이 행해지는 18세기 중엽부터 통공정책이 실시되기 시작했다는 점은 그것을 잘 말해준다. 영조대(1730년대)에 들어 시전(市廛)과 공인계(貢人契) 창설이 활성화됨에 따라 금난전권에 기초한 전매(專賣)가 주류를 이루면서 물가의 상승과 서울시민 및 소상인, 소상품생산자의 몰락이 촉진되었고, 이에 영조는 전(廛)과 계(契)의 창설을 금지하였다. 이는 특권에 의거한 독점을 막고 소소 물종에 대한 통동(通同)발매를 유도함으로써 소민의 생활을 보호하고 물가를 안정시키고자 한 상업정책이었다. 영조의 전(廛), 계(契) 창설금지 이후 통동발매의 흐름은 확대되었고, 시전상업에서 통공이 대세로 자리 잡게 되었다.(한상권 2007, 470-471) 지방의 난전 상인이나 서울의 시전상인이 고르게 혜택을 입을 수 있게 하는 방침에 따라 정부는 난전상인과 시전상인 중 어느 한쪽을 특별히 지원하지 않고 도시민 전체의 입장에서 상업정책을 추진하였다.

정조의 통공정책 역시 '모든 백성은 똑같이 나의 백성(同是吾民)'이라는 이념 하에 채택되었다. 특히 정조대에 이르러 통공정책은 더욱 확대되었는데 정조 10년(1786년)에는 시전상인이 난전인을 잡아들이는 착납권(捉納權)을 폐지하고 소소한 난전은 금하지 말도록 하였다. 그리고 마침내 정조 15년(1791년)에는 육의전 이외의 모든 물종을 통공화매(通共和賣)하는 신해통공이 실시되었다. 신해통공은 이전 시기 통공정책의 내용을 총화(總和)하면서 시전상인과 비시전상인 '모두가 나의 백성'이라는 대동(大同)의 이념에 따라 취해진 조치로 시전인들의 독점적 생산과 판매 제도를 철폐함으로써 물가를 안정시키고 도시소민을 보호하고자 한 것이었다.(한상권 2007, 472-474)

당시 시전상인이 일상에 필요한 소소한 품종에 이르기까지 전호(廛

號)를 창설하고 자유로운 매매를 금지했기 때문에 물가가 앙등하자 좌의정 채제공은 수십 년 이래 신설된 영쇄한 시전의 상호를 일체 혁파하고 육의전 이외는 난전으로 착납(捉納)하는 것을 금지하도록 건의하였다. 그가 건의한 통공발매론의 근본정신은 민속(民俗)을 교정하고 민산(民產)을 유족(裕足)하게 하며 상업을 진흥시키고 시가(市街)를 번성하게 함으로써 국가경제의 안정을 도모하려는 것이었다. 이러한 채제공의 통공발매론은 시전상인의 특권적 전매상업과 사상도고(私商都賈)의 독점적 매점상업을 배격함으로써 사상(私商)층이 성장함에 따라 야기된 사회경제적 폐단을 제거하고, 소상인, 소상품생산자의 영업의 자유를 인정하고 도시소시민의 경제적 안정을 가져오게 했다는 점에서 큰 의의가 있다.(김동철 1980, 172)

4. 공공성 회복을 위한 원칙

(1) 절차적 공공성: 심의와 합의에 의한 정치

조선왕조는 여말선초에 권력을 독점하던 권문세족의 지배하에서 국가적 공공성의 붕괴를 수습하고 공론정치의 기틀을 마련하였다. 조선왕조가 500년 이상 장기적으로 지속된 가장 큰 이유는 유교적 공론정치의 제도화였다는 점에서 견해가 일치한다. 공론정치란 "양반이라 통칭되는 지식인 관료들과 예비 관료집단인 유생들이 다양한 방식으로 공론을 형성하고 이러한 공론이 국왕과 언관을 주축으로 하여 공식적이고 공개적으로 소통되는 정치"였다. 공론이란 "천하의 모든 사람들이 한결같이 하는 말", "사람의 마음이 모두 그렇게 여기는 것"으로서,

이미 결정되어 있는 실체가 아니라 다양한 토론과 대화 속에서 형성되고 만들어지는 것이다. 그러므로 공론에 도달하기 위해서는 공적인 문제에 대한 토론과 합의가 있어야 하고, 이러한 공적 토론과정을 통해 공론이 형성되고 정당화되었다.

조선왕조의 공론정치의 우수성은 공론형성과 합의주의 정치를 제도적으로 보장했다는 점이다. 첫째, 토론과 심의에 의해서 이러한 합의주의 정치를 제도화했다. 국정의 최고기관인 의정부는 영의정, 좌의정, 우의정의 3정승이 심의를 통한 합의로 국가의 중대사를 결정하는 합의제 정책결정기구였다.(김익두 1998, 474) 둘째, 국왕과 학자관료의 심의를 보장하는 경연(經筵)제도가 있었다. 조선의 국왕은 매일 경연에 나가서 강론을 듣는 것을 의무적으로 시행해야 했다. 경연은 단순히 군주가 유교경전을 읽고 배우는 것이 아니라 경연을 통해서 국왕의 정책, 인사, 상벌, 언행에 대해 공론을 묻고 경연에서의 토론과 심의를 통하여 국가의 공론을 합의제적으로 정하는 '유교적 심의정치'를 구현하였다.

셋째, 학자관료의 언론의 자유와 언로(言路)를 열어 주는 언관(言官) 제도가 있었다. 조선조에서는 사헌부, 사간원, 홍문관이라는 언관삼사 제도를 두어 언로를 보장하였다. 조선조의 언관들은 대관(臺官)과 간관(諫官)으로 나누어져 있었고 이를 총칭하여 대간(臺諫)이라 하였다. 대관은 풍속을 교정하고 정치의 옳고 그름을 논하는 언관으로서 인사문제를 심사하는 권한을 의미하는 서경(署經)권한을 갖고 있었고, 간관은 관리들의 언행의 득실을 간쟁하고 보도하며 국가적 중대사의 시비를 논박하는 책무를 맡았다.(김용직 1998, 66) 조선의 문치주의 시스템을 실질적으로 지탱했던 힘은 사실상 언관의 자유로운 비판정신, 즉 공기(公器)로서의 본연의 임무를 충실히 수행했던 것에서 나왔다. 오직 공

(公)의 정신에 입각하여 판단하고 임금 앞에서도 정치의 옳고 그름을 당당히 논하며 권력자들의 잘잘못을 논하며 여론(공론)을 이끌었다. 그들은 비록 직급은 낮더라도 정치적 독립성과 자율성이 보장되었고, 언론 삼사(三司)인 사헌부, 사간원, 홍문관은 서로 견제하고 감시함으로써 정치적 심의과정에서 객관성과 공정성을 확보할 수 있었다.

넷째, 조선왕조는 임금과 학자관료 간의 소통을 제도적으로 보장했을 뿐만 아니라 중앙정부와 지방의 관직이 없는 재야유학자 집단인 사림(士林) 간의 소통, 그리고 지방사회 내의 사림과 양인(良人)들 간의 소통을 보장하였다. 특히 지방의 사림들에게는 국가로부터 상대적으로 자율적인 소통 조직이 있었다. 그들은 공동체 내부 규약인 향약과 공동체의 관청인 유향소(留鄕所), 그리고 지방 사립학교인 서원을 조직하였다. 유향소는 지역사회의 사대부층의 자발적 결집소로 중앙에서 임명된 수령을 견제하는 역할과 더불어 수령의 직접적 통치가 미치지 못하는 영역에 형성된 지방자치행정을 위한 공공영역이라 할 수 있다. 하보쉬에 의하면, 지방의 사립학교인 서원은 국가와 사회를 매개하는 기능을 했고 단순한 교육기능을 넘어 정치적 담론과 여론을 형성하는 교육적 공공영역의 역할을 했다. 지방의 유학자들은 이런 조직을 통해서 지역 공동체를 이끌어 갔으며 유학자들의 전국적인 소통네트워크까지 형성하고 있었다. 서원에서 학자와 학생들은 다른 서원의 학자와 학생들과 의사소통을 할 수 있는 방법을 고안했고, 사회적이고 정치적인 일에 관해 견해를 동원하기 위한 포괄적인 학문적 공동체를 형성했다.(Haboush 1994, 381-382)

또한, 사림(士林)들은 여론을 자유롭게 형성하고 표현하며 소통할 수 있는 수단과 장소를 확보하고 있었다. 관직이 없는 유학자인 사림에게도 왕에게 직접 탄원할 권리인 상소의 권리가 있었다. 상소의 소재는 매우 포괄적이어서, 경제문제, 정치외교문제, 교육문제, 사회문제, 인재 등용의 문제 등이 모두 그 대상이 되었다. 중요한 국사를 위해서는 전국적인 유학자들의 네트워크가 상소에 가담했다. 재야 유학자 집단의 소통권이라고 할 수 있는 상소는 조선조에서 공론의 형성에 주요한 역할을 하였다. 조선의 공론정치는 초기에는 국왕과 학자관료 중심이었으나 후기에는 외부의 의견(外議)을 포함시켰다. 즉 언관들과 3정승 간의 소통을 통한 중앙의 공론정치가 점차 사림공론, 성균관 유생의 의견, 유향소의 향론(鄕論)을 포함하는 방향으로 전국적으로 확대되었다.(김용직 1998, 71)

(2) 공공(公共)의 정치리더십: 민본, 경청, 포황

조선의 지배이데올로기로 채택된 유학의 정치사상은 민본이념을 강조하였다. 민본사상은 본래 『서경(書經)』의 '백성은 나라의 근본이니 근본이 견고해야 나라가 편안하다[民惟邦本 本固邦寧].'에서 비롯되었다. 지도자의 핵심 덕목은 이른바 백성을 위한다는 '위민(爲民)'에 있는 것이 아니라, 나보다 더 훌륭한 사람들인 백성들의 나은 점을 공경하고 두려워하는 마음에서 정치를 해야 한다는 것이다. 세종은 즉위하면서 "어짊을 베풀어 정치를 일으켜 세우겠다[施仁發政]."고 선포하였다. 그가 말한 "시인발정"은 원래 『맹자』의 "발정시인(發政施仁)"에서 비롯한 말이다. 맹자는 "발정시인"이라고 했는데 세종은 그것의 앞뒤를 바꿔 표현했다. 이는 사회적 약자인 백성에게 어짊과 덕을 잘 베풀어 정치를 시작하겠다는 그의 생각을 반영한 것이었다. 처음부터 법령과 제도를 만든 다음 그대로 따르라고 하지 않고, 나라에서 먼저 백성을 보살피는 어진 정치를 베풀겠다는 것이고, 그러면 백성이 자발적으로 동참할 것이고 바로 거기에서 제도와 정치의 방향을 찾아가겠다고 다짐한 것이다.(박현모 2014, 83-84) 세종의 민본정치 핵심은 백성에게 시간이라는 정보(해시계, 물시계)와 음악이라는 감성(아악), 한글이라는 문자 권력을 주어서 그들의 삶을 윤택하게 하고 스스로 생각하고 소통할 수 있는 능력을 높여준 것이다.

유교에서 군주는 자기 수양(修己)에 기반하여 다른 사람들을 편안하게 해 주는(安人) '보살핌의 주체'이다. 고난에 처한 백성의 미세한 한숨을 알아듣고 그들의 갈망을 소통시켜 주기 위해서 군주는 탁월한 '공감적 소통능력'의 소유자여만 했다. 이러한 능력은 군주가 정치적 의사소통의 장에서 반드시 갖추어야 할 자세이지만, 오늘날 민주사회의 공론영역에서도 모든 참여자가 고루 갖추어야 할 대화의 자세라고 할 수 있다.(이승환 2007, 68-69)

정치지도자의 '공감적 소통능력'과 관련하여, 배병삼은 전설의 성왕(聖王) 순(舜)이 보여주는 소통의 정치와 리더십이 세 가지의 과정을 거쳐서 획득되었음을 지적한다.(배병삼 2007, 94-97) 첫째, "남의 말을 잘 들어서 황제가 되었다."는 '경청'리더십으로 '말하기'보다는 '경청하며 듣기'가 리더십에서 중요함을 보여주고 있다. 둘째, 경청을 통해서 '상호간의 이해'를 추구하는 소통능력으로 이때 소통이란 언어의 전달에 그치는 것이 아니라 속마음의 합치 곧 '이해'에 도달할 때라야 제대로 이루어진 것이다. 셋째, 상호 이해를 통해서 '연대'로 이끈다는 점으로 순(舜)이 거처를 옮길 때마다 그의 주변에 사람들이 모여들어 도회지가 형성되었다든지, 또 이로 인해 그가 도군(都君)이라고도 불렸다는 고사는 순의 정치력을 보여준다. 즉 여인(與人) 또는 여민(與民)일 때라야만 '정치의 힘'은 형성되고 발휘된다. '정치의 힘'이란 강요나 폭력이 아닌, 경청-이해-연대-실천이라는 과정을 통해 빚어지는 끌림의

힘, 곧 매력을 속성으로 하는 것이다

동양의 또 다른 고전인 『주역』에서는 갈등과 대립에 대한 사회적 측면에서의 다양한 해결책을 제시하고 있으며 그 가운데 특히 군자인 지도자가 지녀야 할 네 가지 덕목을 구체적으로 제시하고 있다.(김재홍 2012, 183-186) 첫째, 지도자는 포용력이 있어야 한다. 포황(包荒)은 거칠고 더러워진 것, 즉 난잡한 소인이나 말을 잘 듣지 않는 잡다한 사람들까지를 모두 감싸주는 포용력을 말한다. 둘째, 지도자는 과단성과 용기가 있어야 한다. 지도자란 넓은 도량으로 소인을 포용하는 것만으로는 부족하며 동시에 황하를 맨몸으로 건너는 용맹처럼 진리에 대한 믿음을 가지고 맨발로 큰 강을 건너는 결단력과 용기가 필요하다는 것이다. 셋째, 멀리 숨어 있는 자까지도 버리지 않고 다 헤아리는 총명과 지혜가 있어야 한다. 지도자란 집단 내의 구성원들의 전부를 바라볼 줄 아는 전체적인 시각이 필요하다. 그리고 집단 구성원 개개인들의 작은 고충까지 놓치지 않고 배려하는 지혜가 있어야 된다는 것이다. 넷째, 지도자는 공명정대해야 한다. 붕망(朋亡)은 공평정대를 말한다. 인사관리나 신상필벌에 있어서 학연, 지연, 혈연 등의 연줄에 따라 사사로운 정(情)을 주지 말라는 것이다.

(3) 경제적 공공성: 공정(公正)과 평분(平分)

본래 유학은 지배층의 통치교학으로 형성된 것이었으므로 백성을 안양(安養)해야 한다는 과업을 결코 소홀히 할 수가 없었다. 생민(生民)의 안양이 본연의 과업이라고 하더라도 유학은 동시에 왕도(王道)를 높이고 패공(霸功)을 천시하는 가치관을 본질로 하고 있다. 그것은 곧 이(利)보다 의(義)를 앞세우는 정치론으로 구현된다. 국가가 왕도의 구현을 이념으로 표방하는 이상, 그 경제의 측면에서도 이익을 추구하는 '경제 우선'의 정책보다는 '인의(仁義)의 도'를 추구하는 정치적 결단의 정책을 더 우선시하기 마련이다. 더구나 왕도이념의 현실적 구현을 가장 전일적으로 추구한 사림파들의 경우, 공리(功利)를 앞세우는 정치행위는 국가적으로든 개인적으로든 결코 용납할 수 없다는 정책으로 일관하였다. 이처럼 공리보다도 의리를 우선시하는 조선 사림의 견지에서는 국가경제의 운용에서도 '생산의 증대'라는 측면보다는 그 '균평한 배분'의 면에 더 치중하는 정책으로 귀결하기 마련이었다.(김태영 2007, 208-209)

여말선초에 사회경제적 공공성을 회복하는 핵심과제는 토지제도의 개혁이었다. 정도전은 고대 중국에서 실시되었다고 전해지는 공전제(公田制)와 그것을 기초로 한 균전제(均田制)를 실현하고자 하였다. 특히 정도전은 토지를 전 국민에게 균등하게 배분하는 이른바 계민수전(計民授田)의 원칙, 즉 백성의 인구에 비례하여 토지를 분배함으로써 토지를 안 가진 자와 경작하지 아니하는 자가 없게 하고, 빈부와 강약의 차이를 거의 없게 만든다는 원칙을 추구하였다. 이는 균산주의(均産主義)에 입각하여 모든 농민을 자영농으로 만드는 것이었다.(한영우 1999, 249) 비록 그의 전제개혁이 불철저하게 끝난 것은 사실이지만, 그의 전제개혁사상은 지주의 이익을 초월하여 자영농민의 이익을 대변한 것이었고, 이후 조선의 사회경제적 균열이 심화되는 상황 속에서 유형원과 정약용과 같은 개혁사상가들에게 영향을 주었다.

16세기 후반 훈척정치의 결과 다시금 부세와 수취체제가 문란해지고 국가재정의 파탄과 사회경제적 균열이 심화되는 가운데 공물제도에 관한 개혁 논의가 제기되었다. 재정개혁 방향은 안민을 위해 낮은 세율을 유지하면서 관리의 자의적 수탈을 줄이도록 조세제도를 정비하는 것이었다. 그 정점을 이룬 성과가 조선의 대동법이다. 대동법은 안민을 목표로 하여 낮은 세율을 유지하고 각종의 잡세를 폐지하고 백성의 부담을 줄여주고자 했다. 이를 통해서 조세 부담의 균등화와 경제적 약자에 대한 보호를 달성하고자 하였다. 사회경제적 불평등과 격차를 줄여나가고자 했던 이러한 노력을 통해서 조선 후기 사회는 양란(兩亂)의 경험에도 불구하고 지속될 수 있었다. 대동법 이후에도 조세 부담의 균등화를 통해 소민을 보호하려는 균역법과 호포법의 개혁이 이루어졌고, 이러한 개혁들은 조선에서 사회경제적 공공성이 유지되는 데 있어서 핵심적인 역할을 하였다.

한편 17세기 이후 조선은 왜란과 호란을 거치면서 경제가 피폐화된 가운데 전후복구사업과 북벌(北伐)에 필요한 재원을 확보하기 위해 흐트러진 국역(國役)체계를 재정비하는 데 많은 노력을 기울였다. 특히 군역(軍役)은 전세(田稅)와 대동법과 함께 수포(收布)로 전환되면서 국방상의 이유보다 국가재정의 보전책으로서의 역할과 의미가 더욱 강조되었다. 이에 중앙과 지방의 각 관청에서는 군역이 면제되는 층을 줄이고 자원을 계속 색출하여 수포대상층을 넓히려는 정책을 추진하였다. 특히 호포제(戶布制)는 농민층의 군역 부담이 한계점에 도달한 상황을 타개하기 위한 제도였고, 균부(均賦), 균역(均役)을 명분으로 양반들에게도 군역을 부담하게 한 것이었다. 이로 인해 종래의 신분질서가 무너질 수 있다는 양반층의 비판과 반발에도 불구하고 균평(均平)의 실현을 위한 전 국민적 부세부담원칙으로 시행되었다. 보수층의 입장에서도 비록 정전론과 공전론과 같은 근본적 토지개혁을 실시할 수는 없지만 차선책으로 부세제도를 바로잡아서 국가재정을 충실히 하고 농민의 부담을 경감시켜야 한다는 사회경제적 필요에 공감하였다. 이러한 균부, 균역, 균평의 원칙을 지켜감으로써 조선 후기 사회는 민생과 민산(民産)의 불안정에서 야기되는 사회불안과 체제동요를 막고 사회경제적 약자를 보호하고 통합을 유지할 수 있었다.

영정조 시기에 이루어진 통공(通共)정책 역시 특권에 의한 독점을 막고 경제적 약자를 보호함으로써 시전상인, 비시전상인 모두가 군주의 백성이라는 대동(大同)의 이념에 따라 시행되었다. 즉 영조가 전(廛)과 계(契)의 창설을 금지하고 소소 물종에 대한 통동(通同)발매를 유도함으로써 소상인, 소상품생산자의 몰락을 막고 소민(小民)의 생활을 보호하고 물가를 안정시키고자 한 것이나, 정조가 통공정책을 통해서 시전상인들의 독점적 생산과 판매제도를 철폐한 것은 사상(私商)층이 성장함에 따라 야기된 사회경제적 폐단을 제거하고 소상인, 소상품생산자의 영업의 자유를 인정하고 도시소시민의 경제적 안정을 가져오게 했다는 점에서 대동의 맥락에서 이해될 수 있을 것이다.

(4) 사회적 공공성: 화동(和同)과 탕평(蕩平)

조선 초에 정도전은 유교가 지향하는 민본(民本)에 대해서 "대개 임금은 나라에 의존하고 나라는 백성에 의존하는 것이니 백성이란 나라의 근본이며 임금의 하늘인 것이다. 그러므로 「주례」에서는 인구수를 왕에게 바치면 왕은 절하면서 받았으니 이것은 그 하늘을 존중하기 때문이었다."라고 말했다.(국역 삼봉집 Ⅱ 1977, 250) 이러한 정도전의 민본정신을 계승하고 백성 모두를 사랑하는 정치를 실천했던 군주는 세종이었다. 세종은 소외받는 계층에 대한 보호와 그들의 처우를 개선함으로써 원통하고 억울함이 없는 나라를 만들고자 노력했다. 특히 가장 사회적 약자라고 할 수 있는 노비와 죄수 등에 대한 처우를 개선하였다. 이는 임금과 나라의 존립 기반이 백성에 있음을 철저하게 인식하고 애민정신을 실천한 결과였다.

사림정치가 시작되면서 사림의 공론이 정국의 주요 변수가 되었고 향촌의 유생들까지도 상소를 통한 정치 참여가 보장되고 자신들의 주장과 목소리를 낼 수 있는 기회와 통로가 확대되었다. 17세기 이후 시행된 대동법과 호포제는 사회적 소수자에게 일방적으로 희생을 강요해서는 안 되며 그들의 생존권을 보장해 주어야 한다는 '사회적 연대의식'의 산물이자 민본정신의 실천이었다. 이러한 성과를 바탕으로 18세기를 전후한 조선의 향촌사회는 중요한 정치사회적 변동을 겪었는데 이제까지 보호의 대상이자 지배의 대상으로만 여겨져 왔던 민(民)이 자신의 의지를 관철시킬 수 있는 권력구조를 창출하고 향촌사회를 주도하는 자율적 결사체의 주체가 되었다.(이영재 2013, 32)

한편 사림들에 의한 붕당정치가 노론의 일당전제로 귀착되어 갔던 18세기 이후 조선의 정계에는 당파의 존재를 긍정하는 가운데 당쟁의 격화를 막고자하는 노력이 전개되었다. 특히 박세채는 환국(換局)으로 표현되는 숙종대 남인과 노론의 극단적 알력으로 정국이 경색되는 상황 속에서 '조제보합(調劑保合)'의 원칙을 제시하며 탕평의 정치를 펼칠 것을 촉구하였다. 이는 당색을 따지지 말고 능력에 따라 인재를 등용하면 당파 간의 갈등이 종식될 것이라는 것을 주장하면서 '시비(是非)의 명확한 분변'을 우선시하는 것이 아니라 '재주가 있으면 등용한다'는 유재시용(惟才是用)의 원칙에 기초하여 정국을 운영해야 한다는 논리였다. 이로써 당색(黨色)을 떠나 재주 있는 인재를 널리 등용한다는 탕평의 시대가 열리게 되었다. 영정조시대의 탕평은 사림의 붕당정치와 공론정치가 지닌 단점들을 극복하고 붕당세력 간의 갈등을 조정하여 정치적 참여의 폭을 넓히고 정치의 공공성과 사회적 책임성을 회복하고자 했던 노력이었다. 그 정신은 본래 유가(儒家)에서 논의되었던 '화동(和同)'의 정치철학적 의미와 그 맥이 닿아 있다.

군자는 인의(仁義)와 예의를 기준으로 사회의 공공정의〔公義〕에 입각하여 각기 도덕의 표준을 세우고 정치에 대한 자신의 관념을 확립하였다. 즉 군자는 다른 사람들과 다른〔不同〕 자신만의 흔들리지 않는 정치의 원칙을 갖고 있지만 모든 사회 구성원들이 동조하는 가치에 입각해 있으므로 화(和)가 가능한 것이다. 반면 소인은 자기 자신이나 집단 혹은 소속 단체 및 정당의 이익에만 천착하므로 원칙과 상관없이 또는 다른 사람에게 손해를 입히게 되더라도 이익이 되면 그렇게 행동한다. 이런 점에서 화이부동은 당동벌이(黨同伐異)의 배타적 태도를 벗어나 구동존이(求同存異)하는 동양 전통의 어울림의 정치를 말하는 것이라고 할 수 있다. 더 나아가 당색과 이념의 차이를 인정하고 포용함으로써, 공존공영의 길을 찾는 합의제 민주주의에서 적용될 수 있는 하나의 원칙이라고 생각된다. 특히 다원사회인 현대에서 '화이부동'의 견지는 다양한 문화의 공존공영을 뜻한다. 공자가 말한 화이부동에서 부동(不同)은 강제적 획일화와 전제정치에 대한 부정일 뿐 어떠한 가치도 화(和)할 수 있다는 뜻이다. 여기서 우리는 모두의 이익을 전제한 '협의민주주의'를 공자가 생각한 화이부동 정치의 한 형태로 이해할 수 있다.(장현근 2012, 22-26)

5. 맺음말

국민의 지지와 정치인의 행위 사이의 일체감에 기반하는 대의제는 오늘날 양자 간의 괴리로 심각한 위기에 처해 있다. 여기서 우리는 전통시대의 공론정치가 보여주었던 심의와 합의에 의한 정치경험을 상기하고자 했다. 조선왕조의 발전은 군주에서 일반 백성에 이르기까지 지속적이고 폭넓은 대화와 토론을 통해 공론을 형성하고 그 공론에 따라 정책을 결정했던 정치가 있었기 때문에 가능한 것이었다. 또한 조선왕조는 신중한 숙의와 폭넓은 합의를 이끌어내기 위한 절차와 과정을 제도적으로 구현하고 보장했다. 합의제 정책결정기구로써의 의정부, 국왕과 학자관료 간의 심의를 보장하는 경연, 언관의 독립성과 자율성을 보장해 주고 언로를 열어 주었던 언관 삼사(三司), 재야유학자 집단의 자율적 소통조직, 왕에 대해 직접 탄원하는 상소 등은 제도적으로 공론의 형성과 정책결정에 주요한 역할을 하였다. 뿐만 아니라 유학자들은 관료가 아니면서도 공적인 문제에 관한 논의에 참여하여 토론하고 처리할 수 있었고, 중앙정부 밖에서 행해지는 재야 유학자 집단인 사림의 합리적이고 공적인 토론은 일종의 공론장을 형성하여 국가의 원기(元氣)로서 '절차적 공공성'을 유지시켜 주는 역할을 하였다.

오늘날 가산제적 자본주의가 낳는 빈부격차의 확대는 민주주의가 기반하고 있는 공공선을 부정하고 구성원 간의 상호 신뢰를 무너뜨려 공동체의 존립근거를 위협하고 있다. 그러나 이러한 사회경제적 균열의 심화는 비단 오늘만의 문제는 아니고 우리의 역사 속에서 지속적으로 반복되어 왔던 문제이며 또한 그 해결을 위해 끊임없이 고민해 왔던 과제였다. 여말선초의 토지개혁과 세종시대의 공법개혁, 16세기 이후에 등장한 수미법과 대동법, 17세기 이후의 균역법과 호포제에 관한 논의는 그러한 고민을 보여주는 사례였다. 수취체제의 문란과 국가재정의 파탄, 경제적 양극화의 심화로 인한 사회경제적 균열이라는 과제에 직면하여 조선의 왕조와 정치가들은 균산(均産), 균분(均分), 균역(均役), 대동(大同)이라는 원칙에 입각하여 '경제적 공공성'을 실현하고자 노력하였다. 그 과정에서 자신들의 기득권도 양보하는 개혁을 과감히 수행하였고, 이를 통해서 끊임없는 위기상황 속에서도 사회경제적 통합을 이루고 유교국가가 지향하는 인정(仁政)과 안민(安民)을 향해 나아갈 수 있었다. 이러한 경제정책과 원칙 속에 담겨 있는 아이디어는 우리가 직면한 위기상황을 타개해 나가는 데 있어서도 여전히 유용성을 지니고 있다고 판단된다.

사회경제적 균열과 함께 사회문화적 균열의 심화는 현대의 대의민주주의를 위협하는 또 하나의 요인이 되고 있다. 민주적 정치과정 속에서 사회적 다수가 소수의 권리보호를 위해 노력해야 한다는 원칙이 무너지고, 이로 인해 사회적 다수와 소수가 하나의 정치공동체를 유지하는 데 필요한 상호 신뢰를 가질 수 없는 '연대의 위기'라는 상황에 직면해 있는 것이다. 정치공동체 내에서 아무리 양식(경제상황)이 풍족하다고 하더라도 "사람은 신뢰가 없으면 설 수 없다〔民無信不立〕."는 것이 유교의 기본 인식이었다. 그렇기에 조선왕조에서는 민본(民本)의 이념에 기반하여 백성 모두를 사랑하고 소외받은 백성들을 특별히 보호하여 원통하고 억울함이 없는 나라를 만들고자 하였다. 정도전과 세종이 보여준 민본사상과 민본정치, 사림정치기에 대동법과 호포법에서 보이는 사회적 연대의식, 탕평정치 시기에 제기되었던 조제보합(調劑保合)의 원칙은 이러한 사회적 균열을 방지하고 공공성을 실현하기 위한 노력들이었다. 특히 탕평의 이념 속에 내재된 화이부동(和而不同)과 구동존이(求同存異)의 원칙들은 이념, 지역, 문화의 차이를 인정하지 않고 나와 다른 타자를 배격하며 당동벌이(黨同伐異)하는 오늘날의 정치에 있어서 '사회적 공공성'과 사회적 통합을 달성하기 위해서 그 어느 때보다 더 절실히 요구되고 있는 원칙이라고 할 수 있을 것이다.

오늘날 국민의 대표자는 자신을 뽑아준 시민의 단순한 대리인은 아니다. 그들은 한편으로는 시민의 의견을 정치과정에 충실히 반영하는 대리자의 역할을 하면서도, 다른 한편으로는 국가와 국민 전체를 바라보면서 민주주의의 이상을 실현해야 하는 탁월한 지도자로서 역할을 수행해야 하는 존재이다. 그러나 현실의 국가지도자들은 자신들의 이익과 권력만을 재생산해 내기 위해 노력을 쏟고 있다는 비난을 받는다. 이와 같은 공공리더십의 부재와 관련하여 우리는 유교정치 전통 속에 녹아 있는 민본의 리더십을 다시 돌아보았다. 유교적 정치지도자의 모델로 간주되는 성왕(聖王)들이 '성왕'으로 불리게 되었던 핵심요인은 그들이 소통과 경청의 리더십을 발휘하였기 때문이라는 점을 살펴보았다.

이처럼 한국정치의 전통에서 찾아낸 민본의 이념과 그 구체적 제도에 대한 논의는 정치의 공공성을 회복하고 대의민주주의에 대한 신뢰를 고양시키는 데 도움을 줄 수 있을 것이다.

참고문헌

〈 단행본 〉

김영수. 2006. 『건국의 정치』. 서울: 이학사.

김익두 편저. 1998. 『우리 문화 길잡이』. 서울: 한국문화사.

김준석. 2003. 『조선후기 정치사상사 연구』. 서울: 지식산업사.

미조구치 유조. 2004. 『중국의 公과 私』. 서울: 신서원.

_____. 2011. 『중국사상문화사전』. 김석근 외 역, 서울: 책과함께.

민족문화추진회. 1997. 『국역 삼봉집』. 서울: 솔.

박현모. 2006. 『세종의 수성(守成) 리더십』. 서울: 삼성경제연구소.

_____. 2014. 『세종이라면: 오래된 미래의 리더십』. 서울: 미다스북스.

윤수재 외. 2008. 『새로운 시대의 공공성 연구』. 파주: 법문사.

이정철. 2010. 『대동법, 조선 최고의 개혁』. 서울: 역사비평사.

임홍빈 외. 2005. 『새로운 공적합리성의 모색』. 서울: 철학과현실사.

정윤재 외. 2014. 『세종 리더십의 핵심 가치』. 성남: 한국학중앙연구원출판부.

최상용 · 박홍규. 2007. 『정치가 정도전』. 서울: 까치.

한영우. 1999. 『왕조의 설계자 정도전』. 서울: 지식산업사.

〈 논문 〉

고 원. 2009. 「'정치'로서의 공공성과 한국민주주의의 쇄신」, 『기억과 전망』
　　　20호, 315-345.

김기현. 2002. 「유교사상에 나타난 공과 사의 의미」, 『동아시아문화와 사상』
　　　제9집, 50-75.

김남국. 2004a. 「유럽통합과 민주주의의 결여」, 『국제정치논총』 제44집 1호,
　　　281-301.

_____. 2004b. 「심의 다문화주의: 문화적 권리와 문화적 생존」, 『한국정치학
　　　회보』 제39권 1호, 87-107.

_____. 2011. 「한국 정치의 대안 모델로서 합의제 민주주의」, 『왜 대의 민주 주의인가』. 313-344.

김동철. 1980. 「채제공의 경제정책에 관한 고찰 – 특히 신해통공발매론을 중 심으로」, 『역사와 세계』 제4집, 141-173.

김성윤. 2007. 「탕평기 군주의 정치사상」, 『한국유학사상대계 Ⅵ』 한국국학진 흥원, 585-638.

김영주. 2002. 「조선왕조 초기 공론과 공론형성과정연구」, 『언론과학연구』 2 권 3호, 70-110.

김용직. 1998. 「한국정치와 공론성(1) : 유교적 공론정치와 공공영역」, 『국제 정치논총』 제38권 3호, 63-68.

김재홍. 2012. 「『주역』에 나타난 지도자 덕목에 관한 연구」, 『동양철학연구』 제69집, 163-188.

김태영. 2007. 「조선 중기 사림파 성리학자의 경제사상」, 『한국유학사상대계 Ⅶ』 한국국학진흥원, 197-253.

박홍규. 2007. 「조선 건국 주체의 경제사상」, 『한국유학사상대계 Ⅶ』 한국국 학진흥원, 141-196.

박현모. 2004. 「조선왕조의 장기지속성 요인 연구1: 공론정치를 중심으로」, 『한 국학보』 제30권 1호, 31-61.

_____. 2005. 「유교적 공론정치의 출발」, 『한국정치사상사』. 239-259.

배병삼. 2007. 「유교의 리더십」, 『오늘의 동양 사상』 제17호, 85-98.

설석규. 2007. 「조선 중기 사림파의 정치사상」, 『한국유학사상대계 Ⅵ』 한국 국학진흥원, 283-351.

소영진. 2008. 「공공성의 개념적 접근」, 『새로운 시대의 공공성 연구』. 32-63.

신진욱. 2007. 「공공성과 한국사회」, 『시민과 세계』 제11호, 11-39.

엄 훈. 2002. 「조선시대 공론 영역 논변에 대한 장르론적 접근」, 『국어교육학 연구』 제14집, 289-319.

오건호. 2006. 「노동운동의 사회적 공공성 확대전략: 요구에서 참여로」, 『공공 성과 한국사회 진로』. 참여사회연구소 창립10주년 심포지엄 자료집.

원재린. 2002. 「17세기 신분제 개혁론의 대두와 그 의미」, 『조선후기 체제변
　　　동과 속대전』. 381-407.

이승환. 2005. 「동양에서 '공적 합리성'의 특성과 근대적 변용」, 『철학연구』
　　　제29집, 4-45.

＿＿＿. 2007. 「총론: 동양 사상 리더십」, 『오늘의 동양 사상』 제17호, 61-84.

이양호・권혁용. 2013. 「제도와 문화, 그리고 민주주의: 비판적 고찰」, 『평화
　　　연구』 제21권 2호, 37-68.

이영재. 2013. 「조선시대 '시민사회'의 재조명을 위한 시론」, 『국제학술심포지
　　　움(조선시대 공공성의 구조변동) 자료집』. 21-44.

이헌창. 2007. 「조선시대 공물제도와 경제정책이념」, 『한국유학사상대계Ⅶ』
　　　한국국학진흥원, 315-378.

임의영. 2003. 「공공성의 개념, 위기, 활성화의 조건」, 『정부학연구』 제9권 1
　　　호, 23-50.

장현근. 2012. 「초기유가 '화동(和同)'논의의 정치철학적 의미」, 『동양정치사
　　　상사』 제11권 1호, 7-28.

정승모. 2007. 「조선후기 시전정책의 경제사상적 배경」, 『한국유학사상대계
　　　Ⅶ』 한국국학진흥원, 491-540.

정하영. 2008. 「동양사회의 공공성」, 『새로운 시대의 공공성 연구』. 189-215.

정호훈. 2007. 「붕당정치와 군주의 정치사상」, 『한국유학사상대계Ⅵ』 한국국
　　　학진흥원, 509-583.

조남욱. 2014. 「세종의 인간존엄성 추구」, 『세종 리더십의 핵심 가치』. 123-161.

조성환. 2014. 「세종의 공공정치」, 『세종 리더십의 핵심 가치』. 101-119.

차장섭. 2007. 「조선 중기 관학파의 정치사상」, 『한국유학사상대계Ⅵ』 한국
　　　국학진흥원, 187-239.

채장수. 2012. 「공공성과 '계급적 관점'의 상호 배타성」, 『평화연구』 제20권
　　　2호, 131-162.

최　현. 2006. 「한국사회 공공성의 위기와 시민운동의 진로모색」, 『공공성과
　　　한국사회 진로』. 참여사회연구소 창립10주년 심포지엄 자료집.

한상권. 2007. 「정조의 경제론」, 『한국유학사상대계 Ⅶ』 한국국학진흥원, 437-490.

황태연. 2013. 「'공공성'과 '국가공공성' 개념에 관한 고찰」, 『국제학술심포지움 (조선시대 공공성의 구조변동) 자료집』. 3-9.

Haboush, Jahyun Kim. 1994. "Academies and Civil Society in Chosun Korea", in Leon Vandermeersch(ed.), La Societe Civile Face a L'etat: Dans Les Traditions Chinoise, Japonaise, Coreene, et Vietnamienne, Paris: Ecole Francaise d'extreme-orient

Jacob Levy. 2000. *The multiculturalism of fear*, Oxford: Oxford University Press.

Joshua Kulrantzick. 2013. *Democracy in retreat: the revolt of the middle class and the worldwide decline of representative government*, New Haven: Yale University Press.

Mattew D. 1984. *The Public in Practice and Theory*, Public Administration Review 44.

Nam-Kook Kim, Dong-Heon Kim. 2014. *Saving Human Rights from Cultural Relativism with Compassion*, Peace Studies, Vol.22, No.1, 435-480.

Thomas Piketty. 2014. *Capital in the twenty-first century*, Cambridge Massachusetts: The Belknap Press of Harvard University Press.

田川孝三. 1964. 『李朝貢納制の研究』. 東京: 東洋文庫.

2장

아테네 민주주의와
유교 민본주의의 재조명

● 임경석 │ 한양대학교 ———————

1. 들어가며

고대 그리스의 아테네 민주주의(民主主義)와 동양의 유교 민본주의(民本主義)는 그 핵심개념으로 구성원인 민(民)[1]을 중시하는 정치이념을 지향하고 있다는 점에서 사상사적으로 공통점을 지닌다. 무엇보다도 이질적 토양에서 출발한 이 두 정치이념의 목표는 참주(tyrannos)나 폭군(暴君)으로 인한 폭압과 공포정치의 불안정을 최소화하는 동시에 민을 위한 법률과 제도를 준수하는 가운데 공동체의 정치적 안정과 경제적 풍요로움 속에서 구성원 모두의 신분에 부합하는 자유 실현의 극대화였다. 이 목표는 이후 글로벌 문화공동체의 정치이념의 근간으로

---

1 물론 여기서 언급되는 민의 개념과 관련해서 동양의 민(民)과 서양의 민(demos)의 차이점뿐만 아니라 시대적으로도 좀 더 정치한 구분과 설명이 요구된다. 그럼에도 불구하고 본고에서는 정치적 · 언어적 · 군사적 · 경제적인 공동체의 일반적인 구성원 모두를 민으로 다루면서 논의를 전개하고자 한다.

서 인류의 보편적 유산으로 작동하고 있다.[2] 적어도 이와 같은 정치적 이념의 준수 여부야말로 오늘날 개별 국가들의 대내외적인 제반 여건과 상황의 차이점을 고려하는 가운데 최소한 민을 중시하는 실현의 정도에 대한 평가나 진단에서 중대한 기준을 제공하고 있음을 부인하기 어렵다.

고대부터 동서양을 막론하고 정치지도자들에게 요구되는 최고의 덕목은 소극적인 차원에서 참주나 폭군이 되길 스스로 삼가라는 경고였다. 그리하여 어떤 최고의 정치지도자로 대변되는 공동체에서 "① 참주가 정치적 지위를 잃을까 두려워하며, 이 두려움이 그의 정치적 결정에 영향을 미친다. ② 참주가 종종 말로만 법을 따라야 한다고 주장하며, 실제 통치함에 있어서 자신을 법 위에 세우려 한다. ③ 참주가 비판을 수용하지 못한다. ④ 참주가 자신의 (정치적) 행위에 대해 책임

---

2 에우리피데스, 「애원하는 여자들」 438-455행. "공적인 논의를 위해 제안하고자 하는 좋은 의견을 누가 가지고 있는가?"를 물어보는 것, 이것이 바로 자유다. 그리고 올바르게 대답을 하는 자는 명성을 얻는 반면, 대답하고자 하지 않는 자는 침묵 속에 머물지니 도시에 무엇이 과연 이 보다 더 공정할 수 있겠는가? 게다가 사람들 스스로가 국가를 다스릴 때, 그들은 자신들의 힘을 키워가는 젊은 시민들을 기뻐하나, 왕으로 군림하는 자는 그들을 적으로만 여기기에, 그는 그들 중 가장 훌륭하며 지혜롭다고 여겨지는 자들 모두를 죽이고 말지니, 이는 그들의 힘을 두려워하기 때문이라. 마치 봄녘의 들판에서 곡물을 추수하듯, 만약 누군가 젊은이들을 꺾어버린다면 어찌 하나의 도시가 힘을 계속해서 키워나갈 수 있으랴? 만약 모든 노력이 오로지 참주를 더욱 부유하게 만들기만 한다면 아이들을 위해서 도대체 왜 부와 살림을 얻으려 하는가? 왜 우리의 젊은 딸들을 정숙하게 집에만 머무르게 하는가? 참주들에게 바치기 위해서인가? 폭력에 못이겨 나의 딸들을 시집보내니, 나로서는 차라리 죽음을 택하리니."(폴 우드러프, 『최초의 민주주의』, p. 115.) 공자와 맹자의 유교 민본주의 역시 힘에 의해 움직이는 폭력의 시대에 대항하여 인과 예를 갖춘 도덕에 의해 민의 믿음을 얻는 세상을 꿈꾸었다. 이 과정에서 무력이 아니라 민의 생활 안정과 믿음에 기반을 둔 도덕 능력이 천하를 운영하는 정치이념의 기준이었다. 子貢問政. 子曰, 足食足兵, 民信之矣. 子貢曰. 必不得已而去, 於斯三者何先. 曰, 去兵. 子貢曰. 必不得已而去, 於斯二者何先. 曰, 去食. 自古皆有死, 民無信, 不立.(『논어』12. 7.)

을 추궁 받지 않으려 한다. ⑤ 참주가 자신의 비위를 맞추려 하지 않는 자로부터는 어떤 조언이나 충고를 들으려 하지 않는다. 비록 그가 자신의 친구라 할지라도. ⑥ 참주가 자신과 의견을 같이하지 않는 자가 정치적 활동에 참여하는 것을 막고자 한다."[3]와 같은 징후들이 발견된다면, 이러한 공동체는 민의를 수렴하는 비판적 공론계층으로부터 민주주의 혹은 민본주의의 적으로 평가되게 된다.

물론 고대 아테네 민주주의는 '자유롭고 평등한 데모스(demos)의 자격을 성인 남성들에게만 공적 업무를 지배(kratia)하도록 허용함으로써 명백히 민의 범위를 제한했다. 또한 유교 민본주의도 '관존민비(官尊民卑)'의 성향이 강했음은 잘 알려져 있다. 하지만 아테네에 비해 유교의 민본주의는 좀 더 포괄적인 민의 개념을 사용하고 있다는 다소 역설적인 사실이 주목될 필요가 있다.[4] 비록 유교 민본주의가 민을 아테네 민주정치처럼 자율적 주체이자 시민(civitas)으로 불릴 만한 자격으로 인정하기보다는 가르치고 먹여 살리고 보살펴야 하는 타율적 대상으로서의 신민(臣民)에 주목했음도 사실이다. 이런 점에서 유교 민본주의의 민은 정치적 참여의 기회가 매우 제한적일 수밖에 없었고 공동체의 공적 업무에 집단적 주체로서 참여할 수 있는 역량을 거의 발휘할 수 없었다. 그럼에도 불구하고 아테네 민주주의와 유교 민본주의는 그 각각의 태동과 이념의 실현 과정을 역사적으로 적절히 비교하면서 양자가 지니는 각각의 장·단점을 주목할 필요가 요구된다. 이와 같은 비교문

---

3 폴 우드러프, 『최초의 민주주의』, pp. 120-121.
4 아테네의 민주주의는 그 태동기부터 성인 인구의 대략 80-90%에 달하는 여성, 노예, 빈민, 순수한 혈통의 조건을 달성하지 못하는 인종과 종교의 소유자, 외국인 체류자를 배제했다. 역사적으로 이들은 소위 '야만인'으로 분류되어 제국의 민주주의적 보편화의 꿈에 포함될 수 없었다.

화적인 연구 입장과 관련해서 강조되어야 할 점은 무엇보다도 이제까지의 일방적인 "서구중심주의"[5]나 이에 대한 히스테리적 반응으로 분출되는 "동아시아 가치론"[6]과 같은 일방적이고 편협한 태도를 지양하고 문화상대주의 혹은 다원주의적 연구 태도의 수용이 전제되어야 한다. 이에 필자는 서구와 비서구서 간의 "문명충돌론"[7]이나 서구중심주의 비판을 넘어 인류의 보편적 가치로 자리매김한 자유·평등·박애·인권·정의·연대와 같은 공동체의 이념을 실현하기 위한 정체의 구상과 관련해서 고대 아테네 민주주의와 유교의 민본주의 간에 상보성을 매개할 수 있는 선비민주주의라는 새로운 대안이념 속에서 21세기가 요구하는 지속가능한 민주주의 모델의 실현방안을 모색해 보고자 한다.

그렇다면 아테네 민주주의와 유교 민본주의가 민주주의 정체를 형성하는 요소를 지닌 체제로 인정받고 더불어 상호 조우할 수 있는 핵심적인 접점은 무엇인가? 만약 이념적 민주주의가 민의 직접적인 참여 민주주의를 의미하는 문제로 환원된다면, 아테네 민주주의와 유교 민본주의는 그 발생이나 규모의 차원에서 뚜렷한 접점을 찾기가 어려울 수밖에 없다. 왜냐하면 유교 민본주의는 인구나 영토와 같은 규모의 면에서 민의 직접적인 정치 참여를 사실상 허용할 수 없는 현실적 조건에서 출발하고 있기 때문이다. 하지만 민주주의가 민의 여론 수렴에 따라 공동체의 행복과 공동번영을 추구하는 정치이념의 실현을 의미한다면, 아테네 민주주의와 유교 민본주의는 상호 조우할 수 있는 민주

5 강정인, 『서구중심주의를 넘어서』, pp. 94-112.
6 임홍빈, 『인권의 이념과 아시아가치론』, pp. 13-16. 뚜 웨이밍, 「21세기의 유교적 인본주의: 중국의 새로운 문화적 정체성에 대하여」, pp. 15-30.
7 새무얼 헌팅톤, 이희재 옮김, 『문명의 충돌』, pp. 243-276.

적인 정체로서의 충분조건을 갖추게 된다. 물론 이 경우에도 민이 직접 자신의 대표자를 선출하는 방식이나 국정 운영의 실질적 참여방식을 민주주의의 핵심 요건으로 본다면, 유교 민본주의와 아테네 민주주의는 그 절차방식에서 분명히 상이하다고 말해져야 한다. 하지만 이 경우에도 너무 조급하게 아테네 민주주의의 우세를 단언하려고 해서는 안 된다. 왜냐하면 유교 민본주의에서 민의가 어떻게 형성 혹은 대변되었으며, 그것이 국정에 어떻게 반영되었는지를 세심하게 주목해 볼 필요가 있기 때문이다. 예를 들어서 조선시대의 고착화된 신분제와 달리 유교 민본주의의 이념과 중국의 유교사회에서 정치세력 간의 균형과 인사제도에 따르면,[8] 공정한 인사 추천이나 신분에 상관없이 누구나 과거제도에 응시하여 선발된 사대부로서의 선비가 도덕적 책임의식과 학문적 양식을 토대로 위민정치(爲民政治)를 수행할 수 있었으며, 이를 실천하기 위해 지속적인 제도 개선도 꾸준히 수행되었다는 역사적 사실이야말로 유교 민본주의가 직접민주주의를 실현하기 어려운 외적 상황에서 사회통합을 지향하는 대의민주주의의 장점을 살리려는 정당성과 내부적인 개혁 노력을 간과하지 않음으로써 근대 이전까지 인류 공동체문화의 발전에 지대한 공헌을 이루어 왔음을 결코 부인할 수 없기 때문이다.

본고는 아테네 민주주의와 유교적 민본주의가 추구했던 각각의 기본 이념과 원칙을 살펴보고, 그런 다음 양자가 추구하는 가치와 제도가 이념적 민주주의 체제와 비교할 때 어떤 장점과 단점을 지니고 있는지 그 시대적 한계점을 정치철학적 관점에서 비교·분석해 보려는 우선적인 목적을 갖는다. 이러한 목표 수행의 과정에서 본고는 역사적

---

8 고병익, 『공자사상과 21세기』, p. 61.

으로 확증된 정치적 · 법적 차원의 제도들뿐만 아니라 아테네 민주주의와 유교 민본주의에 내재된 이념들의 가치 실현과 관련해서 기존에 강조된 서구중심주의나 동아시아 가치론의 편협성을 극복하고 그동안 간과되었던 상보적인 융합작업을 통한 새로운 민주주의 사상을 위한 통섭 시도의 기틀 마련에 초석을 제공해 볼 것이다. 이러한 작업을 위해 필자는 민생(民生)을 중심으로 아테네 민주주의와 유교 민본주의의 정치공동체가 지향했던 이념을 수렴할 수 있는 자립적인 생활 경제권의 개념에 주목함으로써 정치적 평등권과 자유권 및 민주주의의 실질적 연계성에 주목하고자 한다. 끝으로 이러한 전개과정을 토대로 현대 대의민주주의의 문제점을 극복하기 위한 바람직한 보완책의 한 가지 가능성으로서 선비민주주의 모델에 주목하면서 그 타당성 여부를 검토해 볼 것이다.

2. 아테네 민주주의의 이념적 형성과 변화

'인민(demos)에 의한 지배(kratia)'를 뜻하는 '민주주의(demo+kratia)'란 용어는 일인지배(monarchy)나 다수지배(polyarchy)를 의미하는 경우처럼 아르케를 접미사로 붙이지 않는다는 점에서 독특한 정체이며 아테네에서만 출현한다.[9] 주지하다시피 데모스(demos)에 대한 해석은 긍정적인 인민과 부정적인 우중이란 구분에서 이중성을 지니고 있으며,

---

9 고병권, 『민주주의란 무엇인가』, pp. 17-21. 윤비, 「고대 헬라스 세계에서 민주주의 (dēmokratia) 개념의 탄생−헤르도토스 『역사』 제3권의 이상정부논쟁을 중심으로」, pp. 47-51.

그 어원학적인 의미도 변화무쌍하다.[10] 그런데 아테네 민주정의 주체로 알려진 인민은 어떻게 형성되었는가? 실제로 아테네 인민은 귀족과 평민, 부자와 빈민, 기병과 중무장보병 및 선원, 농민, 상인뿐 아니라 도시 거주인 등 다양한 신분과 집단에 속한 사람들이 서서히 일정한 공동체의 소속감을 지닌 동질 집단으로 자신들의 정체성을 형성해 가는 지난한 과정에서 민주주의를 형성해 왔다는 점이 주목되어야 함에도 종종 이런 면이 간과되어 왔다. 아테네인들은 도대체 어떤 정치이념을 추구하면서 집회 민주주의(assembly democracy)라는 전대미문의 정치 제도를 정착시킬 수 있었으며 인류의 이념적인 정치공동체 모델을 전파할 수 있었을까?[11]

고대 그리스인들은 BCE 2000년 무렵에 미케네 문명을 일구면서 대략 500개가 넘는 도시 국가인 폴리스를 중심으로 성장하고 발전하기 시작한다.[12] 원래 아티카의 정치체제는 지방공동체의 지배자들이 각기 왕으로 군림하면서 통치되다가 BCE 9, 8세기부터 국방과 통치의

---

10 "데모스(demos) 개념은 한편으로 전체로서의 시민집단을 의미하기도 하지만, 다른 한편 보통사람, 다수 그리고 빈자를 의미하는 긍정과 부정의 이중적 용법을 지닌다." (모제스 핀레이, 최생열 옮김, 『고대 세계의 정치』, p. 12.) "투키디데스(Thucydides)는 데모스란 국민 전체를 뜻한다고 보았다. 한센(Hansen)은 데모스를 민회에 참석하는 사람들로 정의를 내린다. 오베르(J. Ober)는 데모스를 행정 구역에 그 어원을 갖는 데메(deme)에 속하는 아테네 시민 전체, 특히 인민 그 자체보다는 행정구역에 소속된 자들로서 정치적 의사결정에 참여하는 집단으로 보고 있다."(문혜경, 「고대 아테네 민주주의 이상과 남용」, 주석 20, 재인용)

11 물론 하만(Herald Haarmann)처럼 아테네 민주주의가 마치 이전의 문화에 대한 수용 없이 아테네인들의 독창적인 정치적 평등원리에서 출현한 것처럼 다루려는 다소 일반화된 이런 관점의 문제점을 문화사와 언어학을 통해서 밝히는 작업들이 제시되고 있다. 다만 본고에서는 일반적인 아테네 민주주의의 특징만을 열거하려는 의도로 이 문제는 자세히 다루지 않겠다.(H, Haarmann, Mythos Demokratie, pp. 11-32.)

12 김봉철, 「아테네의 역사」, pp. 16-17. 서병훈, 「아테네 민주주의에 대한 향수 – 비판적 성찰」, pp. 31-32.

효율성이 높은 도시국가를 형성하면서 귀족 계급이 왕을 몰아내는 계기가 마련된다. 특히 경제능력을 바탕으로 군사적 · 재정적 봉사능력과 여가시간을 지닐 수 있었던 귀족들은 협의회(Boule)를 만들고 9명으로 구성된 아르콘(archon)으로 최고 권력을 나누어서 행사하였다. 예를 들자면 바실레우스(Baculium)라는 직위는 일종의 제사 집정관이며, 폴레마르코스(Polemarchos)는 군사 집정권을 행사하고 테스모테테움(Thesmotheteum)은 법무 집정권의 역할을 수행하는 가운데 그밖에 이런 명칭이 따로 붙지 않은 일반 아르콘들은 행정 권한을 수행하는 식이었다.[13] 더불어 귀족들은 사법권과 공무감독권을 행사하는 아레오파고스(Areopagus)회의를 만들어서 정치적 발언권과 권력 독점을 행사할 수 있었다. 그런데 BCE 8세기 무렵부터 그리스의 해안 도시들은 농토를 해외에서 마련하기 위한 식민지 건설을 시작한다. 그러면서 보다 안전한 해상교역, 포도와 올리브의 풍부한 생산과 저장을 위한 도자기의 보급이 활발해지면서 농민, 상인, 수공업자들의 경제적 상황이 대폭 개선되었고 독자적인 경제 기반을 갖춘 계층도 많아지게 되었다. 아울러 7세기가 지나면서 잦은 전쟁과 더불어 전투의 대형도 소수 귀족의 기병 중심이 아니라 다수의 장갑보병을 중심으로 한 밀집대형의 '팔랑크스'가 기본 전술로 전환되면서 중간계층의 역할과 목소리가 증대되기 시작한다. 그럼에도 불구하고 이 시기에는 아직 하층민의 정치적 발언이나 참여의 영향력은 미흡했으며 당연히 민주주의는 그 의미와 모습을 찾기도 어려웠다.

아테네 민주주의의 역사는 BCE 594년 내분을 면치 못하던 격동기에 솔론(Solon)이 아르콘으로 선출되면서 비로소 그 개혁이 시작된다. 그

---

13 Aristotle, The Athenian Constitution, Part 3.

는 가난한 계층과 부유한 계층 간의 갈등을 해소하기 위한 정책으로 빈자의 부채탕감을 통한 계층 간의 분열종식과 민중재판소(dikastērion)를 설치하는 법제도의 개혁을 통해 사회통합의 기반을 도모했다.[14] 다만 솔론의 개혁은 귀족 중심인 기존의 과두 체제를 부인하지 못했다는 점에서 민주주의가 추구하는 인민에 의한 인민의 지배라는 의미에는 다소 미흡했다고 평가될 수 있다. 하지만 그는 세습적인 혈통이 아니라 부와 능력을 정치 참여의 기준으로 삼는 가운데 당시 1, 2계층은 기병근무와 고위관직을 독점하도록 했고, 중간 자영농민인 제 3계층은 중무장 보병과 하급 관직을, 그리고 제 4계층인 테테스(thetes)는 민회와 법정에 참여할 수 있도록 배려하면서 병역과 직접세도 면제해 주었다.

솔론이 물러난 이후 아테네 인민들은 더 적극적으로 계층적 특권과 폭정에 대항해서 자신들을 통치해 줄 강력한 지도자를 환영하기에 이른다. 그런데 인민의 이런 기대는 금방 좌절의 구렁텅이로 빠지게 된다. 무엇보다도 BCE 510년 페이시스트라토스(Peisistratos)는 인민이 원하는 내분의 종식, 빵 그리고 화려한 축제를 아낌없이 제공하는 소위 포퓰리즘을 행사하면서 호위병을 소유한 일인 통치체제의 참주로 막강한 권력을 휘두르게 된다.[15] 더구나 그의 뒤를 이은 두 아들 히피아스와 히피르코스 역시 참주로 폭정을 일삼음으로써 마침내 그 일가가 척

---

14 Aristotle, The Athenian Constitution, Part 9.
15 아테네인들은 종교의식 가운데 가장 잘 알려진 '엘레우시스 신비의식(Eleusinaian Mysteries)'에 가입함으로써 하나라는 조화로움에 다가갈 수 있었다. 특히 살인을 저지르지 않고 그리스어를 할 수 있는 모든 남성과 여성, 시민, 일부 부유한 노예, 외국인 모두에게 이 의식에의 참여가 개방됨으로써 신분이나 부의 격차를 뛰어 넘는 종교적 평등의 믿음에 입문할 수 있었다.

결되는 과도기의 진통을 겪게 된다. 이후 아테네인들은 어떤 개인도 절대적인 참주권력을 휘두르지 못하도록 제도적 보완이 필요함을 학습하게 되었고 역설적이게도 인민이 지배하는 민주주의를 열망하기 시작한다.

이런 기대에 부응하여 등장한 인물이 클레이스테네스(Kleisthenes)이다. 그는 BCE 508~BCE 507년부터 각 구(deme)에 속한 모든 구성원이 참정권을 가질 수 있도록 귀족들의 정치 기반이었던 대표적인 4부족 중심의 행정구역을 폐지하고 10개의 부족으로 행정단위를 대폭 확장시킨다. 아울러 그는 시민총회를 신설하고, 기존의 400인 평의회를 500인 평의회로 확대함으로써 보다 많은 구성원들의 정치 참여를 유도한다. 그는 참주의 등장을 방지하기 위해 잘 알려진 도편추방제도를 도입한다. 더불어 그는 인민의 평등권에도 주목하면서 법 앞의 평등인 '이소노미아(isonomia)'와 민회에서 동등한 발언권을 보장하는 '이세고리아(isegoria)'도 확장함으로써 아테네 민주주의의 실질적 초석을 다진다. 그러는 가운데 이런 제도개혁과 더불어 불어 닥친 페르시아의 침략(BCE 490, BCE 480-BCE 479)은 아테네 민주주의의 확산을 강화시키는 실질적 계기로 작동하게 된다. 왜냐하면 이 침략은 아테네 해군력의 강화와 3단 노선을 젓고 공동체 방위에 참여한 테테스 계층의 역할증대로 이어졌기 때문이다.[16]

---

16 "상류 계층의 시민들은 기병, 중간 계층의 시민들은 무장보병이 되었고 노동 계층의 시민들은 해군 함정의 노를 저었다. 이처럼 지속적인 군 병력의 요구와 역할의 중요성은 그리스 도시국가들의 정치 형태에 많은 영향을 끼쳤다. 예를 들어 전쟁에서 기병이 지배적인 역할을 했을 때에는 귀족들이 국가 통치에 많은 영향력을 행사했다. 반면 무장보병의 역할이 중요해졌을 때에는 중간 계층의 시민들이 정치적 권력을 획득했으며, 해군이 필요했을 때에는 노동계층의 시민들, 곧 가난한 자들이 자신들의 요구를 피력할 기회를 얻었다."(폴 우드러프, 『최초의 민주주의』, p. 59.)

그리스 연합군의 승전과 이후 등장한 페리클레스(Pericles)는 가난한 시민들의 생계 부담을 덜고 적극적인 국정 참여를 유도하기 위한 정책을 실현한다. 그는 민회나 500인 평의회, 배심원으로 참석하는 시민과 공직자에게 보수와 공무 수당을 제공하는 제도를 실시함으로써 아테네 민주주의를 실질적으로 꽃피운다.[17] 그는 BCE 451년에 부모 모두 아테네 시민인 자녀들만이 시민권을 획득할 수 있도록 시민권 법안을 통과시키면서 아테네 민주주의의 주체에 정체성을 부여했고 이후 그리스의 여타 도시국가와 구분되는 정체로서 그 절정기에 이르도록 이끈다.[18] 아테네의 이상적 민주주의와 원칙에 대한 가장 유명한 주장은 투키디데스(Thucydides, BCE 460-BCE 399)의 『펠로폰네소스 전쟁사』에 등장하는 페리클레스의 '아테네인 전몰자들을 위한 추도사'에서 잘 살펴볼 수 있다. 그는 아테네의 위대한 정체와 생활방식의 독창적인 두드러짐을 아래와 같이 칭송하고 있다.

우리의 정체는 이웃나라들의 제도를 모방한 것이 아닙니다. 우리는 남을 모방하기보다는 남에게 본보기가 되고 있습니다. 소수자가 아니라 다수자의 이익을 위해 나라가 통치되기에 우리 정체를 민주정치라고 부릅니다. 시민들 사이의 사적인 분쟁을 해결할 때는 법 앞에 만인이 평등합니다. 그러나 주요 공직 취임에는 개인의 탁월성이 우선시

---

17 기록에 의하면 일반 민회의 참가자에게는 6오볼, 주요 민회의 경우는 9오볼이 제공되었다. 재판소에서 배심원이 되면 하루에 3오볼을 받을 수 있었고, 평의회 참석자에게는 5오볼이 지급되었다. 당시 숙련 노동자의 하루 임금이 평균적으로 6~9오볼 정도였음을 감안한다면, 자발적인 공적 업무의 참여를 위해서는 생존에 필요한 경제권의 보장이 어느 정도 전제됨을 보여준다.

18 폴 우드러프, 『최초의 민주주의』, pp. 394-395.

되며, 추첨이 아니라 개인적인 능력이 중요합니다. 마찬가지로 누가 가난이라는 불리한 조건에도 불구하고 도시를 위해 좋은 일을 할 능력이 있다면 가난 때문에 공직에서 배제되는 일도 없습니다. 우리는 정치생활에서 자유롭고 개방적인데 일상생활에서도 그 점은 마찬가지입니다. (……) 사생활에서 우리는 자유롭고 참을성이 많지만, 공무에서는 법을 지킵니다. 그것은 법에 대한 경외심 때문입니다. 우리는 그때그때 당국자들과 법, 특히 억압받는 자를 보호하기 위해 제정된 법과, 그것을 어기는 것을 치욕으로 간주하는 불문율에 순순히 복종하기에 하는 말입니다. (……) 말하자면 우리는 고상한 것을 사랑하면서도 비용을 많이 들이지 않으며, 지혜를 사랑하면서도 문약하지 않습니다. 우리에게 부(富)는 행동을 위한 수단이지 자랑거리가 아닙니다. 가난을 시인하는 것이 부끄러운 일이 아니라 가난을 면하기 위해 실천적인 조치를 취하지 않는 것이 진정으로 부끄러운 일입니다. 이곳에서 정치가들은 가사(家事)도 돌보고 공적인 업무도 처리하며, 주로 생업에 종사하는 사람들도 정치에 무식하지 않습니다. 우리 아테나이인들만이 특이하게도 정치에 참여하지 않는 자들을 비정치가가 아니라 무용지물로 간주합니다. 그리고 우리만이 정책을 직접 비준하거나 토의하는데, 그것은 우리가 말과 행동을 양립할 수 없는 것으로 보지 않고, 결과를 따져보기도 전에 필요한 행동부터 취하는 것을 최악으로 보기 때문입니다. (……) 간단히 말해 우리 도시 전체가 헬라스의 학교입니다.[19]

아테네 민주주의의 위상에 대한 이런 자긍심은 이후 아테네인들로

---

19 투퀴디데스, 천병희 옮김, 『펠로폰네소스전쟁사』, pp. 168-171.

하여금 조화로운 민주주의를 실현하기 위해 무엇보다도 법에 따른 통치를 누구나 동등하게 준수하고, 공공의 목표를 위해서 교육이나 축제의 일상적 체험을 바탕으로 함께 연대하는 가운데 구성원들 간의 차이를 인정하는 관용적인 태도의 일상화로 발전하게 된다.[20] 이것을 가능케 했던 아테네 민주주의의 두드러진 제도적 특징은 바로 민회(assembly)의 활성화였다. 민회는 당시 최고 의사결정 기관으로서 그 권한은 이론상 무제한적이었다. 이 핵심적인 주권기관은 1년에 최소 40번의 회기 중 전체 회의나 특별한 경우 정족수 6,000명의 권리 행사에 어떠한 제한도 두지 않았다. 민회는 전체 인민이 실질적으로 입법부를 구성하여 직접 정책토론을 수행하며 투표에도 참여하는 실질적 민주 제도의 실현에 기여할 수 있었다. 아울러 민회는 비밀투표인 오스트라시즘(Ostracism)을 이용해서 독재자나 위험인물을 10년 동안 추방할 수도 있었으며, 민회에서의 연설의 자유와 평등을 의미한 이세고리아와 더불어 누구나 발언할 수 있는 기회 균등을 의미하는 파레시아(parrhesia)도 보장했다. 이처럼 민회를 중심으로 실현된 발언, 행동, 사유의 정치적 평등과 자유의 보장은 한 개인이 동료 시민의 연설을 듣고 판단하는 가운데 스스로 연설하는 참여적 권리능력의 향상뿐만 아니라 이견과 비판을 상호 제시하는 정치적 식견도 배양하도록 만드는 데 기여했다. 물론 이러한 권리는 올바른 권력 행사와 책임의 의무도 부과했다. 당시 해당 주제와 무관하거나 공동의 업무에 유해한 발언자에게는 즉각적으로 야유를 보냄으로써 연설을 중단시키거나 연단에서 몰아낼 수 있는 즉흥적 여론판단과 유희적 참여 요소도 덧붙여 제공할 수 있었던 것이다. 이처럼 민회라는 공간에서 배양된 참여민주주의는 고대

---

20 폴 우드러프, 『최초의 민주주의』, p. 159.

도시국가들 가운데 유독 아테네에서만 두드러지게 성장한다.[21] 이 밖에도 500인 평의회, 10명의 장군들, 10명의 집정관들, 11인 위원회(hoi hendeka), 6,000명의 배심인단, 법원과 집행관 등의 역할과 가능에 관련한 다양한 제도들의 특성이 아테네 직접민주주의의 생활정치라는 과정에서 주목되고 있다.[22]

아테네 민주주의에서 오늘날 특히 주목되어야 할 제도로는 추첨이 아닌 전문직에 종사하는 관리의 선출과 관련해서 실행된 도키마시아(dokimasia)란 심사제도이다. 그 근본 절차에 따른 공직 수행자가 되기 위한 세 가지 자격 요건으로는 "첫째로 시민의 법적 출생 및 조상과 신앙에서 폴리스와의 유대 여부이다. 둘째로 그가 양친을 잘 모셨는지, 납세의 의무를 이행했는지, 군사복무를 수행했는지에 관한 심사가 이루어졌다."[23] 물론 이 구절에 대한 현대적 재해석이 요구되지만, 적어도 공직자는 동양의 선비와 마찬가지로 도덕적 자기수양과 공동체에 대한 의무감이 전제되어야 한다는 점에서 주목할 필요가 있다. 끝으로 이 밖에 언급할 만한 제도로는 모든 관리가 공직을 마친 이후에 재산 증식과 관련해서 투명한 감사를 통과해야 하는 에우디나이(eudinai)와

---

21 오늘날 크게 두 가지 방향에서 고대 민주주의에 대한 기억이 진행되고 있다. 하나는 보비오(N. Bobbio)와 로버트 달(R. Dahl)과 같은 일군의 학자들에 의해 직접민주주의의 현실적 불가능성을 강조하면서 대의민주주의의 우선성을 부각시키려는 입장이다. 다만 이런 입장은 직접민주주의와 간접민주주의를 극단적으로 대비시킴으로써 고대 직접민주주의의 고유한 성격을 호도하게 될 수 있는 아쉬움과 간접민주주의의 결함을 간과할 수 있는 위험도 크다.(로버트 달, 김순영 옮김, 『정치적 평등에 관하여』, pp. 24-26.) 다른 방향은 아리스토텔레스의 관점을 피력하는 공동체적 자유주의 혹은 한나 아렌트와 같이 고대 민주주의의 장점을 재조명하고 계승하려는 입장이다.(박주원, 「민주주의의 힘은 어디에서 나오는가 - 고대의 역사적 경험과 현대」, pp. 158-165.)
22 나종석, 「고대 아테네 민주주의 제도의 이상과 현실에 대하여」, pp. 32-37.
23 V. Ehrenberg, The Greek State, p. 104.

더불어 누군가가 제안한 법안들이 민회를 통과해 입법화되었을지라도 그 법의 시행 결과가 공동체에 해악으로 판명되었을 때 그 법안의 제안자를 사후에 고발하여 책임을 물을 수 있도록 한 그라패 파라노몬(Graphe paranomon)과 같은 제도들이 실행되었다는 점이다. 적어도 이와 같은 제도들은 공적인 업무에서 매우 심사숙고하는 자세를 확립하고자 한 아테네 민주체제의 인상적인 원칙들이기도 하다.

그렇다면 이와 같은 아테네 민주주의의 이념을 유지하고 발전시킬 수 있었던 실천적인 동력은 무엇이었을까? 한편으로 그 동력은 투키디데스나 아리스토텔레스와 같은 논평자들이 제시한 인민이 솔론이나 페리클레스와 같은 귀족계급의 뛰어난 지도력을 따르려는 선택능력의 배양 속에서 민주주의가 잘 작동할 수 있었다고 볼 수도 있다. 적어도 BCE 429년 페리클레스의 죽음과 더불어 아테네 민주주의가 몰락했다고 보려는 관점은 고대 그리스를 연구하는 논평자들 사이에서 '직접민주주의=중우정치'의 위험성에 대한 불신을 반영하려는 입장이다. 그런데 필자는 다른 한편으로 그 동력을 최하층 인민들의 경제적이고 군사적인 역할이 확대되는 과정에서 실질적인 아테네 민주주의의 근거가 찾아져야 마땅함을 주목하고자 한다. 그 이유는 인민의 자급 역량과 그에 동반되는 의식의 성장과정에서 아테네 직접민주주의의 동력이 찾아질 수 있기 때문이다. 이런 논지를 입중하기 위해서는 무엇보다도 당시의 정치, 경제, 법, 군사, 종교, 문화의 제반 영역을 조명하는 가운데 각 개별 영역이 어떤 유기체적인 역할을 수행하였는지 주목할 필요가 있다. 왜냐하면 하나의 단일 요소만으로는 아테네 민주주의가 태동할 수 있었던 근거를 설득력 있게 논증할 수 없기 때문이다. 하지만 이 논의는 본고에서 다루기에는 너무 포괄적이며 본고의 주제와 부합하지 않는 관계로 다른 기회로 미루겠다.

그 대신 왜 아테네가 페르시아 전쟁(BCE 490-BCE 479)의 승리와 더불어 명실상부한 아티카 지역의 맹주이자 민주주의의 전파자로 우뚝 설 수 있었지만 비교적 짧은 이행기를 거쳐 펠로폰네소스 전쟁(BCE 431-BCE 404)의 소용돌이 속에서 마침내 패하고 이후 400인으로 이루어진 과두정이나 30인 참주정의 형태로 전락함으로써 민주주의로부터 급격히 쇠락할 수밖에 없었는지를 주목해 보자. 이런 접근법은 무엇보다도 아테네 하층민들의 경제적 안정을 담보한 정치적 삶에로의 참여 가능성의 보장만이 실질적인 민주주의의 발전에 미치는 의미와 역할의 중요성을 새삼 주목하도록 만든다. 여기서 주목되어야 할 필자 해석의 초점은 아테네인들이 펠로폰네소스 전쟁의 패배 이후에 해외의 영토를 거의 상실한 가운데 도시의 성벽마저 파괴되고 가장 강력했던 함대의 선박도 겨우 12척을 제외하고는 경쟁 상대였던 스파르타에 모두 몰수 당함으로써 민주주의의 실질적 주체와 그 이념을 상실한 것이 아니라는 점이다. 오히려 요점은 하층민으로 항해무역과 방위를 담당했으며 공적 업무에도 참여할 수 있었던 테테스 계층의 급격한 몰락이야말로 스파르타가 해상권을 장악하게 됨으로써 이전에 쟁취할 수 있었던 이 계층의 경제적 기반과 여가시간을 상실하도록 만들었으며 이들이 공적 업무의 참여보다는 생업에 몰두하거나 대부분 노예로 전락되면서 아테네 민주주의는 그 시기적으로 짧았던 민의 결집과 참여의지의 실질적 성장 동력을 상실하게 됨으로써 몰락의 길을 걸을 수밖에 없었다는 사실이다.

3. '유교'[24] 민본주의의 이념과 제도적 특징

유교 민본주의는 우선 그 규모의 면에서 아테네 민주주의와는 비교할 수 없을 만큼 방대한 배경에서 등장한다. 이미 BCE 221년에 출현한 진의 왕조 이래로 중앙집권화를 이룩한 제국으로 방대한 인구와 영토를 지닌 고대 중국은 중앙집권적인 황제의 치하에서 아테네 인민의 직접민주주의와 같은 이념을 실현하기 위한 제도적 고려는 애초부터 기대될 수 없었다. 이를 대신해서 유교 민본주의는 인민을 위한 사회 통합적인 통치체제를 유지하기 위한 방안으로 효율적인 관료 채용과 행정제도를 발전시켜 왔고, 인민을 대신해서 도덕적 품성과 권위를 인정받는 관리로 대변되는 대의민주주의라는 형식을 기반으로 최고 권력자의 위민정치를 구현해 보려는 정치적 합리성을 전개하게 된다.

민본이란 용어 그 자체는 '민유방본(民惟邦本)'[25]에서 유래했다고 말해진다. 이러한 민본주의의 지향점은 민을 나라의 근본으로 여기고 민생을 중시하려는 유교의 정치이념이라고 할 수 있다. 이 의미를 보다 현대적인 신유학적으로 해석하면 민본주의는 "국가를 구성하는 다수의 민을 국가의 근본으로 중시하고, 민의 인격과 권리를 존중하며 민의에 따라 그들의 이익과 복지를 위해 정치를 해서 민의 인간다운 삶을 실현하려고 하는 정치사회의 사상"[26]에 다름 아닌 것이다.

---

24 필자는 본고에서 유교를 기본적으로 세 가지 연관된 계기들로 보려는 입장을 따른다. 즉, "① 윤리적 규범체계로서의 유교, ② 사회정치적 통합의 원리로서의 유교, ③ 유교는 형이상학적 본체론이나 심성론 등으로 심화·발전·변형되어 신유가주의의 다양한 이론들로 변용된다."(임홍빈, 『인권의 이념과 아시아적 가치론』, pp. 51-52.)

25 이것은 원래 『서경(書經)』에 있는 말로 그 본래의 의미는 '민유방본 본고방녕(民惟邦本 本固邦寧) 백성은 오직 나라의 근본이니, 근본이 튼튼해야 나라가 편안하게 된다.'이다.

주지하다시피 선진유학의 민본주의가 추구했던 세계관의 기본모델은 바로 가족공동체였다. 다만 이 공동체의 의미가 편협한 차원으로 축소되어선 안 된다. 특히 가족 구성원들 내부의 중첩적인 사랑과 도덕의 유대모델은 혈연과 무관한 인륜적 인간관계 일반으로까지 확대되어야 한다는 수신제가치국평천하(修身齊家治國平天下)의 이념이야말로 유교 민본주의가 지향하는 보편주의적 이념을 잘 보여주고 있는 것이다. 아울러 선진유학의 민본주의는 도덕적 인성론에 기초한 충효(忠孝)의 의무사상에서 출발한다는 점에서 서구 민주주의가 지향하는 제도화된 개인주의의 법적 자유권을 확립하려는 태도와도 다소 구분될 수 있다. 무엇보다도 선진유학에서 민본주의의 이념적 정립은 공자(孔子)의 덕치사상(德治思想)을 통해 그 근간을 살펴볼 수 있다. 이 사상은 민본주의의 도덕철학적 기초를 제공하는 가운데, '모든 인간이 인격적으로 존중되어야 하고(仁), 사회공동체에서 인간은 상호 합리성의 원리에 맞게 서로를 대해야 함을 강조한다. 다시 말해서 각자는 내가 타인에게서 당하기를 원하지 않는 것을 행하지 말라는 서(恕)의 이념을 통해 그 핵심사상이 부각되고 있다. 이와 같은 공자의 인간관은 각자 주어진 역할을 능동적으로 수행하려고 하는 정명사상(正名思想)에 입각한 협력적이고 도덕적인 인간의 모습을 지향한다. 이러한 스승 공자의 사상은 이후 맹자(孟子)가 위정자의 이해관계에 따라 정쟁과 갈등이 지속되던 전국시대에 민(民)의 권리와 이익의 대변자로서 위정자는 민을 아끼고 사랑하는 마음을 갖는 정치인 왕도주의(王道主義)를 대변하면서 유교 민본주의는 그 이념적 정점에 도달하게 된다.

　　패도주의를 경고한 맹자에 따르면, "민은 귀하고, 국가는 그 다음이

---

26 장승구, 「유교의 민본주의 사상과 그 현대적 의미」, p. 199.

며, 왕은 가볍다."[27]는 그 당시 가히 폭탄적인 선언을 한다. 물론 이와 같은 민본주의 사상의 정치적 원리는 '이상적 규범의 차원'과 '현실 정치의 이데올로기'로 바라볼 수 있는 두 가지 해석이 가능하다. 다만 어떠한 관점에서 해석할지라도 유교 민본주의의 이념은 바로 '정치의 주체 가운데 민이 가장 중요하다란 인식을 기초'로 출발한다는 점에서 공통점을 갖는다. 바로 이런 이유로 맹자는 국가나 황제도 궁극적으로 민을 위해 존재하며, 만일 그렇지 못하다면 역성혁명(易姓革命)도 가능하다는 혁명론을 옹호하는 것이다. 요약하자면, 유교 민본주의의 정치적 목표는 민의 여론(민심)에 따라 공사가 이루어지도록 지도할 것을 선언하는 것이다. 이 점을 유교 민본주의는 '천심은 민심이요, 민심은 곧 천심'이란 경구로 강조하고 있다. 그런데 과연 어떻게 올바로 민의를 반영할 수 있을까? 이를 제대로 수행하기 위해서는 무엇보다도 '언론과 표현의 자유'가 중시되지 않을 수 없다. 더불어 민의 여론이 무엇인지를 누가 어떻게 정당하게 해석하느냐란 선결 문제도 남는다.

유교 민본주의가 지향한 민심을 따르고 그에 대한 합당한 해석을 수행할 주체를 판별하기 위한 현실정치의 실현방안에 따르면, 민심은 민의 다수결 원칙에 따르기 보다는 천자와 민을 잇는 양심과 지성을 겸비한 선비 집단의 자유롭고 평등한 비판적 토론을 통한 공론으로 결정되어야 했다. 결국 유교 민본주의에서 민은 국가의 근본으로 강조되었음에도 불구하고 직접적으로 정치에 참여하지는 못했다. 이에 선비가 민의 정치적 대변자이자 군주를 도와서 민본주의를 실현하는 매개자로서 활동하게 된다. 결국 유교 민본주의가 지향하는 민의의 바람직한 수렴과 그 실천의 성패는 현실적으로 얼마나 참된 선비를 인재로 선발

---

27 『孟子』. 盡心 下・14. 孟子 曰: 民爲貴, 社稷次之, 君爲輕.

하고 능용하느냐 하는 그 선발방식에 좌우된다.[28] 결국 자기도야나 도덕적 계몽에 이른 군주의 존재와 더불어 절차적 공정성과 형평성을 지닌 선비의 채용방식으로서의 과거제도와 행정제도의 균형적인 운영이야말로 유교 민본주의의 성패를 가늠하는 실질적 기준임이 간과될 수 없다.

그럼에도 불구하고 맹자에 따르면, 주요한 정치적 결정을 민의 여론에 따라 행하는 것이야말로 진정한 왕도정치임을 잊어선 안 된다. 다만 어떻게 민의 여론을 올바르게 파악할 수 있으며, 또 어떻게 그것을 정치 현안에 적절하게 반영할 것인지에 대한 방법의 문제가 중요하다. 적어도 아테네 민주주의는 도편추방제나 아크로폴리스에서 예방과 설득의 수사학을 주로 이용했다면, 동양은 민심을 정확히 읽고 나아가 민의 여론을 군주에게 직언할 수 있는 용기와 충정을 가진 현명한 대신을 등용하거나, 정치조직의 내부에서 '언론의 활성화', 그리고 재야의 여론을 보고할 수 있는 상소제도를 활용할 수 있었다. 조선의 경우에는 군주가 암행어사를 파견하여 민의 여론을 적극적으로 청취하는 노력을 기울이거나 민이 직접 신문고나 국왕에게 글을 올리는 상언(上言) 또는 국왕의 행차 시에 징이나 꽹과리 또는 북을 울려서 직소하는 격쟁(擊爭) 등의 방법을 이용하기도 하였다. 그럼에도 이상에서 고찰한 유교 민본주의 이념이 근대 이후 등장한 서구 열강들의 세력에 패퇴한 근본적인 이유는 무엇일까? 그것은 바로 천심인 민심의 표현과 이에 대한 수용을 매개할 메커니즘이 제대로 작동하지 못한 유교 민본주의 자체의 한계 문제에서 그 원인을 찾아보아야 할 것이다.

---

[28] 동양의 유교공동체에서 인재를 등용하는 대표적인 방식은 ① 덕행이 훌륭한 자를 추천받는 방식과 ② 과거시험을 통해 인재를 선발하는 두 가지 방식이다.

본고에서는 이 점과 관련해서 유교 민본주의 이념의 또 다른 지향점인 민의 생존권을 보장하기 위한 민생의 중요성을 주목해 보고자 한다. 물론 유교의 기본적인 도덕적 덕목에서 경제적 이익이나 물질적 쾌락의 추구는 도의에 밀려서 소인배의 길로 배척되어 왔다. 하지만 "'민은 먹는 것으로 하늘을 삼는다.'"는 글귀처럼 생존 자체가 위협받는 상황에서 성인의 길을 가라는 조언 역시 부당한 요청이다. 공자도 이미 백성이 많아지면 먼저 그들을 부유하게 해야 하고, 그 뒤에 교육을 해야 한다는 '선부후교(先富後敎)'의 논리를 언명했고 지도층의 절용(節用)도 강조했음을 주목해야 한다. 마찬가지로 맹자도 제후들의 패권다툼이나 전쟁보다는 민본주의 경제학의 의미를 주목하는 가운데, 국가는 민에게 일정한 토지를 분배(정전법)하여 생업에 힘쓸 수 있는 안정화된 기반을 마련해 주어야 할 뿐만 아니라 민을 지나치게 자주 전쟁이나 노역에 동원하여 생업에 종사할 수 없게 만들어선 안 된다고 강조하고 있다. 요컨대 유교 민본주의는 민생안정을 위한 경제문제를 결코 소홀히 다루지 않았다. 다만, 이러한 목표가 실제 생활정치에서 잘 구현되었다고 보기에는 어려울 것이다. 그럼에도 불구하고 유교 민본주의는 다양한 복지혜택에도 주목한다. 물론 가족공동체인 유교 사회에서 대부분의 복지 문제는 친족의 상호부조로 해결하려는 성향도 강했지만, 천재지변이나 그 밖의 사정으로 가족이나 친지의 도움을 요청하기 어려운 경우에는 국가에서 일정한 제도적 복지 장치를 마련하여 실행하였다.[29]

---

29 "예를 들면 자유(慈幼)처럼 가난으로 자식을 유기한 경우 버려진 아이를 거두어 키울 경우 자식이나 노비로 삼는 것을 인정하는 제도나 노인들을 위한 양노(養老)제도가 있었다. 또한 진궁(振窮)처럼 홀아비, 과부, 고아, 늙어 자식이 없고 사궁(四窮)에 처한 사람들을 돕는 제도나 구재(救災)와 같이 수재나 화재로 피해를 입은 민가를 돕는 제도

4. 아테네 민주주의의 쟁점들

일반적으로 아테네 민주주의에 대한 평가는 매우 극단적이다. 한편으로 이 민주주의는 지나치게 긍정적인 평가로 인해서 신화(정치적 삶의 고향이나 향수)로 만들어지게 되는 경향이 강하다. 다른 한편에서 그것은 과도한 평등의 이상과 당파적 논쟁의 대립으로 인해서 마침내 중우정치와 같은 예정된 폭정체계에로 귀결될 것이란 부정적 평가가 내려질 수도 있다. 과연 어떤 평가의 방향이 아테네 민주주의를 적절하게 이해하는 것일까? 분명한 사실은 아테네 민주주의가 기실 오래 동안 지속되지 못했고 실제로 도시국가를 패망으로부터도 구하지 못했다는 점이다. 그 이유는 무엇인가?

아테네 민주주의의 두드러진 역설은 우선 ① 아테네 도시국가라는 제한된 공간에서만 운영되었고, 통치과잉의 부담이란 측면에서도 그 취약점이 주목되어야 한다. 아테네의 경제적 부는 주변의 식민지 개척과 노예제의 확장을 통해 급속도로 증대된다. 무엇보다도 델로스 동맹의 맹주가 된 이후 아테네가 몇몇 전쟁 중에 보여준 그 잔악성은 오로지 아테네 시민들만의 배타적 자유를 쟁취하겠다는 제국의 참주적인 권력행사의 모습에 다름 아니었다.[30] BCE 479년 페르시아에 대항하여

도 있었다. 그 밖에 관질(寬疾)처럼 장애인이나 중환자의 의무를 면제해 주거나 애상(哀喪)처럼 상을 당한 사람에게 부역 등을 감해 주고 장사를 치루지 못할 지경에 처한 경우 장례를 치러주거나 구황(救荒)처럼 흉년이나 가뭄과 같은 천재지변의 경우 비축한 식량을 보급하는 등의 다양한 복지정책이 마련되었고 실시되었다."(장승구, 「유교의 민본주의 사상과 그 현대적 의미」, pp. 225-228.)

30 아테네의 제국주의적 잔인함의 대표적인 예로는 BCE 416년에 발생한 '멜로스 사건'이 언급될 수 있겠다. 이 사건은 펠로폰네소스 전쟁 당시 아테네와 스파르타의 두 강대국으로부터 중립을 지키고자 고민했던 또 다른 도시국가에 아테네가 얼마나 잔혹한 행

플라타이아 평원의 전투에서 아테네를 중심으로 많은 그리스 도시국가들이 동맹을 결성했을 때, 동맹의 군사적 지도자는 원래 스파르타였다. 하지만 스파르타는 그 전투가 끝나자마자 곧바로 고향 땅으로 돌아갔다. 하지만 아테네는 그곳에 남아 그리스의 도시와 주변 섬들의 자유를 찬탈하기 위한 전쟁을 지속하는 가운데 델로스 동맹의 맹주가 될 수 있었다. 초기에 아테네는 동맹국들로부터 군부대를 지원할 소량의 지원금만을 요청함으로써 동맹국의 부담을 덜어 주면서 델로스 섬에 동맹의 국고를 보관하는 책임을 획득하게 된다. 하지만 점차 세력이 강화되자 아테네는 다른 도시국가들의 불화를 이용하여 델로스 동맹의 국고를 찬탈하여 아크로폴리스로 옮겨놓음으로써 폭압적인 제국으로 변모한다.

② 아테네의 법은 개인의 권리를 실제로 충분하게 보장하지 못했다. 민회는 특별한 경험과 전문기술을 요구하는 소수의 주요 관리들(요컨대 장군들이나 전문 회계인)을 선출하기는 했지만, 공적 의무를 수행하는 시민을 선발하는 주된 방법은 자격을 갖춘 모든 시민들 가운데 투표 대신 추첨(제비뽑기)으로 결정하는 '절대적 평등'을 보장할 수 있었다. 이와 같은 추첨제도는 누구나 공적 의무를 수행할 수 있으므로 임기 내에 동료시민들에게 공정한 의무이행에 힘쓰도록 만들었고 무엇보다도 이번이 아니면 다음 기회라는 숙고의 계기를 제공하기도 했다. 하

위를 자행함으로써 아테네 민주주의의 이념과 이율배반적인 현실 간의 대립적 모순을 생생하게 보여주고 있다. 아테네는 당시 사신을 보내면서 멜로스인들에게 투쟁 혹은 항복을 선택할 것을 요구한다. 자유민인 멜로스인들은 아테네의 제국주의적 요청에 굴복할 것을 거절하자 맹주가 된 아테네는 거의 저항 능력을 상실한 멜로스를 무력으로 침략한 뒤, 모든 성인 남성을 살육하고 여자와 아이들은 노예로 팔아버림으로써 중국의 왕조들이 대륙의 확장에서 보여주었던 '제국'으로서의 관용의 위용을 보여주지 못한다.

지만 아테네 스스로는 주변국들과의 국제법을 어겼다는 점에서 볼 때, 민주주의를 수호하는 데 실패했을 뿐만 아니라 법의 실현에 있어서 개별 시민들에게 조차도 불공정한 경우가 적지 않았다. 예를 들어 논란의 여지가 없지는 않지만 '소크라테스의 죽음'의 경우뿐만 아니라 투키디데스 역시 여론재판에 몰려 패전한 장수로 무조건 추방되는 경우가 비일비재했다. 이런 사례는 나중에 아테네가 쇠락하게 되는 시라쿠스 원정에서 해전에 능했던 알키비아데스의 망명과 니키아스의 또 다른 경우에서처럼 전장에서 승기를 놓쳐버리게 되는 비극적인 역공의 결과로도 나타나게 된다. 더구나 법 위에 군림하려는 통치자를 아테네 시민들이 자발적으로 요구하거나 선택하는 행위는 마치 이솝 우화에 등장하는 "개구리와 물뱀"[31]의 경우처럼 스스로를 파멸의 길로 들어서게 만든다. 아테네인들은 펠로폰네소스전쟁이 막바지에 이르렀을 때, 아르기누사이 지역에서 벌어진 스파르타 해군과의 1차 전투에서 난파된 아테네 병사들을 제대로 구출할 수 없었기에 곧바로 2차 전투에 출항하게 됨으로써 다수의 병사를 익사하게 만들었지만 뛰어난 장군들에 대해 변론할 기회도 없이 처형하는 비합법적이고 자기파멸적인 행위를 자행하기도 한다. 이 사건은 당시 의회의 의장단에 참석했던 철학자

---

31 "개구리들은 지도자가 없는 사회에서 살아가는 것이 불만이었다. 그들은 대표를 뽑아 제우스에게 보내 왕을 보내달라고 간청했다. 제우스는 개구리들이 얼마나 단순한지 살펴보고 연못에다 나뭇조각 하나를 던져 주었다. 제우스가 나뭇조각을 던지면서 낸 소리에 개구리들은 처음엔 겁을 먹고 연못 깊숙이 몸을 숨겼다. 그러나 나뭇조각이 움직이지 않은 채 물 위에 둥둥 떠 있기만 하자, 곧 개구리들은 나뭇조각 위로 오르고 거기 앉아 쉬면서 나뭇조각을 모욕하기 시작했다. 움직이지도 못하는 그런 왕은 필요 없다고 여긴 그들은 다시 제우스에게로 가서 나뭇조각을 보내는 것은 너무나도 게으른 처사였다고 따졌다. 그리고 그들에게 다른 왕을 보내줄 것을 요청했다. 이에 화가 난 제우스는 물뱀을 보냈다. 물뱀은 개구리들을 모조리 잡아먹어버렸다."(폴 우드러프, 『최초의 민주주의』, p. 193.)

소크라테스의 반대 호소가 묵살된 것으로도 유명하다. 당시 소크라테스는 장군들을 한꺼번에 선동적 재판에 내몰아선 안 된다는 점을 호소했지만 아테네인들의 무법적이고 선동민주주의적인 격정적 행위가 자주 그랬던 것처럼 법의 통치를 짓밟아버리곤 했다.

③ 아테네 민주주의는 일정한 연령의 남자 시민에게만 자격을 인정하는 배타적이고 제한적인 소수지배체제였다. 아테네는 주요한 네 집단을 시민의 자격에서 원천적으로 배제했다. 우선 인구의 절반인 여성, 정주 외국인, 20세 이하의 연령자, 그리고 무수한 노예가 그들이다. 역사적으로 아테네 시민의 규모에 대한 추정 역시 매우 다양한데, 대략 남자 시민의 수자는 2만~5만 명을 넘지 않았을 것으로 추정되고 있다. 시민은 남성들 가운데 18세에 최소 행정단위의 구성원으로 등록한 뒤, 2년 동안 각종 교육을 받아야만 정식 자격을 획득하게 되며, 남성 토착민에게만 주어지는 시민의 최소 권리로는 솔론의 개혁 이후 1년에 마흔 번 정도 개최되는 민회나 추첨을 통해 6,000명이 선발되는 법정 배심원단의 일원이 될 수 있었다. 요약하자면, 아테네 민주주의로 강조되는 데모스의 힘은 유교 민본주의와 마찬가지로 누가 데모스를 구성하는 주체인가란 문제 앞에서 만인의 참여정치모델이 아니라 남성 중심적인 소수성의 정치모델이었음을 보여준다.

④ 아테네인들은 도시국가라는 배타적인 공동체에만 종속됨으로서 자유, 평등, 인권의 보편적 이념의 확장을 구현하지 못했다.[32] BCE 431년부터 BCE 404년까지 필로폰네소스 전쟁 기간 중 긴 휴지기가 이어

---

[32] 아테네 민주주의는 코르키라(Corcyra, 오늘날의 Corfu)에서 벌어진 민주주의 당파와 과두정치 당파 간의 대량학살을 방조함으로써 스스로 편협한 이념공동체임을 증명하고 있다.(투키디데스, 『필로폰네소스 전쟁사』, 4권 47장 3-48행)

지던 BCE 415년 아테네는 동맹국들의 도발을 잠재우고 경제적인 부와 천연자원 및 해상교역노선의 통제권을 확보하기 위해 포용적 협상보다는 멀리 떨어진 시칠리아에 위치한 시라쿠사의 침공을 감행한다. 하지만 시라쿠사는 당시 아테네가 전파한 민주주의 체제를 유지하고 있었던 예외적인 도시국가였다. 더구나 이곳은 아테네가 당시 정복정책으로 자주 사용하던 전략적 내분조장에도 동요하지 않을 만큼 공동체가 안정적이었고 아테나고라스(Athenagoras)가 평범한 지도자로 여겨질 만큼 이름이 알려지지 않은 뛰어난 군사전문가와 시민들이 무수하게 있었기에 마침내 아테네를 물리칠 수 있었다.[33] 반면에 아테네는 알키비아데스와 같이 총명하고 뛰어난 군사지도자가 내분으로 스파르타로 망명하게 되면서 적으로 돌변하게 되는 불화와 분열의 조짐들을 도처에서 드러내게 된다. 마침내 비민주적인 제국으로 변모한 아테네는 그리스 전역을 관장할 수 있는 민주주의를 수호하는 국제법을 등한시했으며 스스로 지역패권주의적인 참주로 변모하는 바람에 보편적 이념의 수호자가 될 기회를 상실하게 된다. 그리하여 비록 아테네가 초기에는

---

[33] 아테나고라스는 민주주의 체제를 옹호하면서 시라쿠사의 시민들에게 아테네의 노예로 전락하는 위험에 대항할 것을 독려하는 다음과 같은 연설을 수행한다. "어떤 이들은 민주주의가 지혜롭지도 공정하지도 않다고, 그리하여 유복하며 넉넉한 자들만이 통치하는 데 적격이라고 우길지 모른다. 그러나 이에 대해 나는 두 가지 답변을 제시하려 한다. 첫째, 데모스는 바로 모든 사람을 가리키는 말인 반면, 올리가키(과두)는 오직 몇몇의 소수만을 지칭하는 말이다. 둘째, 비록 부유한 자들이 도시의 재정을 관리하는 데 있어 가장 적격일지 모르나, 충고하는 데 있어 가장 뛰어난 자들은 지혜로운 자들이며 충고를 판단하는 데 있어 가장 뛰어난 자들은 바로 우리와 같은 평범한 사람들이다. 민주주의 체제 안에서는 이 세 집단 모두, 그리고 각 집단에 속한 모든 이가 공평하게 자신의 몫을 가진다. 하지만 과두정 체제 안에서는 평범한 보통 사람들이 언제나 위험을 안고 살아가는 반면, 부유한 자들은 자신들에게 할당된 몫보다 더 많은 것을 취한다. 그뿐만이 아니라 그들은 우리에게서 모든 것을 훔쳐간다."(폴 우드러프, 『최초의 민주주의』, pp. 166-167.)

페르시아나 마케도니아와 같은 그리스 공공의 적들에 대항하는 동맹국의 지도자로서 고결한 지위에 도달할 수 있었지만, 그 이후 점차 제국주의적 패권에 탐닉하면서 스스로 창안한 민주주의의 이름에 치명적인 오점을 남기게 된다. 결국 아테네 민주주의란 고결한 이념의 배후에는 저급한 신화 만들기와 구분되어야 할 무수한 한계점들을 내포하고 있는 것이다.

5. 우리 시대의 이념적 정치공동체를 지향하며

오늘날과 같이 무수한 정책들에 대한 토론과 입법과정 및 제도적 실천이 문제되는 시대에 시민들의 의견이 불일치하는 경우에 누구의 견해에 따라 정책이 결정되어야 하는가? 흔히 대의제 민주주의는 시민들의 의사 표현과 결사의 자유를 기반으로 한 주기적인 선거, 다수결의 원칙,[34] 대의제 대표선출제도[35] 등 다양한 대역들을 완비하고 있다. 그런데 투표는 오직 주기적인 선거가 도래하는 몇 년 만에 치러지는 행사일 뿐이거나, 나의 한 표는 다수결 원칙에 의해 거의 의미를 갖지 못하는 경우가 비일비재하다. 더구나 시민들의 권리를 위임받은 대표들은 유권자의 목소리보다는 특정 집단의 이익이나 정파의 당리당략에

---

[34] 최근 일본의 아베정권이 의회 다수결의 원칙으로 일본 국민들의 절대적 다수의 반대를 무릅쓰고 평화헌법을 개정하는 방식이나 대한민국의 국회에서 그 진행과정에서 유사하게 등장하는 밀어붙이기식 입법과정에서 다수결의 원칙이 어떻게 실질적인 법치민주주의를 위협하고 있는지를 생각해 보자.
[35] 독일식 비례대표제와 같은 선거구의 조정이나 지역 의원의 다양한 선출방식에 대해 주목해 보자.

휩쓸리기 일쑤이다. 심지어 전자민주주의라는 방식으로 대안적 직접민주주의에 대한 기대마저 감시와 규율의 기법이 더욱 고도로 발전하면서 여론몰이와 조작을 일삼는 테크노 포비아의 우려와 더불어 부정되고 있는 현실이다. 물론 이러한 시나리오의 승인은 지나치게 일방적일 수 있다는 점에서 분명히 또 다른 논의가 요구된다.

그럼에도 불구하고 역사적으로 한 가지 분명한 교훈은 이념적 민주주의에 다가가기 위한 현실 민주주의의 진정한 힘은 절차적 형식으로부터만 나오는 것이 아니란 사실이다. 그와 같은 힘은 또한 기존 권력형태의 과오를 지속적으로 견제하고 관찰하는 가운데 구성원들 다수에게 민의의 표현 가능성을 개방하고 해당 문제점을 개혁하려는 변혁 의지 속에서 비판적 사유 능력과 권력 남용에 대한 항구적인 역감시의 정치문화의 활성화 속에서만 탄생할 수 있다는 사실이다. 특히 우리 시대가 요구하는 민주주의의 이념이 다수의 참여 속에서 번성하려면 다양한 정치적·역사적·문화적 공동체에 속한 개별 시민들의 합리적 비판능력의 발휘와 차이를 수용하기 위한 심리적 전제로서 안락하고 윤택한 생존권과 여가시간의 보장이 마련되어야 한다. 요약하자면, 이념적 민주주의는 결코 완결된 것일 수 없다. 그것은 늘 대내외적으로 위협받고 있으며, 불완전한 정치질서를 판단하는 기준으로서 현실 민주주의의 실현과정에서 드러나는 모순들을 해결하려는 규범으로 작동해야 한다.

이제 우리 시대에 부합하는 이념지향적인 민주주의의 실현을 위해서는 온고이지신(溫故而知新)의 정신과 자기반성의 노력을 병행하려는 시민의 정치적 도야의 개념도 요구되어야 한다.[36] 특히 세계화 시대의

---

36 H. Vorländer, Demokratie, p. 8.

정치체제는 더 이상 직접민주주의의 이념만을 고집하기보다는 대의제 민주주의가 현실적이고 규범적으로 바람직할 수 있도록 여러 대안을 조율하고 있는 것이 현실이다. 그렇다면 동양의 선비로 불렸던 인재들의 양성과 선발을 통한 정당한 대표자의 민주주의가 만족할 만한 수준의 제도가 되기 위해서 어떤 최소한의 요건들을 만족해야 하는지 거듭 살펴 볼 필요가 요구된다.[37] 선비민주주의는 출중한 대표로 인정받는 개인의 윤리적 덕목을 공적인 정치세계에서 발휘하도록 제공하는 가운데 법과 제도를 중시한 서양의 절차적 민주주의 제도와 더불어 동양 민본정치의 근본인 덕치와 인치의 민본사상을 확장하고 통합하려는 시도에 다름 아니다.[38]

인민이 지배하는 이념적 민주정체가 제대로 만들어 지려면, 무엇보다도 인민이 존재해야 하며, 이런 인민이 민주적인 권력의 주인이 되고자 시도해야 한다. 하지만 이념적 민주주의의 실현을 방해하는 다양한 장애물들로 인해 현실적인 직접민주주의는 비참한 상황에 직면해 있다는 비관론 역시 주목할 필요가 있다.[39] 바로 이런 점에서 민주주의

---

37 로버트 달, 김순영 옮김, 『정치적 평등에 관하여』, p. 26.

38 공동체가 적절히 기능하기 위해서는 그 구성원들이 상이한 기능을 수행할 것을 요구한다. 따라서 필자가 강조하려는 선비민주주의는 특권의 정치공동체를 의미하는 것이 아니다. 오히려 현실적인 인간 공동체가 제도적으로 특수한 기능과 역할을 수행할 때 어떤 기준으로 특권과 지위의 배분이 이루어져야 하는지를 주목하려 한다는 점에서 결코 참여민주주의 이념과도 대립하지 않는다.

39 일반적으로 이상적인 민주주의의 실현을 가로막는 대표적인 장애물로는 아래와 같은 요소들이 주목되고 있다. ① 정치적 자원들(돈, 정보, 시간, 이해력, 직업, 사회적 지위, 학력, 배경 등), 정치공학적 기술(연설 기술, 자원 활용, 타이밍 등), 그리고 정치 기술을 활용하는 동기나 유인의 불평등. ② 시간과 시민 수의 한계: 아테네 민주주의가 꽃을 피웠던 기원전 5세기에도 "실제로는 전체 시민들 가운데 일부만이 참여했다"고 한다. ③ 규모의 딜레마: "민주적인 정치체의 규모가 작으면 작을수록, 시민이 참여할 수 있는 잠재력은 점점 커지며 시민이 대표에게 정부의 결정을 위임할 필요는

는 지속적인 지향의 목표로 상정되어야 하며, 이런 기획의 한 시도로 선비민주주의도 이솝의 비유적 결단의 고민에서 출발할 수 있는 가능성을 고민하는 가운데 그 정당성의 의미를 점검받아야 한다. "기회는 우리에게 삶의 두 가지 길을 제시한다. 하나는 자유의 길로서 거칠게 시작하며 또한 고된 보행을 요구하지만 그 끝은 언제나 부드럽고 평탄하다. 다른 길은 노예의 길로서 기복 없이 시작하나 그 끝은 늘 고되고 위험하다."[40]

점점 줄어든다. 정치체의 규모가 크면 클수록, 시민들에게 영향을 미치는 중요한 문제를 해결할 수 있는 정치체의 능력은 점점 커지는 동시에 시민이 대표에게 결정을 위임할 필요성도 점점 커진다." ④ 시장경제의 존재: 다만 고삐 풀린 시장경제는 소득과 부의 불평등과 더불어 실업, 비정규직일자리, 부의 불평등한 분배, 주거문제, 직업병과 과로(피로사회), 자존감의 상실, 잦은 이직과 재교육 등의 해악들을 양산하며, 동시에 정보, 지위 교육 등 사회적 불평등도 양산한다. 다만 현실 사회주의가 그에 대한 대안이 아니라면, 시장민주주의의 실질적 대안 방안은 무엇일까? ⑤ 비민주적인 글로벌 체제: 국제체제는 매우 중요한 결과를 초래하는 결정과 바람직한 결과를 이끌 수 있음에도 불구하고 그 결정과정은 현재 비민주적인 경우(결정의 위계구조, 엘리트들의 협상과정, 가격 메커니즘의 우월, 정책결정자에 대한 효과적인 민주적 통제의 부재 등)가 적지 않다. ⑥ 국내 노사 간의 갈등이나 전쟁, 내전, 침략, 자연재해, 기아, 경제 불황, 실업, 인플레이션, 테러 등 예측 불가능한 다양한 위기에 직면하는 현실 정치체제의 상황들이 존재한다.(로버트 달, 김순영 옮김, 『정치적 평등에 관하여』, pp. 67-92.)

40 폴 우드러프, 『최초의 민주주의』, p. 115.

참고문헌

『論語』

『孟子』

『書經』

강정인. 2004. 『서구중심주의를 넘어서』. 아카넷.

고병권. 2011. 『민주주의란 무엇인가』. 그린비.

고병익. 1994. 『공자사상과 21세기』. 동아일보사.

김봉철. 1996. 「아테네의 역사」, 김진경 외 『서양고대사강의』. 한울.

김형효 외. 2000. 『민본주의를 넘어서 – 동양의 민본사상과 새로운 공동체 모색. 청계.

나종석. 2004. 「고대 아테네 민주주의 제도와 이상과 현실에 대하여」, 『사회와철학』 8호.

뚜 웨이밍. 2011. 제4회 아산기념강좌(2011년 2월 24일) 「21세기의 유교적 인본주의: 중국의 새로운 문화적 정체성에 대하여」, 아산정책연구원.

로버트 달. 2010. 김순영 옮김. 『정치적 평등에 관하여』. 후마니타스.

모제스 핀레이. 2003. 최생열 옮김. 『고대 세계의 정치』. 동문선.

문혜경. 2014. 「고대 아테네 민주주의 이상과 남용」, 『서양사연구』 51집.

박주원. 2010. 「민주주의의 힘은 어디에서 나오는가 – 고대의 역사적 경험과 현대」, 『경제와사회』 86호.

새무얼 헌팅톤. 1997. 이희재 옮김. 『문명의 충돌』. 김영사.

샹탈 무페. 2006. 이행 옮김. 『민주주의의 역설』. 인간사랑.

윤비. 2014. 「고대 헬라스 세계에서 민주주의(dēmokratia) 개념의 탄생 – 헤르도토스 『역사』 제3권의 이상정부 논쟁을 중심으로」, 『사회과학연구』 22집 2호.

이디스 해밀턴. 2009. 이지은 옮김. 『고대 그리스인의 생각과 힘』. 까치.

임홍빈. 2003. 『인권의 이념과 아시아가치론』. 아연출판부.

장현근. 2010. 『맹자』. 한길사.

전경옥 외. 2011. 『서양 고대·중세 정치사상사』. 책세상.

토마스 R. 마틴. 2011. 이종인 옮김. 『고대 그리스의 역사』.

투퀴디데스. 2011. 천병희 옮김. 『펠로폰네소스전쟁사』. 도서출판 숲.

폴 우드러프. 2012. 이윤철 옮김. 『최초의 민주주의 - 오래된 이상과 도전』. 돌베개.

퓌스텔 드 쿨랑주. 2005. 김응종 옮김. 『고대도시 그리스·로마의 신앙, 법, 제도에 대한 연구』. 아카넷.

Aristotle. *The Athenian Constitution*. trans. Sir Frederic G. Kenyon. (http://classics.mit.edu//Aristotle/athenian_const.html.)

Ehrenberg, Victor. 1964. *The Greek State*. New York.

Haarmann, Harald. 2013. *Mythos Demokratie*. Frankfurt a. M.

Vorländer, Hans. 2010(2Aufl.) *Demokratie: Geschichte · Formen · Theorien*. München.

3장

민본과 민주의 제도적 통섭
가능성에 대한 검토

− 정치와 법치를 중심으로

● 심승우 | 한양대학교

1. 들어가며

이 글은 정치와 법치의 영역에서 민본과 민주의 제도적 공통분모와 연결지점에 주목하고 민본과 민주의 어느 한쪽으로 환원시키는 것이 아니라 대등한 관계 속에서 부분적, 전면적 통섭을 통해 대안적인 제도적 가능성과 내용을 검토하는 것이다. 특히, 이 과정에서 역사적 사실로 현실화된 제도에 국한하지 않고, 민본적 사유와 민주적 사유에 내재한 잠재적 제도화의 가능성을 적극적으로 모색할 것이다. 그러므로 정치적 상상력을 동원하여 유교적 원리 혹은 동양적 사유의 흐름이나 힘들의 가능성을 발굴하고 급진화시키려는 노력이 필요하다. 아울러 민주의 전통 속에서도 주변화되었거나 배제되었던 목소리와 흐름들, 그에 내재한 힘들에 주목하고 그것을 현실화시키려는 노력이 필요할 것이다. 이 글은 특히 정치공동체의 의사결정과정 핵심 기제인 민주정치 제도와 공동체를 규율하는 가장 강력한 제도적 시스템인 법치를 중심으로 민본과 민주의 통섭을 통해 대안적 제도적 가능성을 검토해 본다.

사실, 민본과 민주의 제도적 통섭이라고 했지만 균형추는 우리의 현실에 지배적인 근대의 민주주의 제도에 더 기운 것이 사실이다. 그럼에도 현재의 정치, 경제, 사회, 교육, 문화 제도에 대해 비판의식을 가지고 현재의 정치질서의 한계를 극복하는 데 있어 유교적 민본주의 혹은 동양적 아이디어와 가치를 현대화시키고 제도화시키려는 실험은 계속되어야 한다.

민본과 민주의 친화성은 무엇보다도 정치적 주체의 형성과 실천과 관련하여 적극적으로 모색될 수 있다. 논란의 여지가 있지만, 원리상 인민의 정치적 주체화를 이상적인 원리로 삼고 있는 민주주의는 말할 것도 없고 민본주의 역시 궁극적으로 만인의 군자화 혹은 성찰적 개인의 형성을 목표로 했다면 그런 아이디어를 정치적 기획으로 접속, 확장할 수 있다는 것이다.

민본과 민주의 통섭을 위한 기본적인 전략은 민본주의에 대한 정치적 상상력과 민주적 잠재력을 적극적으로 사고해야 한다는 것이며 현재 지배적인 서구의 자유주의적 대의민주주의를 민주주의 유형 중 '하나'로서 사고해야 한다는 것이다. 즉, 비서구적·비자유주의적 민주주의 모색도 가능하며 이는 민주적 시민성의 주체화에 기반한다. 예컨대, 누구나 성인이 될 수 있다는 맹자의 "인개가위요순(人皆可爲堯舜)", 유교 경전에 입각해 아래로부터 왕(대표자)의 추대를 주창했던 정약용, 이의 연속상에서 모든 민(民)이 요순이 될 수 있다는 최제우의 "민개가위요순(民皆可爲堯舜)"에 일관되게 흐르고 있는 민본적 평등정신의 제도적 잠재성을 적극 사고할 필요가 있다. 이런 비서구적 민주주의 가능성을 부정하는 것은 구체적인 역사과정의 산물로서 민주주의 제도를 사고하지 못하는 것이고 과거의 잠재력과 무궁한 함의의 활성화를 원천적으로 봉쇄하는 것이다.

강조할 것은, 이 논문의 맥락에서 전통에 대한 적극적인 변용과 현대화된 사고의 혁신이 중요하다는 점이다. 즉, 전통은 독단적이거나 절대불변의 진리가 아니라 우리의 삶에 의미를 부여하면서 끊임없이 재형성되는 논의의 대상이자 '지금, 여기' 현재와의 대화 속에서 새롭게 재발견되고 재구성되어 시대적 의미를 지닐 수 있어야 한다.

2. 민본적 공론정치와 민주적 제도의 통섭

(1) 민본적 공론정치의 특징과 정치적 함의

이 절에서는 심의정치에 대한 동서양의 제도적 특징과 전통을 분석, 비교, 검토하고 심의의 질적 제고 및 심의정치의 구성에 부합할 수 있는 전통적 사유의 원리와 가치들을 추출하여 제도적으로 '현대화'시키는 방안을 검토한다. 특히, 한국과 동양의 전통적 사유에 현재 대의정치의 위기를 극복할 수 있는 이론적·실천적 자원들을 도출하고 이런 자원들을 적극적으로 활성화시킬 수 있는 아이디어를 제안할 것이다. 이는 심의적인 제도의 디자인으로 나아갈 수 있는 정치철학적 원리이자 이론적, 실천적 동력으로 작용한다. 예컨대, 경연으로 상징되는 유교적 공론정치가 심의의 공간 내에서 유교 경전에 대한 해석과 통치의 문제에 대해 왕과 신하의 (상대적으로) 대등한 관계 속에서 격렬하고 심층적인 토론정치가 전개되었다면 현대 자유주의적 대의제에서 이런 전통적 심의정치는 어떤 제도적 장치로 현대화될 수 있을 것인가?

동양의 전통에서 심의적 공론의 기반이 되는 공(公) 개념은 시대의 변천에 따라 의미가 첨가되거나 분화되었지만 그 원형으로 볼 때 몇 가지 차원에서 대략적인 정리가 가능하다. 무엇보다도 동양의 공(公) 개념은 정치적 지배권력, 지배기구, 지배영역을 의미하는 동시에 국가 권력 및 그러한 권력이 행사되는 영역으로 이해할 수 있다.(이승환 2004, 161-163) 보다 적극적으로 해석한다면, 이러한 공 개념은 국가의 역할을 강조하는 것인 동시에 원리상으로 공적 의사결정을 수행하기 위한 논의와 논쟁이 이루어지는 공동의 장을 강조한 것으로 이해할 수 있다. 이런 맥락에서, 공동체 전체의 운용과 운명에 영향을 미치는 권위 있는 의사결정 장소로서의 공론장 의미가 도출될 수 있을 것이다.[1] 본 논문의 맥락에서 중요한 공 개념은 인간이 가진 덕에 대한 믿음과 공론장 참여의 개방성이다. 즉, 군주의 지위가 한 가계의 사유물이 아니라, 지도자의 덕성을 갖춘 사람이라면 누구나 그 지위를 담당할 수 있는 자격이 있다고 천명하고 있다는 것이며 이는 공 개념의 진화에서 중요한 계기가 된다고 볼 수 있다.[2] 중요한 것은 이러한 규정성으로서

---

1 설문해자에 의하면, 원래 공(公) 개념은 알곡을 나누고 분배한다는 원초적 의미를 가지고 있었다. 즉, 공(公)의 뜻을 되풀이하면서 "공은 공평한 분배(平分)를 뜻한다"고 적고 있다는 것이다. 공동의 의미를 내포하는 공 개념이 처음 등장하는 곳은 『예기(禮記)』이다. 『예기』의 「예운(禮運)」편에서는 고대의 이상적인 정치공동체인 대동사회를 묘사하면서 천하위공(天下爲公)이라는 표현을 쓰고 있다. 한대의 주석가였던 정현(鄭玄)은 이 구절을 "공(公)은 공(共)과 같다. 군주의 위를(位) 성현에게 선양함으로써, 한 집안 내에서 세습하지 않는 것이다."라고 주석하고 있다. 이에 대한 자세한 설명으로는 이승환(2004) 참조.
2 이를 적극적으로 해석한다면, 권력이나 관직을 천하 사람들이 '더불어' 누릴 수 있어야 한다는 주장이 도출될 수 있지만, 실제로 이것은 근대 이전의 시대적 제약 속에서 실현되기 어려운 이상이자 일반화된 정치적 사고는 아니었을 것이다.

의 공 개념의 기반 역시 민본사상이었다는 점이다. 공정성과 공평성으로서의 공(公)을 상실한다는 것은 민심을 잃는다는 것을 의미하며 그것은 곧 천하를 잃는 것이며 역성혁명의 빌미가 된다.

주자에 이르러 집대성한 유가적 공론 개념의 핵심적 특징은 공론(公論: 결과로서의 공론)은 '공개적인 논의(절차로서의 공론)'를 통해 성립한다는 것이다. 공개적인 논의를 통하면, 정책을 자세히 심의할 수 있고 독단과 사아(私我)를 배제할 수 있어서, 최선의 결론을 얻을 수 있다는 것이다. 이런 맥락에서 공론은 일반적인 '여론'을 의미하지 않는다. 공론은 숙고하지 않은 다수의 힘을 의미하는 것이 아니라 심의적 토론에 부쳐져 쟁투를 거쳐 도출된 잠정적 합의를 의미하기 때문이다.

이러한 공론에 대한 논의는 현대 선거권과 대의정치로 상징되는 근대정치를 극복하는 데 중요한 함의를 갖는다. 유교적 공론정치는 원리상으로 자유주의자들의 주장처럼 선거권과 대의정치로 환원될 수 없기 때문이다. 아울러 그것은 엘리트의 '통치'로 한정되지 않을 뿐만 아니라 통치의 외연을 확장하고 통치의 심연을 더욱 깊게 할 수 있는 잠재력을 가지고 있다고 볼 수 있다.

(2) 민본적 공론정치의 제도적 분석

조선조는 초기부터 공론에 대한 인식이 상당히 성장해 있었으며, 공론정치는 정치인들이 추구하였던 이상적인 정치의 모형으로 간주되었다. 물론 공론정치가 본격적인 궤도에 오르는 것은 사림파가 중앙의 삼사 언관직에 대거 등용되는 15세기 말 성종기부터이며 그 절정기는 16세기 중종조 무렵이지만 유학의 민본적 전통에서 명료하게 드러나듯이 심의적 공론 과정은 정치적 행위 정당성의 근거이자 '간쟁이 공론의 근저가 된다'는 믿음은, 비록 현실적인 제도로 실현되지 못했을지라도, 뿌리 깊게 이상적인 공론 구조의 위상을 유지했을 것이다.

유교사상에서 발견되는 정치행위의 정당성 근거로는 크게 천명과 민심, 그리고 심의적 공론으로 대표될 수 있다.[3] 첫째, 천명에 대해서는 천명을 어떻게 확인할 것인가라는 인식론적 문제와 과연 천명이 실재하는지 의심스럽다는 존재론적 문제를 가지고 있었다. 둘째, 민심은 이 같은 천명론의 모호성 때문에 등장하였다. 그러나 정치적 행위를 정당화하는 근거로서의 민심은 그것이 언제나 정당한 것만은 아니었기 때문에 숙고(熟考), 즉 심의를 필요로 했다. 『논어(論語)』에는 민심에 대한 이와 같은 회의가 잘 드러나 있는데, 공자는 백성들 가운데에는 착한 사람과 악한 사람이 있다고 하면서 민심 그 자체만 가지고 어떤 문제를 결정할 수 없으며, 숙고를 통해서 천리에 부합되는 것만 따를 것을 강조하고 있다.[4] 이는 현대 심의민주주의의 공론조사와 동형성을 갖는다. 물론 천리라는 것이 형이상학적 진리를 의미하지는 않는다.

셋째, 주희(朱熹)는 공론에 대한 다양한 논의를 종합하여, 공론을 구체적으로 정의하였는데, 그에 따르면 공론이란 "천하의 모든 사람들이 한결 같이 하는 말"이다. 즉 "천하의 참된 시비(是非)는 끝내 속일 수 없는 것이다. (……) 자기의 편견을 주장하고 자기의 사심(私心)을 채우려 하면서도 억지로 '국시(國是)'라 이름 붙이고, 군주의 권위를 빌려 '천하 만구일사(天下 萬口一辭)'의 공론(公論)'과 싸우려 하니, 아마도 고

---

3 박현모, "조선왕조의 장기지속성 요인연구1", 『한국학보』 Vol.30(1), 2004, pp.45-46.
4 『論語』子路 22, 子路問曰 鄉人皆好之 何如 子曰 未可也 鄉人皆惡之 何如 子曰 未可也 不如鄉人之善者好之 基不善者惡之.

인(古人)의 이른바 '덕은 오직 한결같다'는 말은 이렇지 않을 것"이었다. 이는 현대적 심의정치의 보편성, 포괄성, 상호성 등의 원리와 동형성을 갖는다.

이이는 공론의 주체를 사림(士林)으로 보았으며 "사림이 조정에 있어서 공론을 사업에 베풀면 국가가 다스려지고, 사림이 조정에 없어서 공론을 공언(空言)에 부치면 국가가 혼란해진다."[5] 조선조에서 사림은 유교적 학식과 덕망을 갖춘 사람으로서, 어떤 일에 당면했을 때 천리와 민심에 근거해 자신의 견해를 표명하는 존재였다. 이이가 민심(民心)이라 하지 않고 인심(人心)이라고 말한 것은 바로 이 같은 사림을 염두에 두었던 것으로 볼 수 있다. 또한 공론이란 이미 결정되어 있는 어떤 실체가 아니라 사림들의 다양한 토론과 대화 속에서 형성되고 만들어지는 '미결정의 어떤 것'이라 할 수 있다.

조선의 심의적 공론정치는 공론의 의미를 당위적으로 인정했을 뿐 아니라, 이를 정치 운영과 의사결정에 있어 적극적으로 요청하였지만 조선 전기에는 시대적, 정치적 제약 속에서 많은 한계를 노정했다. 그럼에도 불구하고, 500년 전의 역사임을 고려한다면 공론의 전통은 민주주의와 통섭될 수 있으며 특히, 왕과 신하들 간 심의정치가 활성화되었던 조선 중기를 중심으로 제도적 장치를 살펴본다면, 심의적 공론정치는 크게 두 가지 차원에서 작동되었던 것으로 보인다. 각종 회의 및 언론 삼사와 같은 재조(在朝) 차원의 토의와 검증의 장치가 그 하나이고, 관학(官學: 성균관·四學) 및 향촌 유생들의 상소·권당(捲堂)과 같은 의견 표출이라는 재야(在野) 차원의 언론이 다른 하나이다.

---

5 『栗谷全書』卷3 頁29, 〈玉堂陳時弊疏〉.

1) 재조언론(在朝言論)[6]

중앙의 공론정치 제도인 언관제도는 사림정치의 권력 견제 속성이 가장 잘 반영된 사례이다. 언로의 확장 및 다양화로 대변되는 사림정치의 언론체계는 공론 수렴 기능과 함께 군주 및 권신들을 견제할 수 있는 직접적인 제도적 장치였다. 경국대전이 사헌부와 사간원을 전담 언론기관으로 규정한 데서도 알 수 있듯이 유교적 문치주의를 표방한 조선왕조에서 관료의 비판적 발언권은 공식적으로 승인된 것이었고 제도적으로도 이를 뒷받침하고 있었다. 그러나 앞서 언급하였듯이 조선 전기의 언관제는 원칙과는 달리 몇몇 강력한 군주와 집권훈구세력의 독점적 권력에 의해 제대로 기능하지 못하고 있었다. 그러던 것이 사림세력이 관료로 진출하고 비판적 견제활동을 실천하는 과정에서 언관제가 본격적으로 활성화되고 또한 제도적 정착을 보게 된 것이다. 여기에는 신진관료로서 사림세력이 주로 포진했던 홍문관이 애초의 문한(文翰) 및 군주 고문(顧問)기관에서 언관기관으로 그 성격이 확장된 것이 중요한 계기로 작용하였다. 기존의 양사가 군주와 권신에 대한 간쟁에 직접적으로 관여하는 한편, 홍문관은 측면에서 간쟁을 태만히 하는 양사의 대간(臺諫)을 탄핵함으로써 결과적으로 권력에 대한 견제를 중층적으로 제도화할 수 있었기 때문이다.

삼사체제를 중심으로 한 관료층의 언론활동은 간쟁(諫爭), 시정(詩政), 인사(人事), 탄핵(彈劾) 등 여러 측면에 걸쳐 있었으나, 그중에서도 특히 간쟁은 군주를 직접적 대상으로 하였다. 간쟁이란 성리학 체계에

---

6 이하의 압축적 내용에 대한 기본적 설명으로는 김영주, "조선조 경연제도 연구: 정치 공론장으로서의 가능성", 『언론학연구』 18(4), 2014; 임혁백, "한국에서의 불통의 정치와 소통 정치의 복원", 한국언론학회 심포지움 및 세미나, 2011. 참조.

서 '충(忠)'과 더불어 관료의 핵심적 덕목으로 규정되었던 '간(諫)'의 개념에 입각한 것으로서, 공사(公私)의 전 영역에 걸쳐 군주의 부조리한 측면을 제어하고 유교국가의 군주로서 지녀야 할 고도의 성품과 자질을 적극적으로 촉구한 비판적 언론활동이었다.

한편, 원칙적으로 대간의 언론이 주된 심의정치의 방법이었으며 시간, 장소, 방법에 구애받지 않았다. 그러나 보통의 경우에 대간의 언론은 원의(圓議)라는 자체 합의과정을 거친 합의를 그날의 장무관(掌務官)이 승정원에 가지고 가면 승지(承旨)가 친히 맞아 그 말을 듣고서 승전색(承傳色)에 전하면 승전색이 왕에 전하였고, 그 답은 역순으로 대간에 전해지는 방식으로서, 승정원을 통한 언론이었다. 때문에 말이 전달되는 과정에서 한두 마디를 빠뜨리거나 뜻이 조금 달라지는 경우가 종종 발생하였다. 또 전달의 과정에서 승정원이나 승전색이 간여할 가능성을 배제하기 어렵다는 문제점이 있었다. 이러한 방법 외에 글로써 전달하는 소(疏)가 있었으나, 소는 작성절차가 까다롭고 오랜 시일이 걸리며, 격(格)이 시의조진(時宜條陳)이나 구언(求言)에 따른 상언(上言) 등에 해당하여 무거운 편이어서 나날의 일들을 모두 소로 다룰 수 없는 한계가 있었다.

2) 경연의 활용

경연은 군주를 위한 교육제도로서 왕이 문신들과 더불어 경사를 강론함으로써 군주로 하여금 유교적 이상정치를 실현하도록 하는 데 그 목적을 둔 제도였다. 경연에 기대하는 기능 또는 목적은 경사(經史)를 강론하여 치도와 성현의 도를 밝힘으로서 성치(聖治)에 접근하는 것과 강론의 과정에서 현인·정인(正人)을 가까이 하고 정언(正言)을 들음으로써 덕성을 함양하고 출치(出治)의 근원인 인군(人君)의 마음을 맑고

바르게 하여 성치에 접근하는 것으로서, 결국 유교적인 이상정치를 구현할 수 있는 바탕을 마련하는 데 있었다. 이상과 같은 목적을 달성하기 위한 구체적인 방법은 유신을 모아 경사를 강론하고 강론 내용과 관련하여 정치의 득실과 도의를 논하는 것이었으며, 아울러 강론이 끝난 후에 정치의 당면 문제가 논의될 수 있었다. 경연이 그 자체로 뚜렷한 정치적 목적을 지니고 있었기 때문에 경연에서의 논의는 자연히 정치와 관련될 수밖에 없는 것이었다. 그러므로 시대에 따라 경사의 강론에 경연의 비중이 두어지기도 하고 치도나 정치문제를 논의하는 데 쏠리기도 하였다.

3) 재야언론(在野言論)

조선왕조의 공론정치가 실질적인 의미를 띠게 되는 것은 재야의 범위로 공론의 형성층이 확대되면서라고 할 수 있다. 개국 초기부터 성리학적 지배이념에 따라서 신흥사대부층으로 등장한 지역사회의 유력인사들은 향촌사회에서 유향품관(留鄕品官)이라 하여 그들의 자발적 결집소를 만들었고 이것을 유향소라 불렀다.[7] 유향소의 임원 선임권은 경재소 임원에게 있었지만 가장 중요한 기준은 재향인사들의 공론이었다. 이들은 수령과 향리가 주도하는 관치지방행정에 대항하여 자치적 지방행정의 업무를 수행하였다. 특히 일부 지방의 양반들은 그 지방의 수령의 시정을 유향소에서 논하고 여론을 모아 수령을 고소하기에 이르렀다. 비록 시기별, 시대별로 부침이 있기는 했지만 유향소는 공론

---

7 실록에 따르면 "주부군현(州府郡縣)에는 각각 토성(土姓)이 있다. 서울에 살면서 벼슬하는 곳(在京從任)을 경재소(京在所)라고 하는데, 경재소에서는 그 고향에 살고 있는 토성(居鄕土姓) 중에서 강명(剛明)한 품관(品官)을 선택하여 유향소(留鄕所)에 두어 유사(有司)로 삼는다."고 하였다. 『成宗實錄』 券137, 13年 1月 乙亥條.

의 저수지였으며 국가와 지방, 중앙의 정치권력과 유림세력을 연결하는 공론장의 성격을 지니고 있었다.

향촌의 자치기구 외에 재야 사림의 공론이 형성되고 수렴되는 중요한 제도적 공간으로 '성균관'을 들 수 있다. 성균관은 국학기관으로서 선초부터 존재해 왔지만, 선초 이래로 경화훈구(京華勳舊)들의 자제들로 채워지고 있었다. 그러던 것이 사림이 중앙으로 진출하기 시작한 성종기부터 성균관은 과거를 목적으로 한 지방 유생들의 강학 및 연구 공간으로서의 성격을 강화해 갔고, 이러한 성격의 변화는 사림정치기에 들어서 제도적으로 정착되었다. 중요한 것은 이러한 제도적 특성상 성균관이 유생과 재야 사림을 궤환(軌還)적으로 연결해 주는 매개 역할을 하였으며, 이로부터 성균관이 향촌 사림의 공론이 집결되는 중앙의 수렴처로 인식되었다는 사실이다.[8] 다음과 같은 중종의 견해는 성균관(유생)의 공론형성 기능을 잘 보여주는 예라 할 수 있다. "유생이 조정의 시비를 논의하는 것은 조정에 부정한 일이 있어 처처(處處)에 공론이 있는 것이다. 어떻게 공론을 막을 수 있겠으며 공론지인을 벌할 수 있겠는가."[9] 이는 성균관 유생이 향론을 대변하는 자로서 곧 공론의 소재라는 의미이기도 했다.

공론정치의 한 축을 형성하는 사림과 재야 유생들의 공론은 상소를 통해 이루어졌다. 이들의 유소를 간쟁소(諫諍疏), 탄핵소(彈劾疏), 논사소(論事疏), 시무소(時務疏), 청원소(請願疏), 변무소(辨誣疏)로 유형화되어 있는 사실을 고려한다면, 통치자 및 정치적 이슈에 대해 체계적이

---

8 최우영, 『조선 중기 사림정치의 공공성 – 이념, 구조, 변화』, 연세대학교 사회학과 박사학위 논문, 2002, pp. 133-134.
9 『中宗實錄』, 卷23, 中宗 10年, 月, 戊子條.

고 지속적인 심의가 이루어졌다는 것을 알 수 있다. 간쟁소는 군주의 과실을 지적하며 도리에 합당한 정치를 행할 것을 촉구하는 것이 주된 내용이며 탄핵소는 관료의 부정, 비행을 논죄하고 반역, 음사자를 처단할 것을 요구하는 것이다. 논사소는 정치사상적인 현안과 정치세력 간의 논쟁이 주로 그 주제가 되며, 시무소는 시정의 득실을 논하고 그 해결책을 제시하는 것이었다.

(3) 공론정치와 민주주의의 제도적 통섭의 방향

왕과 신하의 수직적 관계 및 사농공상이라는 신분적 위계질서의 중세적 제약에도 불구하고, 동양, 특히 조선의 유구한 공론 전통과 심의적 사례와 제도에서 우리는 현대 자유주의적 대의민주주의의 한계를 보완할 수 있는 근본적인 아이디어를 발견할 수 있으며 이를 현대의 공화주의적 심의정치와 통섭시킬 수 있다고 믿는다. 이것이 본 논문이 500여 년 전의 사례들에 주목하는 이유들이다. 먼저 간략히 살펴보면, 하나는 결정권자의 독단으로 국가가 잘못된 방향으로 가는 것을 막기 위해 여러 관료들과 함께 정책결정에 대하여 논의할 수 있는 장(場)을 마련하였다는 것이다. 왕이 문신들과 더불어 역사를 강론함으로써 군주로 하여금 좋은 정치를 펼 수 있도록 하는 데 목적을 둔 경연의 기본 취지에 더하여 대신 및 대간들과 정책결정의 제반 문제에 대하여 지속적으로 토론할 수 있게 함으로써 보다 좋은 결정을 이끌어 낼 수 있었다는 점이 그것이다.

또 다른 하나는 이것을 더욱 발전시킨 것으로 정책결정에 대한 경연에서의 지속적인 논의가 가능하도록 하는 여러 장치들을 갖추었다는 데 있다. 특히 "사람마다 각기 생각이 있다[人各有所見]."[10]고 하여 왕이 이미 내린 결정에도 계속해서 간언할 수 있도록 허용함으로써 하나의 주제에 대하여 장기간에 걸쳐 논의할 수 있도록 한 것에 주목할 필요가 있다. 사람들이 저마다 견해가 달라 단순한 선호의 취합으로는 모두가 납득할 수 있는 결론에 도달할 수 없기 때문에 심의의 장에 모여 각자가 서로의 의견을 내놓고 그것들을 조율함으로써 결정에 대한 불만을 최소화한다는 것이 심의민주주의의 등장 배경과 목적이라고 할 때에, 심의민주주의의 목적과 논집의 허용하는 목적에 상통하는 맥락이 존재한다. 즉, 중앙과 경연에서 지방의 곳곳에서 상소 등의 방법을 통해 유림들 간 지속적인 심의와 논쟁을 거치면서 공론을 형성하고, 가능한 한 형성된 공론의 방향으로 결정이 이루어지도록 한다는 점에서 지속적인 논쟁을 통해 토론 참여자들의 선호의 변화 가능성을 열어두는 심의민주주의의 이상과 부합하는 면이 있다는 것이다.

이와 더불어 우리가 적극적으로 검토해 봐야 할 서양의 정치철학적 흐름으로서 공화주의는 심의정치와 밀접한 관계에 있다. 공화주의는 정부나 의회 등 좁은 의의의 정치를 넘어서 시민사회의 영역을 포괄하는 넓은 의미의 정치를 강조하면서 정치를 사적 이익의 추구의 장으로 간주하는 것이 아니라 정치를 공적인 윤리의 실천이자 공공선을 추구하는 과정으로 간주하는 동시에 인간성의 완성은 이러한 공적 영역을 통해서 가능하다고 주장한다. 옛 그리스의 폴리스에서 구현된 것처럼, 정치란 공적인 장에서 독특한 방식으로 말하고 행동하며 늘 새로운 시작과 위대한 공적 행위의 조건을 창출하는 것이다. 서구의 고대적 전통은 이러한 공적 영역의 중요성과 나아가 공적 논쟁에서 발휘되는 독특한 자질과 능력, 자아발전을 강조하고 있는 것이다. 이러한 공화주

---

10 『세종실록』 券63, 成宗 7年 1月 辛酉條.

의의 입론은 지금까지 논의한 유가의 공론 정치 및 사회의 원리와 크게 다르지 않으며 공화주의적 이념은 동양의 전통적 가치와 생산적으로 결합할 수 있다고 생각한다. 우리의 전통적 사유에서는 언어를 포함한 다양한 의사소통의 문화 활동들은 공동체의 조화를 이끌어 낼 수 있는 기반으로 여겨졌다.

한편, 지금의 지배적인 흐름으로서 자유주의적 대의민주주의에 대한 비판적 맥락에서도 적극적 의미를 부여할 수 있다. 주지하듯이, 전문가의 체계적인 관리와 이해관계의 대변, 효율적인 갈등 관리, 사적 이익과 관심의 추구로 상징되는 자유와 권리의 보장 등 대의민주주의의 장점에도 불구하고 오늘날은 대의민주주의의 위기로 이해되고 있다.[11] 국민의 대표기관인 의회나 정당이 도덕적 타락과 국가 운영 능력의 취약 등 다양한 요인들 때문에 제 기능을 발휘하지 못함으로써 대표성의 위기를 초래하고 있다는 비판이다. 심지어 한나 아렌트는 현대의 대의정치가 귀족정의 현대판으로 전락하고 있다고 비판하기도 했다. 또한 대의민주주의는 개인의 사유재산권으로 상징되는 사적 이익과 경제적 권리를 중시하는 자유민주주의를 이념적 기반으로 하는바, 특히 경제적 선호를 집계하는 소비자 민주주의를 벗어나지 못하게 만들고 대중은 엘리트 정치에 대한 과도하게 기대고 의존하면서 그 결과로서 공적 세계에 점점더 무관심해지고 향락적 소비적 인간형으로 전락하고 있다.(Mouffe 2007) 이런 관점에서 마치 시장에서의 선호를 반영하는 대의제를 한계를 비판하면서, 숙고된 토론 없이 즉각적으로 표

---

11 대의민주주의에 대해 심도 깊은 비판적 분석으로는 임혁백, "대의제 민주주의는 무엇을 대의하는가?: 일반의사와 부분의사, 그리고 제도 디자인", 『한국정치학회보』 제43집 4호, 2009.

출되는 선호의 표출 대신에 다양한 이견을 가진 사람들 사이의 상당 정도의 토론 이후에 정책을 결정할 수 있는 민주주의 제도에 대한 필요성이 끊임없이 제기되어 왔으며, 심의민주주의는 최근 서구에서도 새롭게 조명받는 민주주의의 원리이다.[12]

특히, 최근 주목받고 있는 공화주의적 정치제도에 의하면, 자유주의와 흐름을 달리하는 대안적 민주주의는 무엇보다도 공적인 문제에 심의할 수 있는 자격과 역량을 함양해야 한다. 이런 점에서 모든 정치행위는 개인의 이익이 아니라 사회공공의 이익을 추구해야 한다. 사회공공의 이익의 핵심은 경제적 발전 같은 단순한 가치가 아니라 그 모든 것을 포괄할 수 있도록 정치적 공론의 활성화를 통한 차이와 다양성의 조화로움이자 풍요로움으로 이해할 수 있다. 이 모든 것의 기반에는 민(民)이 자리 잡고 있다.

3. 민본적 법치와 정치적 헌정주의의 제도적 통섭: 법치의 재구성

(1) 민본적 법치제도: 정신적 훈육으로서 법치적 주체의 형성

현대사회에 법치주의 혹은 헌정주의란 통치권력을 제약하고 권력을

---

12 심의민주주의에 대해 학문적으로 체계적이고 포괄적인 분석을 담고 있는 저서로는 다음을 참조하라. 장동진, 『심의민주주의: 공적 이성과 공동선』, 박영사, 2012. 한편, 대표적인 심의민주주의 정치철학자로는 존 롤즈(John Rawls), 하버마스(Jurgen Habermas), 버나드 마넹(Benard Manin), 조슈아 코헨(Joshua Cohen), 에이미 구트만(Amy Gutmann), 아이리스 영(Iris M. Young), 제임스 피쉬킨(James Fishkin), 드라이젝(John Dryzek) 등이 일반적으로 포함된다.

분리하는 원리로서 보호되어야 할 개인 혹은 집단들의 권리를 규정하는 동시에 가장 상위의 헌법은 그 정치공동체의 가치를 지향하거나 정치공동체의 도덕적 성격을 규정하고 있다. 기본적으로 법치주의는 삼권분립의 원리를 통해 특히 정치권력에 대한 통제를 가장 핵심적인 기제로 삼고 있는바, 인민의 민주적 참여의 권리를 포함하는 광범위한 기본권 보장, 입법 사법 행정 등 권력의 분립 및 권력 간 견제와 균형, 특히 독립적인 사법부의 존재를 중시한다. 이런 총체적인 법의 지배야말로 정치권력의 자의적 행사와 남용을 방지할 수 있는 제도적 장치라고 볼 수 있다.

그렇다면 민본주의에서 정치권력을 견제하고 순화시키는 제도적 장치는 무엇이었는가? 특히, 왕에 대한 견제는 어떻게 이루어졌으며 그 방식은 어떠했는가? 핵심적으로 왕의 권력은 관료로 등용한 유학자들이 군주를 가르치고 성인으로서 의무와 책임을 내면화하도록 훈육하는 방식과 더불어, 서구의 법에 의한 견제와 지배와 유사하게 공식적인 법적 장치를 통해 왕권을 준 강제적으로 통제하는 두 가지 방식을 운영하고 있었다. 즉 왕권에 대한 사대부의 견제와 계도가 왕권의 자의적 행사를 규율했으며 특히 이 경우에 왕에 대한 비판의 준거는 민을 위한 정치를 수행해야 한다는 것이었으며 왕권에 대한 철저한 비판의 정당성 역시 민심에 기반하고 있었다. 이는 중국을 비롯하여 동아시아의 전통국가들이 동양적 전제정으로 왕의 자의적 통치를 견제하지 못하고 왕의 전횡과 폭정을 제어하지 못했다는 오리엔탈리즘의 이론적·문명적 무지의 다름 아니다. 당장 최초의 중앙집권적 국가로 평가받는 진 제국에서 이미 왕권을 견제하고 민본적 이상을 훈육하는 유림세력들이 존재했다는 역사적 사실과, 가장 절대권력을 행사한 황제로 평가받는 진시황이 유학자들의 힘을 약화시키고 제거하기 위해 자행한 분서갱유가 역설적으로 강력한 왕권 비판세력으로서 유림의 존재를 증명하고 있다고 볼 수 있다.

우리의 법치 전통 중에서 조선시대의 법치의 제도와 이념은 우리의 연구과제와 관련하여 대단히 중요한 정치적 함의를 가진다. 왜냐하면 단순히 법적 절차와 제도를 구비하는 것을 넘어서 헌법적 주체로서 왕의 내면 형성을 동시에 목표로 했기 때문이다. 즉, 공동체의 이상과 목표에 맞는 정치적 주체의 형성과 실천이 특히 조선시대 법치주의의 중요한 특징이라고 볼 수 있다는 것이다. 이런 관점에서 조선시대의 법치는 왕(정치적 주체)에 대한 정신적 훈육을 통해 헌법적 주체성을 구성하는 것이 목표였으며 이의 이념적 기반은 민본주의였다고 볼 수 있다. 유교적 통치윤리와 민본적 이념의 내면화를 통한 책임 있는 헌법적 주체가 구성될 수 있었다는 것이다.[13]

주지하듯이, 중앙집권적 중세국가로서 조선은 왕권 행사를 통제하고 권력 행사에 정당성을 부여한 원천들로 크게 비강제적·강제적 성격을 가진 두 가지 제도를 가지고 있었다. 첫 번째는 왕권 통제의 비강제적 기제들로서 임금을 헌법요소의 화육신(化育身)으로 형성하는 것이었다. 이를 위해 군주가 따라야만 하는 통치 윤리 및 정신자세로 유교경전 및 해설서의 강독이 반복적으로 시행되었던 것이다. 이러한 통치성의 윤리는 비록 법전에 명확히 규정된 원리는 아니었지만 공식적인 법전 못지않은 기능과 위상을 가졌으며 조선왕조 전체에 걸쳐 군왕

---

13 특히 이런 관점에서 조선의 법치주의와 경국대전을 해석한 논문으로는 다음을 참조하라. 김비환, "朝鮮 初期 儒教的 立憲主義의 諸要素와 構造: 憲法要素의 化肉身으로서의 君主와 權力構造의 相互作用", 『정치사상연구』 14(1), 한국정치사상학회, 2008. 조선의 유교적 입헌적 헌정주의를 민주주의와 통섭하려는 이 논문의 아이디어는 김비환의 연구로부터 빌려 왔다.

들의 도덕적 수양과 치국의 지침을 제공했고 군왕의 통치행위에 도덕적 정당성을 부여했다. 유교 경전들에 공통적인 임금의 도덕적 수양의 의무는 단순한 수사학적 의미를 넘어서는 것이다. 심지어 민본정치의 실패와 자연적 재앙조차 통치책임자의 도덕적 실패로 인한 것으로 설명하기 때문에[14] 임금의 유교적 덕성과 도덕적 수양은 엄청난 심리적 압박과 도덕적 책무로 인식될 수밖에 없었다. 비강제적인 훈육을 통해 통치윤리를 자발적으로 내면화하게 만드는 법치주의였던 셈이다. 단순히 통치권력에 대한 세력균형과 견제를 넘어서는, 입헌주의의 강력한 기본 제도는 서연과 경연이 있다.[15]

주지하듯이 서연(書筵)은 조선왕조의 통치 기반이 확고하지 못하던 태조 때부터 왕세자 교육에서 가장 중시했던 실천적 제도였다. 실제로, 왕세자 훈육이 실패하자 의정부와 육조의 문무대신들이 세자를 폐하는 상소를 올렸고 "간신의 말을 듣고 여색에 혹란하여 불의를 자행하였는 바" "후일에 생살여탈의 권력을 마음대로 한다면 형세를 예측하기 어려우므로" 세자를 폐위해야 한다고 강제할 정도였다.[16] 경연 역시 마찬가지의 정치적 효과를 가졌다. 성군의 덕성, 품성, 지식에 대한 재교육과 견책 기능을 하는 경연제도의 지속적이고 엄격한 운영은 왕권을 통제하기 위한 신료들에게는 사활적 관심사였다. 조선 개국 직후부터 신료들은 매일의 경연 개최를 요청하였고 이에 따라 경연은 실질적으로 국사를 논하고 심의하는 정무의 기능을 가졌다. 이는 결국 통치자의 자의적, 즉흥적 정책 결정을 견제하거나 좌절시키면서 대의와 원칙에

---

14 『조선왕조실록』 예종 1년 3월 13일 정유.
15 서연과 경연의 정치적 효과와 이에 대한 왕의 저항과 일탈에 대해서는 김중권, "朝鮮朝 經筵에서 燕山君의 讀書歷에 관한 考察", 『서지학연구』 37, 한국서지학회, 2007.
16 『조선왕조실록』 태종 18년 6월 2일과 4일 기사.

맞는 결정으로 수정하도록 강제했던 것이다. 이처럼, 왕세자와 왕의 덕성을 함양하고 치국의 도와 역사에 대한 식견을 함양하는 서연과 경연은 특히, 후세에 왕이 될 세자의 성품과 덕성, 식견을 미리 조정, 관리하는 효과를 가졌으며 성군의 경우에도 지속적인 효과를 지녔다. 정치적 주체의 도덕적 주체성의 형성이 준자발적으로 강제되었던 것이다. 마치 많은 현대국가들에서 지속적이고 반복적인 애국주의 교육을 통해 시민들로 하여금 국가 및 공동체에 대한 자발적인 충성과 복종의 의무를 가지게 만드는 것과 동형적인 논리였다고 해석할 수 있다. 이렇게 유교적 가치와 도덕적 이념을 내면화한 왕의 형성 및 통치자의 도덕적 완성에 대한 요구는 왕의 자의적인 권력행사를 방지할 수 있는 최선의 예방책이자 견제책이라고 볼 수 있다. 더구나 신료들의 상서는 직접적이고 직설적이었으며 강력한 경고의 의미를 지녔다. 이러한 학습과 수양과 훈육 기제의 철저한 관리를 통해 통치자의 주체성을 구성하는 동시에 미래 군왕의 권력을 원천적으로 통제할 수 있었다. 물론 다른 제도적 장치의 동원을 통해 왕권을 효과적으로 견제했던 것이 주체와 제도의 측면에서 효과적인 조선의 입헌주의였던 것이다.[17]

이렇듯, 유교 경전에 담긴 권력행사의 목적과 통치 원칙들을 지속적이고 반복적으로 강습함으로써 왕의 인격과 사유 속에 유교적 통치윤리가 내면화되었다. 달리 말해, 유교적 헌법의 요소들을 화육신(化育身)하여 내면에서부터 권력을 통제할 수 있는 입헌적 기능을 가졌던 것이다. 물론 이렇게 내면화된 입헌적 통치기제들은 체계적이고 공식화된 정부운영 및 권력통제 기제들과 상호작용해야만 그 효과가 안정적으로 작동할 것이다. 이러한 제도적 장치로서는 경국대전이 대표적

---

17 김비환, 앞의 논문, pp. 15-17.

이다.

주지하듯이, 경국대전은[18] 조선 왕조의 기본적인 통치 구조와 이념, 정부 조직의 구성 등을 확립한 법적 기초이며 강제적 권력기제들의 성격을 가진다. 특히, 경국대전의 모태로 평가받는 조선 건국기 정도전의 조선경국전은 인정(仁政)을 주창한바, 그 핵심은 민본이념과 재상제, 6조제, 3정승으로 구성된 의정부가 국정을 총괄하고 백관을 통솔하는 시스템을 갖추었다. 여기에 앞에서 살펴본 언론과 감찰 기구로서 사간원, 시정을 논하고 백관을 감찰하는 사헌부와 서경제도, 상피제 등을 설치하여 비단 왕권에 대한 견제 뿐만 아니라 부당한 권력집중과 남용이 일어나지 않도록 정부 기구들 간의 권력 분립과 철저한 견제와 균형 작동의 메커니즘을 가지고 있었다. 이는 궁극적으로 최고통치권자인 군왕 개인의 자질이나 욕망으로 인한 통치의 불안정성을 방지하고 막강한 재상의 권력 남용과 폭정 가능성 또한 차단하는 정치적 효과를 가졌다.

입헌 통치의 관점에서 볼 때 왕권에 대한 견제와 제약뿐만 아니라 신료들 사이의 권력 배분과 균형도 필수불가결하며 이는 현대 자유민주주의 국가의 경우에도 본질적으로 다르지 않다. 조선시대에도 신권 내부의 권력관계 균형을 위해 행정 관료들과 언간권의 구분, 행정 관료집단 내부의 상호견제, 유생들의 상소 및 공론 형성을 통해 이런 견제와 균형을 시스템으로 작동하게 만들었다. 특히, 세종 시대에 입법화한 상피 제도는 신권에 대한 견제뿐만 아니라 신권 내에서도 거대 정파가 출현하는 것을 방지하여 어떤 정치세력도 절대적인 권력을 독

---

18 법치의 관점에서 조선의 정치이념과 연관하여 경국대전의 의의를 균형 있게 설명한 논문으로는 진희권, 「조선의 국가이념에 대한 소고」, 『법철학연구』 6(2), 2003.

점하지 못하도록 하는 권력 균형을 유지했던 것이다.

결국 경국대전 형성기의 조선 초의 헌법적 원리들과 기제는 신권이 왕권을 견제하는 독립적인 세력으로 기능하는 동시에 신권 내부의 권력 분장과 견제가 작동하도록 만든 역동적인 메커니즘이었으며 이런 견고한 권력구조를 형성해 가는 과정에서 왕과 행정 관료, 언관 등은 헌법적 원리들과 법전의 규칙들에 대한 해석과 적용을 두고 논쟁과 심의를 벌였다. 그리고 제도와 법률을 확립하고 정당화하는 규범적 기반은 유가적 민본의 이상을 실현한다는 것이었다. 즉, 민본적 통치이념을 위해 통치 구조와 권력 규제를 포함한 입헌주의 원칙에 기반하고 있었으며 그러므로 조선 초의 통치 운영은 인간의 지배가 아니라 법의 지배로 평가할 수 있을 것이다. 통치의 정당성과 공공성을 입증하기 위해 유교적, 민본적인 헌법적 원리들에 호소했던 것이다. 본질적으로, 정치적 주체의 도덕성, 운영 주체의 덕성과 능력을 중시하는 경국대전의 정치적 함의는 현대 자유민주적 법치의 한계 특히, 사유재산권과 권리, 경제적 이익과 시장질서 보호 외에는 큰 정치적 중요성을 갖지 못하는 자유주의적 정치공동체의 한계를 극복하고 덕스러운 헌법적 주체(모든 시민의 입헌적 능력과 덕성 함양)의 형성을 위한 법치주의의 개혁에 큰 기여를 할 수 있으며 이는 민주적 시민성 함양과 발전을 가능하게 만드는 제도적 장치의 역동적인 상호구성적 시스템으로 나아갈 수 있다.

(2) 민본적 법치와 입헌주의의 제도적 통섭의 방향

그렇다면 왕조 체제 및 신분질서가 제거된 현대 사회에서 정치권력에 대한 훈육과 왕과 신하들 간의 법적 해석을 둘러싼 논쟁 등의 전통이 민본적 법치주의에서는 어떤 현대적 함의를 가지게 될까? 논자는 법치의 민본성과 민주성을 더욱 급진적으로 강화시켜 나가는 것으로 상상할 것이다. 즉, 법치가 단순히 사법부 관료들의 지배를 의미하기보다는, 법치주의 자체를 민주적으로 개방하여 보다 직접적으로 민본적 이상을 실현시켜 나가는 동시에 인민의 헌법적 주체성과 심의성을 제고시켜 나가는 시민적 교육의 장으로 만들어 갈 수 있다는 것이다.

주지하듯이, 현대 민주주의 국가에 지배적인 자유주의적 헌정주의(constitutionalism)가 권력분립, 견제와 균형, 사법심사권을 지닌 독립적인 사법부의 존재를 필수 구성요소로 포함하며 헌정주의의 궁극적인 목적은 정부의 통치권력에 대한 제한이다. 그러나 헌법이란 국가라는 정치조직의 기본 구조를 규정하지만 보다 근본적으로 헌법에는 정치공동체의 공동선과 국민들의 목적과 이상, 도덕적 규범이 포함되고 또 반영되어 있다. 그렇다면 단순히 법치주의를 헌법재판소나 대법관 같은 사법 관료들의 권한으로만 규정하는 것은 자유주의적 편향성을 가지는 것이며 사실상 최종심급에서 사법부의 자의적 결정을 추인하는 정치의 사법화 현상의 폐해를 낳게 된다.

자유주의적 법치주의와 관련하여 현 시대 문제가 되고 있는 '정치의 사법화(Judicialization of politics)'란 일반적으로 사법부가 정치에 참여하는 것으로서, 국가의 중요한 정책결정과 정책갈등 및 정치적 경쟁이 의회와 시민사회를 중심으로 하는 '정치적 과정'이 아닌 검찰, 법원, 헌법재판소 중심의 '사법적 과정'으로 해소되는 현상을 말한다. 즉, 입법 권력의 정치과정에서 해소되지 못하는 각종 정치적 갈등과 쟁점을 최종적으로 헌법해석권을 가지고 있는 헌법재판소나, 대법원 그리고 사전단계의 검찰을 정점으로 하는 사법권력에 기대어 해결하려는 경향을 의미한다. 이러한 사법부의 정치 참여 현상, 즉 사법부에 의한 정치적 판결과 결정은 그간의 헌재판결이 보여준 경험적 효과처럼 민주주의의 발전에 긍정적 기여보다는 부정적으로 기여했다고 볼 수 있다. 왜냐하면, 사법부에 의한 판결과 정치적 결정은 민주주의에서 강조되고 있는 충분한 대화와 토론 및 공론장의 여과 없이 독자적인 집단인 사법부에 의해 승자와 패자를 결정하기 때문이다. 이러한 사법부의 승패결정과정은 대화와 토론을 통해서 발생하는 선호와 이익 및 정체성의 변화를 통한 공공선 추구 및 갈등해소와 사회적 합의라는 민주주의의 이상적 지향점에 도달하기 어렵고, 따라서 민주주의의 장을 축소하는 문제를 야기하기 때문이다. 특히, 정치의 사법화가 가진 핵심적인 문제는 국민에 의해 직접 선출되지 않은 권력집단에 의해 국민의 의사와 의지가 포획됨으로써, 정치영역이 축소되고 민주주의가 화석화될 수 있기 때문이다. 달리 보면, 정치와 민주주의에 대한 법치의 우월성이며 법관료가 최종적인 심급에 놓인다는 것을 의미한다.

논의를 좀 더 진전시켜 보자. 헌법의 유지보다 더 중요한 것은 덕성을 갖춘 시민들의 활발한 참여를 통해 정치공동체가 활기 있게 존립하는 것이다. 이른바, 동태적 역동성을 보호하는 것이야말로 헌법의 보장책이 되는 것이다. 이런 관점에서 헌법재판소는 덕성을 갖춘 시민들의 정치적 참여를 완성하는 공화주의적 대의기관으로 발전할 수 있는 것이다. 그러므로 기본적 권리의 보장과 통치기구의 운영은 모두 덕성을 갖춘 헌법적 시민들을 양성하고 확보하는 것에 초점을 맞추어야 한다. 이러한 헌법적 시민의 덕성 원칙은 결코 형이상학적으로 정초될 수 없는 덕성이어야 하며 기본적으로 '상호간의 경의' 또는 '관용'을 포함할 것이다.(이국운 2002, 148-149)

그러므로 민본과 민주의 통섭의 방향은 마치 조선시대 왕과 관료들이 정치적 주체이자 통치의 주체로서 민본에 입각한 헌법적 가치와 윤리를 내면화했듯이, 우리의 헌법이 담고 있는 정치적 가치와 이상, 공동선을 체화하고 정치공동체에 적극 참여할 수 있는 진정한 주체로서 시민의 형성을 적극적으로 모색해야 한다. 우리는 이것을 선비정신에 입각한 덕스러운 시민들의 민주주의의 이상으로 평가할 수 있을 것이다.

법치에 대한 민주적 심의를 통해 국민들은 정치체제에 대한 기존의 이해를 변화시켜 보편적인 내용을 담는 입헌 활동을 할 수 있으며 단순히 기본권뿐만 아니라 정치사회의 기본 구성과 공공선 및 주요 쟁점 문제들까지 공론장에 부쳐져서 진정한 주권자이자 헌법적 주체로서 아래로부터 시민들이 적극적으로 헌법에 대한 심의에 참여하는 것이 이상적인 민주주의이자 민본적 법치의 이상주의적 목표라고 볼 수 있다. 즉, 진정한 민주적 법치주의는 정부 권한에 대한 단순한 제약을 넘어서 다양한 집단과 이해관계들이 공론장에서 소통하고, 법 제정이 상호적인 관심과 존중을 반영하도록 하고 공동의 복지 증진에 대한 열망을 반영하는 동시에 정부 조직은 물론이고 입헌주의의 원리들도 민주적 심의와 재해석에 열려 있어야 한다는 것이다.

(3) 퇴계의 공적 해결의 민주주의적 확장

이제 우리는 대안적 민주주의를 모색하기 위해 지금까지 정리한 공론정치 및 민본적 법치의 이상을 심의민주적 원리와 결합시켜 대안적 민주주의 원리를 심화시키고자 한다. 대안적 민주주의는 정치를 단순히 희소한 자원을 쟁취하기 위한 권력 투쟁 혹은 이익의 합리적 경쟁 과정으로 가정하는 자유주의적 대의민주주의 등의 한계를 극복할 수 있어야 한다. 주지하듯이, 자유민주주의의 철학적 기조는 개인의 욕망에 대한 긍정을 핵심기제로 삼으며 개인이 공공선보다는 사익에 의해 대부분 행동의 동기화가 이뤄지고 정당화되며, 개인들 사이의 이해관계가 시장에서 조정되지 않을 때 정치의 역할이 등장한다. 그러나 유교적 사유를 심의민주적 아이디어와 결합시킨다면 자유민주주의와 다른 민주주의에 대한 제도적 디자인이 도출될 수 있을 것으로 기대한다. 이 글은 이에 대한 시론적 모색이다.

지나치게 이해관계에 기반한 담론 중심의 합의를 중시하는 서구 민주주의 이론 결함의 보완으로서 퇴계 이황의 성리정치사상에서 대안을 찾아볼 수 있다. 16세기 혼란한 조선 정치에 오랫동안 몸소 깊이 관여했던 퇴계 이황의 성리정치사상은 혼란 상황으로부터 질서 상황으로 나아가는 성공적인 방식 및 과정의 경로를 추구하는 노력의 결과였다. 퇴계의 『성학십도』 및 『성학십도차』에 담긴 그의 성리정치사상의 중심 내용은 '무질서한 난세로부터 질서 있는 치세로의 전환 방법'에 있고, 이 방법의 관건은 '하늘의 길〔天理〕과 잇닿아 있는 모든 일의 본래의 목적〔性〕, 곧 그 본래의 길〔理〕을 따라 일상의 일〔事〕을 감당하는 방법'이라는 성리학의 일반적인 내용과 같지만, 퇴계의 독창적인 기여는 이러한 천명설을 사단칠정설이라고 하는 인간의 심성론에 투영해서 구체적으로 치밀하게 모델화했다는 데에 있다.[19]

퇴계에 의하면, 모든 일의 과정이 막히지 않고 원활하게 소통되려면, 그 일 가운데 장애(문제)가 제때 제때 잘 해결되어야 한다는 것이다. 그런데 문제를 잘 해결하려면 무엇이 참된 문제인지 제대로 진단해야 되고, 문제를 제대로 진단하려면 어떤 이해관심(욕구)에 걸림이

19 이에 대해서는 김병욱, 「심의민주주의에 관한 한국정치사상적 검토와 대공(大公)민주주의 모색」, 『한국정치학회보』 49(4), 한국정치학회, 2015, pp. 75-80.

되어 문제로 진단하는지를 분명히 확인할 수 있어야 한다는 것이다. 그리고 이 모든 과정의 첫 시작이기도 한 '사람의 이해관심'에는 두 가지가 있는데, 하나는 하늘의 길과 잇닿아 있고 인간 본래의 목적(性)의 실마리(端緒)가 뚜렷한 '사단의 이해관심(四端, 필요)'과 다른 하나는 그 실마리가 희미한 '칠정의 이해관심(七情, 정욕)'이라는 것이다. 따라서 어떤 일과 만나든지 그 일에 임할 때 '사단의 이해관심'을 분명하게 설정할 줄 알고, 동시에 그에 걸림이 되어 문제로 삼아지는 '문제'를 제대로 진단할 줄 알고, 동시에 '하늘의 길이란 본디 말이 없지만' 이 모든 일과 잇닿아 있는 그 하늘의 길을 늘 새롭게 해석하고 말로 표현하여 어떤 하나의 일에 함께 관여하는 사람들이 함께 바라볼 수 있고 맛볼 수 있는 '가치'로 정립함으로써 문제해결과 필요의 충족, 가치의 실현 등 등속의 과정이 물 흐르듯 흐를 수 있다는 것이다.

좀 더 자세히 살펴본다면, 누구에게나 만 가지 욕구(칠정 욕구)인 '희노애락애오의 욕(喜怒哀樂愛惡의 慾)', 곧 욕망이 이미 있고, 그 가운데 특히 '무극이자 태극'인 '천리'가 실마리(仁義禮智의 단서)로 심겨진 몇 가지 욕구(사단욕구), 곧 필요도 이미 있다. '욕망'과 '필요'라는 질적으로 다른 욕구체계가 누구에게나 이미 있다는 점은 부정할 수 없는 것이다.[20] 중요한 것은, 특정한 상황과 맥락 속에 위치 지어진 주체가 '그 본래의 참된 모습'에 대해 자신이 끊임없이 스스로 묻고 응답하는 가운데 그 본래의 참된 모습을 향한 '애정(愛)'과 그 모습으로부터 멀어진 그 비본래의 거짓된 모습을 부끄러워하고 미워하는 '수오[惡]' 사이의 가로놓인 불일치 문제를 문제로 삼으면서 자신이 관여하는 사태의 '좋음'과 '올바름' '이로움' 사이에 놓인 불일치 문제를 잠정적으로나마 해

---

20 앞의 논문, pp. 78-80.

결하여 '그 참된 좋은 모습(공적 선; 公善)'을 정립하며 일하고, '그 참된 좋은 모습이 그 일의 과정에서 나타나는 구체적 조건을 이루는 올바른 방식'(공적 올바름; 公義)대로 일하고, '그 일의 참된 좋은 모습이 그 일 가운데 올바로 나타나는 과정에서 애정과 수오, 희락과 분노, 행복과 고통 등의 만 가지 욕구 만족을 깊고 넓게 맛보는 이로움(공적 이로움; 公益)'을 누린다. 이렇게 공적 좋음〔公善〕이 공적 올바름〔公義〕을 거쳐 공적 이로움〔公益〕으로 반듯하게 이어지는 하나의 '공적인 길'이 곧 '공적 방식〔公道〕'이다. 이렇게 인간-주체 혹은 시민은 자신이 관여하거나 관여된 일과 사태 속에서 특히 '자신 욕구의 질적 전환하는 일'을 통해 민주적 시민이 될 수 있다는 것이다. 결국, 궁극적으로 퇴계가 말하는 문제해결 방식은 '공적 방식〔公理〕'으로서 그 과정의 흐름을 좌우하는 핵심은 '문제해결을 통한 소통의 정치'에 있다는 것이다.

결국 퇴계는 거칠고 맹목적인 욕구로서 칠정과 대비하여 성찰을 통해 다음어진 올바른 욕구로서 사단의 욕구를 구분하면서 칠정에서 사단으로 이해와 욕구의 질적 전환을 모색한 것으로 이해할 수 있다. 타자와 독립된 자기이해 및 욕망 충족의 수단화하는 인격적 미성숙을 넘어서 정치적 미성숙을 의미하는 것으로 이해할 수 있다. 민주의 이상이 동양적 가치와 결합하는 중요한 방식 중 하나는 민이 스스로 삶이 영위되는 공적인 문제를 진단하고 처방하며 해결해 나가는 공적 과정의 질적 측면을 강조한다는 것이다. 궁극적으로 이것은 공적인 좋음과 공적인 올바름, 공적인 이로움의 선순환을 의미하며 동시에 결합되어 있는 사회의 원리이자 정치적 윤리를 가리키고 있다.

특히, 이러한 원리는 '심의와 숙고'를 거치지 않은 다수의 영향력 및 대중들이 자신의 통념, 무비판적 사고, 편견만을 표출하는 대의정치의 한계를 비판하고 극복할 것을 요구한다. 즉, 조작되기 쉬운 개인들의 불충분한 정보와 무관심에 의해 집단적으로 표현되는 한계를 극복해야 한다는 것이다. 달리 말해 어떤 공동체의 문제에 대해 심의의 의지와 능력을 가진 소양이 있는 대중의 형성을 위한 제도적 장치의 마련을 특별히 강조한다. 소양이 있는 대중에게 중점적인 발언권을 부여하는 동시에 무관심하거나 무지한 대중을 소양이 있는 대중으로 만들 수 있는 기회와 동기를 부여하는 것도 강조한다. 다만 자신의 원초적인 이익만을 맹목적으로 쫓거나 전혀 성찰하지 않는 대중의 견해가 미치는 영향력을 최소화할 수 있어야 한다.

아울러 주체의 변화에 관해 우리는 다음과 같은 가능성을 도출해 볼 수 있다. 일상적인 차원에서도 자주 토론을 한다면, 참여자들은 자신의 발언 방식과 매너를 세련되고 부드럽게 하는 기회를 갖게 될 것이다. 처음엔 다른 사람들 앞에 서는 것이 어색하고 부자연스럽겠지만, 참여가 반복될수록 익숙하게 되고 훌륭한 태도와 자세를 습득하게 될 것이다. 시민들의 적극적인 참여 및 활동은 구성원들을 변화 발전시켜 나가면서 민주적 시민으로서 인성 및 능력, 자세 등을 함양시킬 수 있다. 시민들이 자발적이고 적극적으로 공적인 업무에 참여할 수 있는 기회를 보장한다면, 시민들의 심의 능력과 영향력은 향상될 것이다. 물론 현재 평범한 시민들은 정책결정에 거의 영향력을 미칠 수 없다. 때문에 이런 무기력, 무관심, 무능의 악순환을 극복할 수 있는 제도적 디자인이 필요하다.

(4) 현대적 함의

이런 논의를 변용하여 민주주의 원리에 적용한다면, 민주적 · 집단적 의사결정으로서 정치적 판단은 나의 선호뿐만 아니라 타인에게 미칠 영향, 공동체의 안녕과 발전에 미칠 영향까지 고려해야 한다. 특히, 시민의 정치적 결정은 공적인 논쟁과 검토를 견딜 수 있어야 한다. 그래야만 공동체의 행복과 불행을 좌우할 수 있는 정치적 결정을 올바르게 내릴 가능성이 높아지기 때문이다. 공동체를 좌우할 정책을 결정하는 데 있어 경제적 이익이나 단순한 욕망과 선호가 절대적으로 영향을 미친다면 이것은 진정한 의미의 민주주의가 아니다. 왜냐하면 민주주의는 집단적 의사결정의 절차를 의미하는데 시민들의 토론과 숙고가 전제될 때에만 비로소 진정한 의미를 가지기 때문이다. 진정한 민주주의는 자율적인 개인들이 평등한 배려 위에서 의사를 형성하고 그런 의사형성 과정에서 제공된 수준 높은 정보를 가지고 심사숙고하여 내리는 집단적 의사결정을 의미한다. 조작된 정보나 광고, 단순한 욕망에 조작되기 쉬운 개인들이 불충분한 정보를 가지고 무관심하거나 완고한 경우에 내리는 집단적인 의사결정은 진정한 민주주의라고 볼 수 없다.

지금까지의 논의를 현대 민주주의 문제점과 연관하여 보다 적극적으로 해석한다면, 앞서 비판한 지배적인 민주주의 원리로서 선호집합과 달리, 다음과 같은 민주적 절차의 원리가 도출될 수 있다. 무엇보다도 집단적 의사결정 과정에서 시민들의 선호가 고정되어 있지 않으며 시민들 간의 대화, 토론, 의사소통, 심의를 통해 개인들이 자신의 선호(의견과 판단, 이해관계 등)를 계속 변화시켜 나가면서 집단적 의사를 합의해 나가는 과정이 진정한 민주주의라는 입장이다. 대의민주주의가 과두적인 폐쇄적 지배로 가는 것을 막고 민주주의의 근본 이상을 실현하자는 것이다. 공적인 토론 및 민주적 과정을 통해 시민들은 자신의 선호를 형성하고 세련되게 하고 자신의 잘못된 선호를 교정할 기회를 가지게 된다. 이 과정을 통해 성찰적이지 못한 다수의 힘을 상대적으로 완화시키면서 다수결의 폐해를 최소화할 가능성이 높아진다. 그 과정에서 유대와 연대에 기반한 공공선의 형성과 수정이 가능할 것이다.

4. 대안적 민주주의의 제도적 디자인을 위하여

동양에 특유한 왕조 체제 및 신분적 위계질서를 지울 수 있다면, 그래서 양반-평민 등과 같은 연결고리가 약해진다면, 달리 말해 신분적 규정력이 약화된 동양(조선)에서 민본적 민주주의가 자생적으로 발생했다면 어떤 제도적 특징과 배치를 가지고 있을까? 민본주의 이상에 잠재한 원리와 제도들에 대한 적극적이고 능동적인 변화를 통해 민본이 가진 잠재력을 현재화시키고 그 가능성을 극대화시키려는 노력이 경주되어야 한다. 더구나, 날로 파편화·원자화되는 현대의 이기적 문명 속에서, 더욱이 그 이기적 문명의 사상적 뿌리에 서구적 근대성이 자리 잡고 있다면, 그 근대적 제도의 병폐들을 극복하고 보다 살기 좋고 정의로운 정치공동체를 만들어 갈 수 있는 새로운 민주주의를 창안하는 데 민주적 민본주의가 서구와는 다른 맥락의 제도적 아이디어를 제시할 수 있지 않을까? 특히, 자유주의적 대의민주주의의 한계를 극복하고 민주주의를 심화, 확장시키려는 노력 속에서 민본의 제도들은 새롭게 조명받을 수 있을 것이다. 민본주의가 서구의 민주주의와 일관되게 부합한다는 것은 역사적, 논리적 비약이겠지만, 서구적 특징과는 다른 차원의 혹은 대안적 민주주의를 창안할 수 있는 원시 민주적 아이디어를 제공할 수 있다는 믿음을 쉽게 포기할 필요는 없는 것이다.

그러나 지금 당장 여기서 민본주의에 입각한 민주주의 제도를 제시하는 것은 무리일 뿐만 아니라 지나치게 조야하고 성급한 시도일 것이다. 그러므로 여기서는 지금까지 살펴본 민본의 이상과 동양적 사유를 현대화시킨다면, 재구성 가능한 민주주의의 제도적 개혁의 방향과 윤곽을 제시하는 선에서 멈출 것이다.

이런 맥락에서 이 글은 민본의 현대화와 심의적 민주주의 심화 과정의 통섭을 통해 다음과 같은 몇 가지 제도적 디자인의 방향성을 제안하고자 한다. 특히, 이 부분은 정치의 위기, 민주주의의 위기를 극복하기 위한 실천적 요청에 대한 화답의 성격이 강한바, 이하의 제도적 디자인의 민본적, 동양적 성격의 강화 방안에 대해서는 더 많은 연구가 진행되어야 할 것이다. 위기에 빠진 대한민국의 민주주의를 질적으로 업그레이드하기 위해서는 기본적으로 여론조사형 중우정치와 편파적인 엘리트주의라는 극단 사이에서 현실을 냉정하고 세부적으로 분석하고 의회정치의 혁신을 모색하여 정치공동체 전반의 심의민주주의 원리와 수준을 향상시켜야 한다.

첫째, 사적 이익과 경제적 이해관계에 매몰된 여론조사형 중우정치를 넘어서야 한다. 대안적 민주주의의 실현과 활성화를 위해서는 성찰적인 대중에게 중심적인 발언권을 주어야 하며, 대중이 숙고할 수 있는 기회와 동기를 부여하며, 숙고하지 않은 대중의 견해는 논쟁적 절차를 거쳐서 무시하거나 비중을 두지 않으며, 선동적이고 수사학을 구사하는 정치가들이나 정치세력의 주장을 검증할 수 있는 절차를 구비해야 한다. 숙고한 대중의 심의된 의사를 민심으로 확인하고 영향력을 확장할 수 있는 공론조사의 장치를 고안하고 적극적으로 활용해야 한다.

둘째, 현재의 대의제도하에서 의제설정 및 결정 과정에서 시민의 참여와 통제력을 강화하는 방안을 모색해야 하다. 이는 의회정치와 유기적 연계를 통해 의회정치의 심의기능을 강화하는 유인책으로 작동할 수 있다. 즉, 심의적 시민 앞에서 의회 역시 심의정치를 수행하도록 만드는 장치들을 마련하는 것이 중요하다. 그러므로 시민들에게 공적인 의제 및 사안에 대해 충분히 토론할 기회를 세련되게 디자인하고 의안에 대한 시민의 통제력을 실질화시킬 수 있는 방안을 강구해야 한다.

셋째, 헌법에 정치공동체의 공동선이 반영되어 있으며 광범위한 국민들의 심의와 공론에 의해 형성된 정치적 목적과 이상, 도덕적 규범을 반영하여 헌법이 수정, 유지, 보완되는 것이라면, 사법 과정에 대한 폭 넓은 참여와 심의를 통해 시민들은 바람직한 권리와 공동체의 항구적인 이익과 정의와 관련하여 직접적으로 심의와 숙고된 판단을 지속적으로 전개해야 한다. 이는 민주적 정치의 가능성을 제공하는 법치를 통해 정치공동체의 특징을 표출하고 실현하는 측면을 강조하는 것으로 정치권력에 대한 제약을 넘어서 다양한 집단과 이해관계들이 공론장에서 소통하고 법 제정이 상호적인 관심과 존중을 반영하도록 하고 공동의 복지 증진에 대한 열망을 반영해야 한다. 입헌주의의 원리들도 민주적 심의와 재해석에 열려 있어야 하며 이 과정에서 우리의 전통적 유교의 가치와 규범들이 정당화의 준거로 작용할 수 있을 것이다.

넷째, 최종적으로 국가적·지역적 수준에서 중요한 의안에 대해 행정부 및 입법부의 심의성, 대표성, 책임성을 높일 수 있는 시민의회 모델을 탄력적으로 운용해야 한다. 이러한 시민의회는 국민의 정치적 의사 표출이나 발의, 심의, 토론이 집중적으로 이루어지는 시민의 공론장이며 그 권위가 법적, 제도적으로 보장되어야 한다. 지역심의회의 의결투표의 결론은 국민의 심의에 의한 숙고된 의사로 규정되며 규정에 따라 다양한 수준의 권위를 가진다. 이 의사는 국민의 가장 심층적 의사에 의해 통과된 것으로 법률적, 정치적으로 인정되며 경우에 따라서는 국회의 결정보다 앞설 수 있으며 행정부는 이를 실행할 의무를 갖는다. 시민의회의 아이디어는 적절하게 재구성하여 국민투표나 국민발안 시스템을 대체할 수 있는 기능도 수행할 수 있을 것이다.

다섯째, 대의자(의원)들의 심의성 제고 및 책임성을 강화해야 하며 의원들은 대중의 선호나 이해관계를 단순히 관철시키는 것이 아니라 다양한 수준과 과정에서 대화, 토론, 심의를 통해 공동선을 위해 더 낳은 해결책을 모색해야 한다. 이를 위해 기본적으로, 의원들에게 심의에 대한 참여의 의무를 지금보다 훨씬 더 강제할 수 있는 조치를 취해야 한다.

지금까지 살펴본 민주주의 모델은 영역별로 정도의 차이는 있지만 현재로서는 실현 가능성이 희박해 보인다. 또한 대단히 이상주의적이고 규범적이기에 현실로서는 공허한 정치담론이나 혹은 유토피아적 제안으로 평가될 수도 있다. 그러나 이러한 제도적 디자인의 구성과 작동원리에 대해 충분히 검토하고 논의한 후에 한국적 상황에서 실현 가능성을 적극 검토하고 탄력적으로 적용한다면, 우리 정치공동체의 민주주의 수준을 업그레이드하는 데 큰 기여를 할 수 있을 것이다.

참고문헌

『聖學十圖』

『聖學十圖箚』

『論語』

『栗谷全書』

김병욱. 2015. 「심의민주주의에 관한 한국정치사상적 검토와 대공(大公)민주
　　주의 모색」, 『한국정치학회보』 49(4). 한국정치학회.

김비환. 2008. 「朝鮮 初期 儒敎的 立憲主義의 諸要素와 構造: 憲法要素의 化肉
　　身으로서의 君主와 權力構造의 相互作用」, 『정치사상연구』 14(1). 한
　　국정치사상학회.

김영주. 2014. 「조선조 경연제도 연구: 정치공론장으로서의 가능성」, 『언론학
　　연구』 18(4).

김중권. 2007. 「朝鮮朝 經筵에서 燕山君의 讀書歷에 관한 考察」, 『서지학연구』
　　37. 한국서지학회.

박현모. 2004. 「조선왕조의 장기지속성 요인연구」, 『한국학보』 30(1).

임혁백. 2011. 「한국에서의 불통의 정치와 소통 정치의 복원」, 한국언론학회
　　심포지움 및 세미나.

장동진. 2012. 『심의민주주의: 공적 이성과 공동선』. 박영사.

진희권. 2003. 「조선의 국가이념에 대한 소고」, 『법철학연구』 6(2).

이국운. 2002. 「특집: 한국사회의 변화와 국가기능의 재조명; 공화주의 헌법
　　이론의 구상」, 『법과 사회』(제20권). 법과사회이론학회.

이승환. 2004. 『유교 담론의 지형학: 근대 이후 유교 담론에 관한 정치철학적
　　고찰』. 푸른숲.

최우영. 2002. 『조선 중기 사림정치의 공공성－이념, 구조, 변화』. 연세대학
　　교 사회학과 박사학위 논문.

M. Young, I. "Communication and The Order: Beyond Deliberative Democracy." S. Benhabib ed. Democracy and Difference. Princeton, NJ: Princeton Univ. Press. 1996.

Joshua Cohen. "Procedure and Substance in Deliberative Democracy." S. Benhabib ed. Democracy and Difference. Princeton, NJ: Princeton Univ. Press. 1996.

Mouffe, C.(2007). *The Return of the Political*(New York: Verso[1993]). 『정치적인 것의 귀환』. 서울: 후마니타스

Sward M. 2000. "Democratic Innovation." Sward M. ed. Democratic Innovation: Deliberation, Representation and Association. London: Routledge.

2부

민주주의의 한국적 수용과
민본주의의 서구적 변용

1장 한국적 민주주의의 형성과 민본주의의 역할

함규진

2장 민주주의에 대한 민본적 비판과 변용

이현선

3장 민본주의의 '민본'과 소수자 문제

이시우

4장 휴머니즘, 민본주의 그리고 민주주의

오수웅

한국적 민주주의의 형성과
민본주의의 역할

● 함규진 | 서울교육대학교 ─────

1. 들어가는 말

'한국적 민주주의'는 박정희 정권 당시 독재를 강화하기 위해 전통사상의 요소를 악용하여 민주주의적 제도의 왜곡을 정당화한 이론적 '괴물'이라고 흔히 알려져 있다. 그리고 그런 인식은 정치사적인 관점에서 대부분 타당하다. 그러나 박정희와 그의 '어용' 이론가들이 무에서 그러한 괴물을 창조해낸 것은 아니며, 개화기 이후 비주체적이고 비제도적으로 민주주의를 비롯한 서구 정치이념이 이식되면서 전통 정치사상을 한편으로는 타기하고, 다른 한편으로는 응용하면서 지식인과 대중에게 광범위하게 공유되어 있던 '민본주의적 정치관'이 그 탄생의 배경이 되었다고 할 수 있다.

이러한 '한국적 민주주의'는 오늘날에도 완료되고 폐기되었다고 할수 없다. 한국 민주주의의 문제점으로 흔히 지적되는 과도한 지도자 중심주의, 이미지 정치, 정당 제도화의 미비, 당선자의 위임 민주주의적 행태 등은 어떤 면에서 전통 정치사상에서 이어져 내려오는 '민본주의적 정치관'의 영향 하에 현실적으로 허용 가능(permissive)할 수 있었다.[1]

그러한 '민본주의적 정치관'이란 첫째, 국민 일반(이해관계집단 및 계층의 총합이 아닌 총체적 의미의 일반)의 생존 보장과 복지 증진을 정치의 최대, 또는 유일한 목적으로 설정하는 관점. 둘째, 도덕적 기준에 두루 부합하고 카리스마와 리더십을 갖춘 정치지도자에게 사실상 견제 및 균형 장치를 유보하는 절대권력을 위임해야 한다는 관점. 셋째, 집권자의 권력 남용과 야권의 '집권 자체를 위한 비판'을 모두 정치의 쇠퇴(decay of politics)[2]로 이해하며, 지양하려는 관점 등등을 생각할 수 있다.

물론 이런 '민본주의적 정치관'이 반민주주의적 정치사상을 의미하지는 않는다. 그것은 오히려 지도자의 '희생정신'과 '사심 없음'을 강하게 요구하며, 또한 국가가 민생 안정과 경제 부흥에 전력투구할 것을 요구한다. 개인으로부터 집단, 시민사회를 거쳐 국가에 이르는 서구적 민주주의의 이론적 관점과는 방향이 다르지만, 권력이 부패하거나 무능할 경우에 '민본주의적 정치관'이 덧씌워진 민주주의는 강력한 시민 참여와 집단행동을 촉발할 수 있다.

이에 따라 이러한 '민본주의적 정치관'의 내용과 구성요소를 밝히고, 그것과 민주주의 정치사상과의 교점 및 친화성, 그리고 배타성을 파악하며, 해방에서 현재까지 시대별로 '민본주의적 정치관'과 민주주의가 어떻게 서로 영향을 주고 관계를 맺어 왔는지를 도해한다. 그리하여

---

1 허용 요인(permissive factor)에 대한 설명은 최완규 1988, pp. 98-100.
2 '정치의 쇠퇴' 개념은 Fukuyama 2011, pp. 13-28.

향후 한국정치의 발전을 위해 숙고할 필요가 있는 이론적 대안들을 제시하고 검토한다. 이상이 이 장에서 다루고자 하는 내용이다.

2. '민본주의적 정치관'의 내용 및 구성요소

'민본(民本)'이라는 표현은 엄밀히 말해 동아시아 전통사상사에 없다. 다만 『서경』의 「오자지가(五子之歌)」에서 "백성이야말로 나라의 근본이며, 근본이 튼튼해야 나라가 태평하다〔民惟邦本, 本固邦寧〕."라 언급한 것이나, 『회남자』의 「주술훈(主術訓)」에서 "밥은 백성의 근본이며 백성은 나라의 근본이다〔食者, 民之本也, 民者, 國之本也〕."라 언급한 것 등에 근거하여, 근대 이후 전통사상의 재해석 과정에서 민본이라는 개념이 재구성되었다고 할 수 있다.

정치이념으로서의 '민본주의' 역시 전통 정치사나 사상사에서 존재가 불분명하다. 민본 개념을 중심으로 정권의 획득이나 국민의 동원에 대한 이념을 체계화한 정치지도자나 사상가가 부재했기 때문이다. 따라서 '민본사상', '민본이념', '민본문화' 등의 용어가 현실을 더 잘 반영하고 있다고 할 수 있다. 또한 재구성된 개념에 근거하기에, 민본사상이나 민본이념이 구체적으로 어떤 범위를 가지며 어떤 정체성을 띠는지에 대해 학자들의 입장이 상당히 불일치한다. 어떤 입장에서는 민본사상이 여러 요소를 하나로 포괄한 사상이며, 다른 입장에서는 그중의한 요소만이 민본사상을 구성하며 다른 요소는 민본사상에 속하지 않는 것으로 본다. 이를 분류하자면 대체로 다음의 세 가지 요소가 민본사상과 관련하여 거론되어 왔다.

(1) '민권론(民權論)'으로서의 민본사상

'민'과 '본'이라는 표현을 직접적으로 사용한 것은 아니지만, "백성이 가장 귀하고 사직이 다음이며 군주는 가장 가볍다[民爲貴, 社稷次之, 君爲輕]."는 『맹자』의 '민귀론(民貴論)'이나 "하늘이 백성을 낳음이 군주를 위함이 아니며, 하늘이 임금을 세움은 백성을 위함이다[天之生民, 非爲君也. 天之立君, 以爲民也]."는 『순자』, "천하는 한 사람을 위한 천하가 아니며 천하만민을 위한 천하이다[天下, 非一人之天下也, 天下人之天下也]."는 『여씨춘추』의 논설 등은 백성에게 일정한 정치적 권력, 권한이 있다는 민권론으로서 민본사상의 본지(本志)라고 받아들여지는 경우가 많았다.

소공권(蕭公權)은 『중국정치사상사』에서 '맹자의 민귀론은 민이 곧 주권자라는 의미'라고 풀이했으며(蕭公權 1988, 138-144), 미조구찌 유조(溝口雄三)도 역성혁명의 당위성을 내포한 '천하는 군주가 아닌 민을 위해 존재하는 것이다'는 이념이 '군주는 민의 고락을 가장 근본적인 것으로 인식해야 하며 자기중심적이어서는 안 된다'와 더불어 '민본사상의 쌍벽'이었다고 보았다.(溝口雄三 2007, 333) 다만 그는 본래의 민본사상은 민이 아닌 군 위주의 사상으로, "군주 절대의 전제정치를 유연성 있게 유지하고 또한 재생시키는 안전판의 사상"이었으나 명말청초의 사상가인 황종희(黃宗羲)에 이르러 민의 주체성이 부각되어 민권사상의 일환이 될 수 있었다고 한다.(溝口雄三 2007, 336)

또한 최병철은 "정치적 주체로서의 민본", "정치적 객체로서의 민본", "국가 구성요소로서의 민본"을 민본사상의 세 가지 구성요소로 꼽고, 이 중에서 두 번째에 해당하는 덕치, 위민 사상을 제외하면 민권론으로서의 민본사상을 정립할 수 있으며 특히 민귀론이 민본사상의 핵심에 해당한다고 보았다.(최병철 1991, 721-723) 이상익은 민본사상과 민주주의의 유사점에 주목하면서 민을 근본으로 하는 정치란 민에 의해 군주에게 통치권이 위임된 것으로 볼 수 있으며, 따라서 주권재민론을 의미한다고 해석했다.(이상익 2004, 285-333)

(2) '위민론(爲民論)'으로서의 민본사상

민본사상을 민권론의 일환으로 보는 관점이 이른바 민주주의의 3대 요소인 '국민 주권(of the people)', '국민 자치(by the people)', '국민 복지(for the people)' 중 최소한 국민 주권, 국민 복지를 포괄하고 있다고 보는 반면, 민본은 민권과 무관하며 민본사상이란 '국민 복지를 위한 정치'라는 명분을 강조하는 이념일 뿐이라는 시각이 있다. 이를 고전 용어를 활용하여 풀이한다면 '위민론'이라고 부를 수 있다.

앵글(Stephen C. Angle)은 민본사상을 'people-as-root-thought'으로 번역하면서, '이는 민의 복지를 정책의 최우선 과제로 삼아야 한다는 의미를 내포한다. 그러나 백성에게 어떤 정치적 권한이나 정치 참여의 정당성이 있다는 의미는 아니'라고 보았다.(Angle 2002, 124) 안병주도 『유교의 민본사상』에서 그런 개념 규정을 했으며(안병주 1987, 2), 금장태 역시 비슷한 접근을 하되 유교의 민본이 민주주의의 민본으로서 충분한 의미를 가질 수 있다고 보았다.(금장태 2002, 163) 함재봉도 '위민'을 '민본'과 동의어로 제시하고(함재봉 1998, 343; 함재봉 2000, 86), 현대적 맥락에서 그것은 자유주의 정치이념과 반대로 국가의 역할을 강화하고 적극적으로 시장과 사회에 개입하여 국민 복지를 증진하도록 해야 함을 의미한다고 보았으며(함재봉 2000, 108), 이는 대체로 복지국가론 내지 사회주의 정치이념과 친화성을 갖는다고도 하였다.(함재봉 1998, 343-351)

(3) '덕치론(德治論)', '애민론(愛民論)'으로서의 민본사상

위민을 실천하는 군주의 마음가짐에 주목했다고 할 수 있는 '애민'은 "성인이 천하의 백성을 대함이여, 마치 갓난아이를 대함과 같다! 배고픈 자가 있으면 먹여 주고, 추운 자가 있으면 입혀 주고, 기르고, 키우며, 오직 자라지 않을까봐 걱정한다〔聖人之於天下百姓也, 其猶赤子乎! 饑者則 食之, 寒者則衣之, 將之養之, 育之長之, 惟恐其不至於大也〕."는 유향의 『설 원』등에서 묘사된 태도를 집약한 것이다. 군주가 진심으로 이렇게 '백 성을 자식처럼 여겨 늘 배려하고 염려하는' 태도를 가지려면 유덕(有 德)해야 한다. 따라서 애민은 곧 덕치(德治)와 연결되며, 성리학에 이르 러서는 정책으로 위민을 실천함에 앞서 군주의 마음을 바로잡는 일이 정치적 급선무라는 사상이 정립되었다. 성리학에서는 자연, 인문, 정치 가 하나로 연결되어 있다〔理一分殊〕고 보며, 통치권자 개인의 도덕성 과 정치의 효과성도 불가분이라고 본다. 따라서 군주가 겸허하고 진솔 한 마음으로 백성을 사랑하고 정치에 사욕을 개입시키지 않아야만 정 치가 효과를 발휘해 선정(善政)이 달성될 뿐 아니라, 자연질서가 온전 히 유지되어 백성의 삶이 평온할 수 있다고 보았던 것이다.[3] 결국 성리

---

3 가령, "예로부터 아래에서 국가의 형정과 인사가 잘못되었을 경우에 그것이 위로 하늘 에 응하여 재앙이 되고 변이가 되지 않은 적이 없었습니다. 그러니 신들은 오늘날의 재변이 이유가 없지 않다고 여깁니다. 더구나 사치에 대한 훈계와 편안하게 즐기는 것이 짐독(鴆毒)이 된다는 것은 생각하지 않고서 일국의 기상(氣象)으로 하여금 자연 히 태만하고 나약한 데로 흘러 들어가게 하고 있습니다. (……) 내가 당연히 해야 할 일을 하고 내가 당연히 행해야 할 것을 행하면서 나의 백성들을 두려워하고 나의 방본 (邦本)을 공고하게 함으로써 조심하고 면려하고 나태하거나 일락에 빠짐이 없게 해야 합니다. 그러면 위태로움을 편안하게 만들 수 있고 혼란함을 잘 다스려지게 할 수 있습 니다〔自古國家刑政, 人事之失於下者, 莫不應於上, 而爲災爲異, 則臣等恐今日之災, 不 可謂無其應也. 矧惟不念雕墻之訓, 不念燕安之酖毒, 使一國氣象, 自然流入於怠惰委靡

학적 정치문화에서 통치권자는 법적으로 절대권력을 부여받았을지라도 정치적으로 고도의 절제와 도덕적 완벽성을 표출할 필요가 있었다.

之中.(……) 爲吾所當爲, 行吾所當行, 畏吾民碞, 固吾邦本, 夕惕若厲, 無怠無荒, 危可安矣, 亂可治矣〕."(『인조실록』 49권, 인조 26년 7월 22일 기사); "오늘밤에 생긴 우레의 변은 어찌 그리도 참혹하단 말입니까. 바야흐로 거두어들이고 저장할 이때에 번개가 번쩍이고 천둥이 쳐서 뒤흔드는 현상이 있으니, 모르겠습니다만 전하께서 남이 보지 않는 은미한 가운데에 무슨 어둡고 고질적인 마음이 있기에 하늘이 보인 경계가 한결같이 이 지경에 이른단 말입니까. 전하께서 큰 병을 막 치르고 나서 바로 두려운 마음으로 정사를 새롭게 하는 날에 당하여 착한 마음의 싹이 마치 따뜻한 봄날 속에 만물이 싹트는 것처럼 되지 않으신 것입니까. 사특한 생각을 마치 구름이 사라지고 안개가 걷히는 것처럼 버리지 못하신 것입니까. 선치를 도모하려는 뜻이 한창 날카로운데 편히 지내려는 해독이 이미 해가 된 것입니까. 백성을 진념하는 걱정은 간절하게 하시지만 재물을 아끼려는 뜻이 도리어 많으신 것입니까. 대체로 반드시 이런 몇 가지 일이 있어야만 재이를 부르게 되는 것입니다. 삼가 바라건대 전하께서는 맹렬히 살피고 두렵게 생각하여 사욕을 이기고 분발하기를 아침부터 저녁까지 공경히 하소서. 그리하여 말하고 일할 때 언제나 하늘의 상제가 위에서 임하고 종사의 신령이 곁에 있는 것처럼 여겨 터럭만큼의 욕심이라도 마음이나 눈에 두지 않은 다음에 대소 신료들에게 거듭 분부하여 함께 공경과 두려운 마음을 갖고 아침저녁으로 계책을 논의하여 하늘의 뜻이 어디에 있는가 찾아서 서로 닦고 힘쓰소서. 그러면 이른바 요순의 시대처럼 훤히 청명해지고 상제와 귀신이 위엄과 노여움을 거둘 날이 머지 않을 것입니다〔伏以今夜雷變, 何其慘哉? 方此收藏閉固之日, 乃有震發奮擊之象, 未知聖上幽獨隱微之中, 有何黮黯蔽痼之心, 而天之示警, 一至於此也. 無乃殿下新經大病, 正當創艾更始之日, 而善端之萌, 不能春噓而物茁耶? 邪念之祛, 未能雲消而霧捲耶? 圖治之志方銳, 而宴安之毒已祟耶? 軫民之憂雖切, 而惜財之意反勝耶? 夫必有是數者, 然後乃有以召災而致異. 伏乞殿下, 猛省惕念, 克己自奮, 早夜祗慄. 出言行事之際, 常若皇天上帝, 臨之在上, 宗社神靈之在傍, 不敢有一毫人欲, 留於心目之間, 然後申敎大小臣隣, 同寅協恭, 夙夜謀議, 以求天意之所在, 而交修胥勅, 則所謂堯天舜日, 廓然淸明, 上帝鬼神, 還收威怒者, 庶乎其不旋日矣〕."『효종실록』 20권, 효종9년, 10월 18일 기사; "삼가 바라건대, 전하께서는 사심(私心)을 극복하여 하고 싶은 것을 절약하며 검소를 숭상하고 사치를 경계시킴으로써 천지(天地)의 절제를 본받아 용도(用度)의 낭비를 줄여서, 위로 조정에서부터 아래로 여정(閭井)에 이르기까지 모두 사치를 제거하고 절검을 숭상하게 함은 물론, 풍습(風習)을 일변시켜 순박(淳朴)한 것을 회복시킨다면, 방본(邦本)이 공고하여지고 천심(天心)이 기뻐하게 되어 수복(壽福)을 길이 누리고 국운(國運)이 창성하게 될 것입니다." (伏願殿下, 克己節欲, 尙儉戒奢, 法天地之節, 省用度之費, 而上自朝廷, 下至閭井, 莫不使之去侈華, 而崇節儉, 一變風習, 回淳反朴, 則邦本固而天心豫, 壽福長而國運昌矣)." (『정조실록』 12권, 정조5년, 7월 1일 기사)

위민을 민본의 실체로 보는 입장에서는 위민과 덕치, 또는 애민을 병립 내지 상호대립되는 개념으로 제시하기도 한다.(이석규 2011, 109-111; 권인호 2010, 424) 조선정치사에서 백성의 곤란을 해결할 실질적 대책을 강구하기보다 군주의 자기 반성적 태도의 표시, 공구수성(恐懼修省)에 치우치는 경향이 있었음에 주목한 논의이다. 그러나 민귀론이나 위민론이 백성의 사정을 계속해서 외면할 경우 정권 자체가 붕괴할 수 있다는 의식을 포함하고 있음은 분명하며, 위민을 적극적으로 실천하려면 애민의 자세, 덕이 요긴함도 분명하다. 따라서 군주가 백성의 곤란에 둔감하고 사치, 향락 등 사욕(私慾)에 급급하는 모습을 보여준다면 그는 백성에게 정치적 정당성을 상실하며, "천명은 유덕자에게 옮겨간다"고도 볼 수 있다. 최병철의 말처럼 "민본은 민심을 근본으로 하는 사상"(최병철 1991, 721)이며, 민본사상은 "민생에 관한 논의요, 민심에 따른 논리"(최병철 1991, 722)인 것이다. 미조구찌 유조가 '군주는 민의 고락을 가장 근본적인 것으로 인식해야 하며 자기중심적이어서는 안 된다'는 이념을 '민본사상의 쌍벽' 중 하나로 제시한 것도 비슷한 맥락이다.(溝口雄三 2007, 333) 조준환은 민본사상을 민생, 민의, 민권으로 구분했는데 민생은 위민론, 민권은 천하위공론(天下爲公論)에 해당되며 민의는 "민심을 존중하고 공평하게 민의를 수렴할 것"을 의미한다고 하였다.(조준환 1988, 7-14) 최진덕 역시 민본사상의 요체는 "자유롭고 평등한 개인의 권리를 보장하자는 것도 아니고 개인을 넘어선 근대적 국가를 건설하자는 것도 아니"며, 효제(孝悌)의 원리가 군주에서 사서인에 이르는 모두에게 지켜지도록 함으로써 군주와 민이 의제적 부자관계를 맺고 상친(相親)하자는 데 있다고 보아, 민본을 애민과 덕치 위주로 파악했다.(최진덕 2000, 141)[4]

이처럼 다양하게 제시될 수 있는 민본론이지만, 논의의 체계성을 위해 '재구성된 개념의 재구성'이 필요하다. 민본 및 민본사상의 의미를 일정하게 한정할 필요가 있다는 것이다. 생각해 보면 '백성이 국가의 근본이 된다〔民惟邦本〕'는 말은 '백성이 국가이다'는 말과 일치하지 않는다. 앞서 인용한 '밥은 백성의 근본'이라는 말이나, '농업이 천하의 큰 근본이다〔農者天下之大本〕'의 말에서 '밥＝백성', '농업＝천하'의 등식이 성립하지 않는 것과 같다. 따라서 민본의 개념은 '전체 국민 개개인의 총합 외에 국가는 존재하지 않는다'는 전제에 입각한 민주주의의 개념과 등치될 수 없다. 민주주의 국가는 국민 외의 주체(가령 신이나 군주, 특권계급 등)를 포함할 수 없으나, 민본의 국가는 민을 근본으로 여겨 중시한다고 해도 민과 구별되는 주체의 존재를 허용하는 것이다.

그러므로 근대 민주국가에서 통치권력이 소수 엘리트에게 위임되는 현상이 전근대 동아시아 국가에서 천명(天命) 또는 인망(人望)에 부합해 군주에게 통치권이 부여되는 현상과 표면적으로 유사해 보이더라도, 후자의 경우에 '주권자인 민이 군주에게 권력을 위임했다'는 식으로 이해하는 논의에는 무리가 있다고 본다.

이에 따라 본 논문에서는 민본사상의 가능한 요소 가운데 '민권론'은 일단 배제하며, 민귀론이나 천하위공론 등에 대한 전통적 논의는 '맹아적' 민권론 또는 민주주의론으로 구분하려 한다. 이 논문에서의 민본사상의 구성요소는 위민론과 애민론이며, 다시 말해 국가정책의 최우선

---

4 한편 장승구는 군권의 정당성이 민의 인정에서 비롯된다는 개념이 민본주의 사상의 정치적 원리라고 하여 이와 비슷한 접근을 했으나, 그 의미를 민권론으로 풀이하고 있다.(장승구 2000, 215)

순위를 민생의 안정에 두려는 이념, 그리고 위정자가 도덕적으로 모범이 되면서 사적 욕구에 따라 권력을 전용하지 말아야 한다는 이념이 민본사상–민본주의의 축이 된다.

민본주의의 두 요소 중 위민은 정치권력에 대한 공리주의적 정당성을 담보한다고 할 수 있다.(Shapiro 2003, 19) 여기에 애민의 요소까지 종합해 보면, 프랜시스 후쿠야마(Francis Fukuyama)의 '근대정치의 3대 구성원리'(Fukuyama 2011, 230-238) 중 '국가(state)'를 강력히 요구하고, '절차적 책임성(procedural accountability)' 대신 '정치적 책임성(political accountability)'을 지향하며, '법치주의(rule of law)'에 대해서는 유보적인〔국가의 운영 원리와 사회의 통제 규범으로서의 법은 존중되나, 정치권력은 궁극적으로 무제한적 특권(prerogative)을 보유하여 일반 법체계에서 초월해 있는 것으로 간주되므로 법치주의를 구현한다고 볼 수는 없다. 이런 의미에서 전통 동아시아의 정치체제를 '헌정체제'의 일환으로 보는 관점은 신중함을 요한다〕 정치이념이라고 할 수 있다.

민본사상은 전통 정치체제의 종말과 함께 일단 정치적 공론장에서 퇴출된 듯했다. 그러나 그 요소는 '기억과 전망(memory and vision)'의 맥락에서 살아남아 일종의 '민주주의의 문화적 배경'을 구성하게 되었다. 이를 따로 고정해 본다면 민주주의적 헌정질서, 정치제도의 직접적 영향과는 무관히 존재하는 '민본주의적 정치관'이라 부를 수 있을 것이다.

3. 해방공간에서의 민본주의와 민주주의

(1) 해방공간의 각 정파의 정치이념

'민본주의적 정치관'은 해방공간에서 좌우 진영을 막론하고 표출되었다. 즉 해방과 동시에 한반도 남부는 미군에 의해 점령과 통치가 이루어지면서 '미국식' 자유민주주의 체제가 자동적으로 이식되었으나, 국민 다수가 국민 교육이나 민주주의 문화에 생소한 가운데 국내외의 정치 엘리트들은 각기 노선과 인맥에 따라 정파를 조직, 권력을 추구하는 한편 해방과 건국이라는 시대적 과제를 해결하려면 민족적인 단결과 민생 문제의 해결이 급선무라고 역설하였다. 결국 광범위하고 자발적인 국민 참여가 부재한 가운데 정부 주도 하의 사회경제적 개혁이 민생 안정과 사회적 균평(均平)을 목표로 추구되었다는 점에서, 이는 민본주의적 정치관을 반영하고 있었다고 할 수 있다.

급진 좌파에 속하는 백남운은 좌파의 집권 당위성을 호강(豪强) 세력을 억제하고 경자유전(耕者有田) 이상을 실현할 유일한 정파라는 데서 찾는 한편 사회주의적인 생산수단의 국유화 등은 유보하며 좌우합작에 의한 민족적 단결을 모색했다.(백남운 2007, 61-67) 중도 좌파의 조소앙은 일제강점기 말기 대한민국 임시정부의 강령으로 채택된『조선건국강령』에서 "사회 각 층 각 계급의 지력과 권력과 부력의 향유를 균평하게 하며 국가를 진흥하며 태평을 보유"할 것을 목표로 제시(조소앙 1997, 136), 전통적인 토지개혁이나 세법개혁 등 위로부터의 민생 개혁을 모범으로 삼아 경제개혁을 실시할 것을 주장했다. 또한 중도 우파의 안재홍은 '현재 조선에는 엄밀한 의미에서 부르주아도 프롤레타리아도 없다'면서 계층을 초월한 전 국민이 민족의 이름으로 단결 통합하여, '만민공생(萬民共生)'과 '국민개로(國民皆勞)'를 중심으로 하는 '민족경제공동체' 수립을 지향했다.(안재홍 1981, 2-55-58)

극우파에 속하는 이승만–안호상의 '일민주의'는 1945년 10월 17일 이승만 귀국연설에서 '무엇보다 하나로 뭉쳐야 한다'는 발언을 한 데서 비롯된다.(김혜수 1995, 336) 이후 이승만은 단독정부 수립과 집권 후 한국전쟁 발발 이전까지의 정치 과정에서 일민주의를 체계화하고 자신의 정치사상으로 내세우게 되는데, 집권 직후에는 '이에 반대하는 자는 처벌해야 마땅하다'며 국시(國是)로까지 정립하려 하였다.(이승만 1948, 3; 김혜수 1995, 338-340) 이는 다른 정파의 이념에 비해 그 체계성이나 개혁성에서 가장 떨어졌지만, "적은 수의 부자만이 잘 살고, 많은 수의 가난한 이가 못살게 됨은 백성이 사는 민생경제가 아니며, 또 부자와 가난한 이와의 차이가 너무나 클 적엔 계급의 갈등과 알력으로 말미암아 민족이 통일될 수 없다."는 주장을 통해(안호상 1950, 74) '인민이 누구나, 고르게 먹고 사는 문제'가 무엇보다 시급하다고 하며 '자본주의도 사회주의도 아닌' 국민개로제를 대안으로 제시했다.(안호상 1950, 71-74)

(2) 해방공간 정치이념의 '수렴'

해방공간은 한국정치사에서 좌우를 막론하고 정치이념이 가장 자유롭게 제시되고 논의될 수 있었던 독특한 시기였으나, 그 담론이 정권 담당자도 일반 대중도 아닌 정치–문화 엘리트들 사이에서 집중되었던 시기이기도 했다. 그러나 그들의 이념 논쟁은 각각 대중을 동원하여 그 지지에 의거해 집권하려는 목적을 띠고 있었다. 그런 성격에 따라 민주주의보다 민족주의와 사회경제 개혁 담론이 두드러지고, 유교적 전통사상은 기피되는 동시에 존중되는 이중적 가치 지향성을 표출했다. 이는 '정치 공론장에서의 민본과 민주의 기묘한 동거' 현상으로 나타나면서, 건국 헌법에서도 자유민주적 기본질서를 원칙으로 하되 '시장'보다 '국가 개입'을, '행복추구권'보다 '균산'을 강조하는 성격이 두드러지게 된다.(강정인 외 2009, 136-139) 이는 앞서 제시한 함재봉의 성찰대로, '민본사상과 근대 서구의 사회주의−복지국가론 사이의 친화성'을 드러내는 의미밖에 없는 것으로 귀결되었을지도 모른다. 그러나 이후 정치사의 전개과정에서 좌파와 중도파가 세력을 잃고 '일민주의'를 제창했던 이승만이 주도권을 쥐게 됨에 따라 해방공간에서 표출된 이념적 다양성은 일원적으로 '수렴'된다. 이에 따라 해방공간에서는 아직 현저하지 않았던 '유덕한 최고지도자 일인에 대한 지지와 복종'이라는 지향성이 환기되어, 한국 정치문화는 보다 민본주의적이 되어 간다.

4. 이승만 정권에서의 민본주의와 민주주의

(1) 이승만 정권 정치이념의 민본주의적 성격

보통 · 평등 · 직접 · 비밀선거에 의한 대한민국 정부수립으로 한국 정치사는 시초부터 '슘페터적 민주주의'의 기본틀을 확보할 수 있었다.[5] 그러나 한국전쟁은 남과 북 모두에서 '민족주의를 내세우는 권위주의 정권'이 확립될 배경을 마련했다. 본래 제헌헌법에서 대통령을 국회에서 선출토록 하는 등 내각책임제적 요소를 강조하여 일인 중심

---

5 '슘페터적 민주주의'의 개념에 대해서는 Schumpeter 1975. 이에 근거하여 한국정치사를 풀이한 연구의 예로는 이광일 2004, 81-82.

정치체제의 출현을 억제했으나, 전쟁 발발 후 정부가 피신 중이던 부산에서 '부산정치파동'을 거치며 국민직선제 개헌안을 관철시켰던 것이다. 이후 1954년의 제2차 헌법개정에서 국무총리제 폐지, 중임제 제한 폐지까지 확보한 이승만은 국부(國父)라는 이미지와 반공, 반일의 정치노선을 권력 정당화 자원으로 삼으며 권위주의적 정권을 운영하게 된다.

국가원수로서의 대통령에 행정부 수반으로서 본래 국무총리가 담임했던 권한까지 통합한 '제왕적 대통령' 체제를 구축한 이승만은 일민주의에서 강조해온 대로 정부가 기본적 민생을 해결해야 하며, 해결해 나가고 있다는 점을 들어 정권의 정당화에 이용했다. 가령 '국민 개개인이 각자의 봉급으로 생활을 해결할 수 있어야 한다'는 목표를 제시하고, 수입대체 산업화, 물가 안정, 폭리 단속, 일자리 확대, 교육 기회의 확대 등을 그 대안으로 제시했다.(우남전기 편찬위원회 1957, 254; 257-259; 302) 또한 이승만 정권에서 2인자로 활동한 이기붕은 "권력자보다 대중을 위해 민생정치에 매진해 온 점이 자유당 집권의 정당성"을 담보한다고 하는 한편(우남전기 편찬위원회 1957, 284) "여야가 합심해야 성과를 낼 수 있으며, 정권을 획득하기 위한 정쟁은 최대한 지양해야 민주주의에 부합한다."고 하며 민주주의의 일반적 의미를 왜곡, 정당 활동과 정치 참여를 억제하는 태도를 정당화했다.(우남전기 편찬위원회 1957, 282; 284) 경제정책에 있어서 수입대체 산업화를 제외하면 비교적 자유주의적 입장을 취하고 있다고 하겠으나, 강력한 국가가 민생경제를 책임지며 그를 위해 국가에 확고한 지지를 견지해야 마땅하다는 민본주의적 정치관을 반영하고 있다고 볼 수 있다.

한편 이승만은 청년 개화파 시절부터 남녀차별과 신분차별을 비판해 왔으며, 이는 일민주의를 거쳐 집권 이후의 정견에도 중요하게 반영되었다.(우남전기 편찬위원회 1957, 291) 하지만 노-소간 및 군-신간의 유교 전통적 위계질서관은 존중되고 계승되어야 한다고 주장했다. '민주주의는 백성이 고르게 복리를 누리는 것이다. 그러나 삼강오륜은 유지해야 하며, 윗사람과 아랫사람의 구별이 없어서는 안 된다'는 것이었다.(우남전기 편찬위원회 1957, 261-262) 자유주의와 평등주의의 강령을 선택적으로 수용함으로써, 사회 저변에 침잠해 있는 유교적 가치관에 부응하는 한편, 스스로를 '나라의 큰 어른', '애민적 군주'의 위상에 위치지음으로써 정치적 정당성을 강화하려 했던 것으로 보인다.

(2) '비동시성의 동시성' – 민주주의 제도화와 동시적 우회

그러나 이승만은 냉전체제에서 사회주의 진영과의 대립 최전선에 놓인 국가의 지도자인 이상 미국식 자유민주주의를 표방해야 했으며 (진덕규 1990, 36-50; 전재호 2002, 145), 초기에는 국회로 대표되는 정치인 전반에, 후기에는 야당에 맞서 '국민의 선택으로 권력을 위임받은 민주적 지도자'로서 스스로의 권력을 정당화해야 했다. 국민 다수에게 지지받지 못하면 권력을 내놓아야 하는 '절차적 책임성'을 갖는 민주국가 지도자로서의 역할을 지속적으로 강요받은 것이다. 그는 이에 반공주의와 민본주의적 정치관에 호소하는 '정치적 책임성'에 의존하는 한편 발췌개헌, '사사오입 개헌' 등의 절차상의 편법 및 강제적 수단을 활용한 '민주주의 게임 법칙의 우회'로 권력을 유지 강화하려 했다.[6]

---

6 한배호, 임혁백은 이처럼 선거 민주주의를 유지하면서 경쟁의 공정성이나 시민적 권리의 억압을 통해 스스로에게 유일한 게임을 진행하려 했던 이승만 체제의 성격을 '결손 민주주의' 또는 '준경쟁적 권위주의'로 개념 규정했다.(한배호 1994, pp. 72-73; 임혁백 2014, pp. 381-383)

그러나 결국 이런 '우회,' 노골적인 편법과 강제성의 표출은 대중의 '민주시민의식'을 자극해서 절차적 책임성의 실현을 요구하게 하였으며, 민심이 격앙된 상태에서 4·19 혁명이 발발함으로써 정권은 붕괴했다. 이처럼 이승만이 '슘페터적 민주주의 체제'의 제도를 마련하고, 대중의 지지를 확보하려 여러 방법으로 애쓴 끝에 참여 폭발을 초래, 그 결과 실각함으로써 한국인들은 '민주주의를 학습'하게 되었다. 한국정치문화에 일인 중심적 권위주의가 아니라 민주주의를 '정상'으로 여길 뿐아니라, 하나의 '숭고한 가치'로 여기고 지속적으로 추구하려는 의식이 정립된 것이다.[7]

5. 군사정권[8]에서의 민본주의와 민주주의

(1) 군사정권의 '한국적 민주주의'

4·19의 결과 수립된 민주적 신정권은 토대가 허약했으며, 얼마 못가 군사쿠데타에 의해 전복되었다. 당시 국민에게 군사정권은 경험적

---

7 당시 반정부적 입장에서 발표된 성명서들을 보면, 처음에는 이승만을 직접 비판하지 않고 '기성세대'나 '간신배들' 등을 비판 대상으로 삼다가 4·19 혁명이 유혈사태를 유발하며 진행됨에 따라 '이대통령 하야'까지 요구하게 되었음을 볼 수 있다.("고려대학교 학생회 4·18 시국선언문"; "연세대학교 학생회 4·19 선언문"; "서울대학교 학생회 4월 혁명 제1선언문"; "대학교수단 4·15 시국선언문", 김삼웅(2001), 26-31)

8 '군사정권'의 정의와 한국정치사에서의 그 구체적 시기에 대해서는 입장이 다양할 수 있다. 여기서는 '쿠데타, 불공정 선거 등의 방법으로 군 출신 인사들이 주축이 된 정권이 창출되고 유지된 시기'를 군사정권 시기로 보며, 박정희 정권에서 전두환 정권에 이르는 시기가 이에 해당된다.

으로 익숙하다고도 할 수 있었다. 일제강점이 일종의 군정과 같이 전개되었고, 해방 직후 미군정이 실시되었기 때문이다. 그러나 명분상 고려 무신정권 이래 '민족 주체적'으로 수립된 군사정권은 없었으며 4·19의 기억 또한 새로웠으므로, 박정희 군사정권은 정당성 확보를 위해 상당한 노력을 기울여야만 했다.

그런 노력은 반공주의의 재강조와 함께, 경제제일주의의 천명과 관련 정책 추진으로 실현되었다. 5·16 쿠데타 당시의 『혁명공약』 제1조에 "반공을 국시의 제1조로 삼고, 지금까지 형식적이고 구호에만 그친 반공태세를 재정비 강화한다."라고 하는 한편, 제4조는 "절망과 기아선 상에서 허덕이는 민생고를 시급히 해결하고 국가자주경제 재건에 총력을 경주한다."로 제시되었다. 특히 후자의 경우는 "백성은 먹는 것으로써 하늘을 삼는다고 한다."는 고문을 인용하며 "가난 구제는 나라도 못한다는 옛말도 있듯이 이것은 하루아침에 될 일은 아니다. 그러나 국민의 아들인 군대가 이 문제에 누구보다 관심이 많고 성의가 있을 것은 물론의 사실이다."고 하며(조지훈 1996, 130-131), "5·16 혁명의 본령이 민족 국가의 중흥 창업에 있는 이상 여기에는 정치 혁명, 사회 혁명, 문화 혁명 등 각 분야에 대한 개혁이 포함되어 있지 않았던 것은 아니나, 그중에도 본인은 경제 혁명에 중점을 두었다는 말이다. 먹여 놓고, 살려 놓고서야 정치가 있고, 사회가 보일 것이며, 문화에 대한 여유가 있을 것이기 때문이다."라 하여 민주주의와 민생 경제를 상반되는 것으로 제시하기도 했다.(박정희 1963, 396) 위민의 과제를 위해 군사쿠데타를 결행해야 했다고 스스로를 정당화한 것이다. 그 실천방안은 먼저 '내핍생활, 궁행(躬行)과 사치낭비의 배격', '근로정신 앙양과 생산의욕 증진' 등 소극적이고 국민의식운동 위주의 대책이 앞섰으나 (조지훈 1996, 234-236; ≪매일경제신문사≫ 1977, 146), 경제개발5개년 계획과 공업화, 나아가 수출주도산업화를 통해 국가 주도적인 성장 위주의 경제발전 정책이 자리 잡게 된다.

박정희는 1960년대 초 민주주의 자체를 부정하지는 않았으나 '경제발전이 되지 않는다면 공산화의 위험이 있다'며 경제가 민주주의에 선행한다는 입장을 내세웠다.(대통령비서실 1973, 105; 129-132) 또한 "민주주의를 빙자한 서구의 노라리풍"이 한국경제를 파탄에 이르게 했다며 민주주의와 민생 경제를 상반되는 것으로 제시하기도 했다.(박정희 1963, 394) "열 사람의 정치인보다 한 사람의 과학자가 더욱 소중하고, 백 사람의 정당인보다 한 사람의 기술자가 더욱 애국할 수 있는 때다."(≪매일경제신문사≫ 1977, 147-148), "걸핏하면 무슨 성토대회다, 농성단식이다, 데모다, 무슨 무슨 투쟁이다 하고 소위 현실참여라는 명목하에 거리로 뛰어 나오기를 좋아하는 폐단이 망국의 풍조이다."(≪매일경제신문사≫ 1977, 157)는 등 정상적인 민주주의 정치과정을 평가절하하기도 하였다.

1968년에 박종홍, 안호상 등의 학자들의 초안에 의거해 작성되고 선포된 이래 '유신시대의 복음'처럼 국민 교육과정에서 강요된 〈국민교육헌장〉에 '민주'라는 표현은 단 한 차례 언급되며, 그나마 "반공 민주 정신에 투철한 애국 애족이 우리의 삶의 길이며, 자유세계의 이상을 실현하는 기반이다."라 하여 반공주의의 일환인 듯 제시되었다. 1960년대 초에 이미 '외국의 정치이념이나 제도를 그대로 도입해 활용함은 사대주의이며, 한국에는 한국적 민주주의가 필요하다'는 입장을 피력했던(대통령비서실 1973, 530; 923) 박정희는 1970년대로 접어들 무렵 "민주주의는 창달되어야 하되 이로 인하여 우리 고유의 윤리와 도덕이 파괴되어서는 안 된다."고 밝히며(≪매일경제신문사≫ 1977, 169) "그동안의 교육은 시민으로서 향락생활이나 추구하는 시민교육에만 힘을 써 왔으며, 진실한 의미에서의 우리 전통과 확고한 국가관에 뿌리박은 국민교육에는 미흡했다고 하지 않을 수 없다."는 등(≪매일경제신문사≫ 1977, 180) 전통사상을 재강조한다. 그 재강조 대상인 전통사상은 충, 효로 집약되었고, 그것은 "아랫사람은 윗사람을 믿고 존경하며, 윗사람은 아랫사람을 사랑하고 보살피는 것"으로 풀이되었다.(박정희 1978, 238) 그리하여 "국민에게 어느 정도의 자유를 허용하고 어느 정도의 자유를 제한하느냐는 것은 그 나라 사정에 따라 다르다."(≪매일경제신문사≫ 1977, 193), "서구와는 판이하게 다른 문화권에서 오랫동안 살아온 우리로서는 서구의 정치 풍토나 사조를 그대로 추종하는 대신, 우리의 정치 전통과 문화의 바탕 위에서 자주적으로 미래의 방향을 설계해 나가야 한다."(박정희 1978, 257)며 '한국적 민주주의'의 차원에서 유신 권위주의 체제를 정당화했다.

(2) '민주주의의 정상화' 의식과 요구의 강화

이러한 박정희의 '한국적 민주주의'는 위민에 정치의 목적을 두고, 그러한 정치는 강력하고 '애민적'인 정부(최고지도자)의 지도와 국민 대중의 일치된 지지, 호응에 의해 실현된다는, 민본주의적 정치관에 따라 정리될 수 있다. 위민이 정당이나 국회, 재야세력 등의 '붕당적 당파주의', '불필요한 소란'을 억제해야 할 필요성을 제시한다면 널리 선전된 박정희의 일화들, 가령 서독을 방문해 파견 간호사들 앞에서 눈물을 흘렸다거나, 가뭄 때문에 노심초사하다가 비가 내리자 비를 맞으며 울고 웃었다는 식의 일화, 또한 낡은 양복과 구두를 고집하며 검소하게 생활하고 있다는 일화(이도선 1977, 19; 25) 등은 '애민 군주'의 이미지정치 표상이었다. "안보문제, 경제성장, 사회복지의 과제를 효율적으로 추진할 수 있을 만큼 강력하고, 안정되고, 효율적인 정부를 가지면서도 동시에 국민 전체의 적극적인 지지와 협조를 끌어낼 수가 있을 만큼 공정하고 책임성 있는 그리고 정통적인 정부"를 만들고 유지하는 것이 한국 민주주의라는 한승조의 '우리 민주주의론'은 그러한 민본주의적 정치관을 집약하고 있었다.(한승조 1977, 144)

이런 '한국적 민주주의의 배경 이념으로서의 민본주의적 정치관'은 신군부의 제5공화국에도 계승되어 경제발전과 사회정화가 정권의 정당성 근거가 되었다. 하지만 박정희 시대 이래 민본주의의 온정주의적 속성이 복지 및 재분배 정책으로 이어질 가능성은 유보되었으며, 국가 전체적인 경제성장과 그에 따른 일자리 창출이 우선적인 '위민'의 실현으로 정리되어 갔다.

또한 민주화 투쟁의 기억 및 현존성, 미국 및 국제사회의 압력 등을 배제할 수 없었던 군사정권은 민주주의를 기피할 수 있어도 부정할 수는 없었다. '한국적'이라는 수식어가 붙을망정 민주주의에 대한 학교교육은 꾸준히 이루어졌고, 4·19 혁명의 의의도 부정되지 않았다. 정부의 행정이 추구해야 할 목표로서 '능률성'과 함께 '민주성'이 제시되기도 했다.(유종해 1981, 110-116) 이때의 '민주성'이란 본래 목표로 제시될 수 없는, 당연한 조건이었는데(민주주의 헌정제도가 존립하는 국가에서 행정은 당연히 민주적일 수밖에 없으므로), '행정 업무의 능률성을 증가시키면 민주성이 감소하며, 민주성을 증가시키면 능률성이 감소한다'는 식으로 행정체제의 투입(input) 과정에서 국민 여론을 수렴한다는 의미로서 민주성을 설정했던 것이다. 이는 당시 체제의 비민주적 본질을 나타내는 한편, 정치적 정당성을 높이기 위한 하나의 목표로 민주주의를 유념하고 있었음을 나타내기도 한다.

유신체제로 최소적인 '슘페터적 민주주의'조차 최소화되며 민권이 크게 제한되는 상황에서, 반정부적 재야 및 학생운동권 등에게 '민주주의'는 일제강점기의 '독립'처럼 "타는 목마름으로" 갈구되는 낭만적 이상이 되었으며,[9] 더 이상 '위민'만을 표방하는 정치선전에 납득하지 않으면서 '한국적 민주주의'가 아닌 '정상적인 민주주의'를 요구하는 주장이 확산되기 시작했다.[10] 거시경제 지표가 양호했던 시점에 발생한 1987년의 6월 항쟁은 그러한 의지, 더 이상 '조작된 민본주의적 정치'에 만족하지 못하는 시민적 의지의 발현이었다.[11]

---

9 "민주주의의 확립과 신장은 우리에게 주어진 사명이다. 우리는 민주주의의 실현만이 국민의 연대와 발전을 이룩하는 길이요, 국제사회에서 국가의 위신을 높이고 인류의 진보에 이바지하는 길이며, 갈라진 민족이 다시 평화로운 통일에 이를 수 있는 길임을 확신한다."(민주회복국민회의, "민주국민헌장", 김삼웅 2001, 302-303. 그러나 같은 글에서 "부정과 부패는 민주국민의 공적이요, 민주사회의 독소이다. 자주 · 자립의 국민경제 확립과 그 균형 발전은 민주주의 실현의 토대이다."라고 밝힌 것처럼, '그 자체로서 목표가 되는 민주주의'라는 관념과 기존의 위민적 민본주의 관념은 병존하고 있었다.)

10 "그러면 민주주의란 무엇인가? 그것은 남의 나라에서 실천되고 있는 어떤 특정한 제도를 말하는 것이 아니라 한 사회를 형성한 성원들의 뜻을 따라 최선의 제도를 창안하고 부단히 개선해 나가면서 성원 전체의 정의와 행복을 도모하는 자세요 신념을 말한다. 그러므로 민주주의는 '국민을 위해서'보다는 '국민에게서'가 앞서야 한다. 무엇이 나라와 겨레를 '위해서' 좋으냐는 판단이 '국민에게서' 나와야 한다는 말이다."(윤보선 · 함석헌 · 김대중 · 이우정 외, "3.1민주구국선언", 김삼웅 2001, 313-317)

11 강정인은 이승만에서 군사정권에 이르는 집권세력이 '민족적 민주주의', '한국적 민주주의' 등 민주주의에 특유의 조건을 부가하고 그것을 자신들의 권위주의 통치를 정당화하는 이념으로 제시해 왔기 때문에, 이에 반발하여 재야와 반정부 의식을 가진 대중에게는 '자유민주주의야말로 정상적인 민주주의'라는 인식이 굳어지게 되었다고 분석한다.(강정인 2002, 53) 그것은 곧 자유민주주의나 민주주의 일반이 시민사회와 국민 개개인의 의식에 제대로 착근하지 못하고, '낭만주의'와 '집단주의'의 성격을 띠면서 엘리트 사이의 권력게임에서의 명분과 쟁점 역할에 그쳤다는 최장집의 진단으로 이어진다.(최장집 2006, 87)

6. 민주화 이후의 민본주의와 민주주의

(1) 한국 민주주의 발전의 지체 현상

민주화 이후, 양호한 수준의 경제 환경과 참여 폭발에 의한 절차적 민주주의의 재건은 한국이 서구식 민주주의 체제로 빠르게 이행하리라는 전망을 가능케 했다. 실제로 언론·출판의 자유를 비롯한 '정상적인 민주주의'의 조건이 권위주의 시대에 비하면 현저하게 개선되었고, 노동계를 비롯한 사회 영역의 이해관계 주장–갈등–타협 과정이 표면화되며, 지방자치제의 부활로 지방정치의 차원이 정치과정에 추가됨으로써 상당 수준 다원화가 진척되었다. 그러나 그 정치적 자유화와 다원화의 수준은 실질적으로 "정치와 대중을 연결하는 유일한 매체가 투표로 국한"(이영주 2007, 291)되는 수준을 넘어서지 못하고 있다. 여기에 제도적으로 종래의 일인 중심주의와 이미지정치, 엘리트정치의 가능성이 대부분 유지되고 있을 뿐 아니라(박경미 외 2012, 52-55; 60-64; 96-107; 110-119) 정치이념의 다양성이 제한되는 가운데, 정치과정의 동원 기제가 대부분 지역주의와 정치인 개인의 이미지로 한정되고 있다. 그리하여 현재까지의 정치사를 볼 때, 국민 대다수는 아직도 경제성장 위주의 경제우선주의와 정치지도자 개인의 도덕적 무흠결성을 중시하는 '민본주의적' 정치문화에 침잠해 있으며(그중에서도 경제가 가장 중요하다), 정당정치, 의회정치, 시민사회 운동, 그리고 이념정치와 지방정치에 대한 신뢰 및 관심은 매우 낮은 수준에 머물러 있다.[12] 그러므로 형

---

12 한국 국민의 정치적 성향에 대해 2009년부터 2011년까지 진행된 한 연구에 따르면 2000년대 이후 종전에 비해 정치이념의 차이에 따른 정당 선택 경향이 높아지고 있음

식적 민주화가 이루어진 지 30년이 다 되어 가는 지금도 지역주의와 이미지정치, 그리고 '당쟁' 수준의 '진영 대결 정치'가 한국정치의 특성으로 남으면서 민주주의의 심화가 더디게 이루어지고 있는 실정인 것이다.

(2) 민본주의의 잔영과 민주주의의 부진

이는 1990년대, 그리고 2000년대 초까지도 정치지도자와 정치사상가들 사이에서 '한국적 민주주의'의 의식이 상당한 지속성을 가지고 있었던 사실로써 일부 설명된다. 군사정권 시절부터 활동하면서 한국적 민주주의 또는 엘리트적 민주주의적인 시각에서 민주주의를 이해하고 제시하는 학자들이 기존의 주장을 계속했으며,[13] 1990년대 중후

에도 그때의 '이념 차이'란 '독재 대 민주'와 '변화 대 안정'이 주 관건임이 나타난다. (이갑윤, 이현우 2014, pp. 203-215), 통치권력의 '도덕적 정당성' 문제와 '위민적 목표 달성 여부' 문제가 국민 정치의식에서 중심을 차지하고 있다는 것이다. 또 2014년에 실시된 여론조사에 따르면 약 절반의 국민(55.7%)만이 민주주의의 성숙도에 대해 만족스럽게 여기고 있으며, 사회 보장(47.7%), 사회적 공정성(36.7%)에 대한 만족도는 그보다 낮게 나타나는 등(통일연구원 2014, 79-80), 현대 한국정치에 대한 불만은 대체로 '위민적 목표 달성의 부진'에서 비롯되며 그 결과 '민주주의의 효용에 대한 의심'이 표출되고 있음을 추정하게 한다. 이처럼 '정치적 민주주의의 제한적 달성(허용되는 이념적 다양성이라는 측면에서의 제한이다)'에도 불구하고 '사회경제적 민주주의의 부진'을 면치 못함으로써 민주화 이후 민주주의에 대한 국민의 불만이 대두되고 있다는 분석으로는 최장집(2006); 손호철(2007).

13 가령 한승조는 1970년대에 개념화한 한국적 민주주의 이론을 민주화 이후에도 지속적으로 주장하며, 서구식 민주주의에 적합한 시민 참여나 다원화에 대해 부정적으로 보았다.(한승조 1989), 또 양호민은 민주화를 '정권이 절차적 민주주의 규칙을 위반해 오다가 시정한 것'으로만 이해하였으며 민주화 투쟁과 국민 참여 폭발을 "소란"으로 평가절하했다.(양호민 1988) 이런 시각은 심지어 최근에도 완전히 사라지지 않았다. (김광동 2008)

반에는 '자유민주주의만이 유일한 민주주의 형태는 아니며, 한국은 한국의 사상적 전통에 맞는 민주주의를 정립할 필요가 있다'는 주장을 중심으로 '유교민주주의론'이 유행했다. 1997년의 'IMF 위기'는 동아시아적·전통적 방식에 대한 재고 분위기를 유발함으로써 그러한 유행에 종말을 가져왔으나, 이후 집권한 김대중 정권을 두고 측근의 지위에 있던 한상진은 "김대중 정부의 정치철학은 유교"라고 발언함으로써 찬반 논쟁을 일으켰다.(≪경향신문≫ 김광호 1999. 5. 9.) 김대중 스스로 1994년의 '아시아적 가치 논쟁'에서 동아시아 전통에 민주주의의 맹아가 존재한다고 주장했으며 이는 '박정희식 권위주의'야말로 아시아적 가치라고 본 리콴유의 주장과는 상치되었으나(김대중, 1997, 203-205), 현대적 맥락에서 유교적, 전통적 사상문화를 재조명할 필요성은 긍정한 것이었다.

이후 2000년대 중반을 넘어서면서 민본주의적 정치관에 대한 학계나 대중의 관심은 약화되었다. 그러나 그것이 비단 서구식 자유민주주의와 사회민주주의에 대한 지지자들이 증가하면서 자연스럽게 사조의 변환이 이루어졌다기보다는, 민주화 이후 계속되는 정쟁과 정치권의 부패에 따라, 또한 그동안의 '민주화운동'의 국민 개개인의 시민의식 고조에 따른 자연스러운 결과라기보다 '엘리트 사이의 권력게임'에서 동원된 결과라는 성격을 다분히 띠었음에 따라, 대중의 정치적 관심 자체가 저하된 결과라는, 또한 동아시아적·유교적·전통적 가치관 및 사상에 대해서도 무관심이나 혐오감이 증대된 데 따른 결과라는 분석이 가능하다. 말하자면 서구적 정치사를 거치지 않고 '자동 이식 – 권위주의 정권에 의한 왜곡 – 엘리트 투쟁에 영합한 민주화'의 단계를 밟아옴으로써 문화적·제도적으로 민주주의가 미성숙함을 극복하지 못하고 있다는 점, 민본주의적 정치관은 그 영향력을 크게 상실했으면서도 완전히 청산되지도 않은 상태로 머물러 있다는 점 등이, 현대 한국 정치와 한국 민주주의의 부진의 배경이 되고 있다.

7. 결론

한국정치사에서 민주주의는 시초부터 '자동적으로 이식'된 '숙명'과 같았다. 이후 오랫동안 권위주의 정권들은 이를 기피하고 왜곡했으나, 동시에 부정하지는 못하면서 '한국적 민주주의'라는 틀을 제시하려고 했으며 이 과정에서 민본주의적 정치관은 재조명되고 활용되었다. 해방공간 이래 이처럼 민주주의와 민본주의 담론의 주요 주체가 정권이었다면, 그 반대편에 선 재야, 야당, 학생운동 세력 등은 이념적으로는 '한국적 민주주의'에 반발하여 '정상적인 (자유)민주주의'를 요구하며 투쟁하였다. 그러나 그런 투쟁의 명분과 양태는 다분히 '민본주의적'이었고, 대중은 '위민을 실천하는 정부에 대해 묵종적 지지를 표시해야 한다' '위민의 중요한 조건인 사회보장과 불평등 해소 등이 부진하며, 부정부패나 정치폭력, 군부 중심성, 지역주의 등을 볼 때 지도자의 애민적 수준도 낮으므로 저항이 당연하다'는 민본주의적 의식에 다분히 동원되어 권위주의를 용인하거나 민주화 투쟁에 동참하는 선택을 해왔다.

현대 한국 민주주의의 '부진함'은 '민본주의적 민주주의'의 기억과 전망이 존치됨으로써 나타나는 폐해라고도 볼 수 있다. 그러나 이를 완전히 제거, 극복하여 자유민주주의 체제를 재정비하고, 순전히 서구적인 정치문화를 확립하는 것이 반드시 올바른 대안이라고도 할 수는 없다. 국민을 자유롭고 평등하며 합리적인 의지를 가진 개인으로 상정하는 자유민주주의의 틀에서는 실존하는 다수 서민 대중의 소외가 초래되는 경향이 다분히 있다. 이는 민본주의적 '위민'의 이념상 묵과할 수 없는 것이며, 따라서 민본주의적 정치관이 발전적이고 공동체주의적인 온정주의 정책과 사회문화로 이어지게끔 유도할 수 있다면 오늘날 한국의 정치사회에 유익할 것이다. 이는 교육과 사회운동의 방식으로 기획되고 실천됨은 물론, 일정한 제도개혁, 가령 실질적으로 '위민적' 의제를 정책의 최우선에 두어 국정을 운영해 왔느냐를 놓고, 진실로 '초당적·거국적'인 '중간평가'를 시행하는 방안 등을 통해 실현될 수 있을 것이다.

또한 '애민'의 이념도 직업정치인들의 현실주의적, 마키아벨리즘적 동향을 억제하고 보다 공공성에 부합하도록 행동하게 만드는 데 기여할 수 있을 것이다. 앞서의 '위민적 정치개혁'이 '포퓰리즘'과 혼동되거나 그런 방향으로 수렴해 가지 않도록 제어하는 일에도 정치지도자들과 시민들의 '애민 의식 함양'은 긴요히 활용될 수 있을 것이다.

민주주의가 있어 왔고, 오늘날 '충분할 정도로 있는 듯' 보이지만 민주주의의 효용과 진정성이 끊임없이 의문시되는 현 시점에서, '더 순수한, 더 많은 민주주의'가 오늘날 한국정치의 대안이 될 것인지, 권위주의에게 이용되어 온 민본주의를 재조명하고 '더 진정성 있는 한국적 민주주의'를 수립하는 일이 대안일지, 더 숙고해야만 할 필요가 있다.

참고문헌

『孟子』

『書經』

『說苑』

『荀子』

『呂氏春秋』

『朝鮮王朝實錄』

『淮南子』

강정인 외. 2009. 『한국정치의 이념과 사상』. 서울: 후마니타스.

강정인. 2002. 「서구중심주의에 비쳐진 한국의 민주화, 민주주의의 한국화」, 강정인 외, 『민주주의의 한국적 수용』. 서울: 책세상.

권인호. 2010. 「유교의 민본 정치사상과 국가주의 철학 연구: 퇴계의 '格君心'과 박종홍의 '皇道儒教'적 〈국민교육헌장〉 비판」, 『남명학』. 제15집. pp. 413-452.

금장태. 2002. 『한국현대의 유교문화』. 서울: 서울대학교출판부.

김광동. 2008. 「한국 민주주의의 기원과 혁명, 그리고 성장: 한국 민주주의 발전사의 재구성」, 『제도와 경제』. Vol.2 no.2 통권 3호. pp.69-101.

김광호. 1999/05/09. 〈'유교적 가치' 여전히 유효한가: 아시아 금융위기 이후 대안론·반대론 뜨거운 논란〉, ≪경향신문≫.

김대중. 1997. 「문화는 숙명인가」, 이승환 외, 『아시아적 가치』. 서울: 전통과 현대.

김삼웅. 2001. 『한국 근현대사 100년 자료집: 민족·민주·민중선언』. 파주: 한국학술정보.

김혜수. 1995. 「정부수립 직후 이승만정권의 통치이념 정립과정」, 『이대사원』. 28권 0호. pp. 317-352.

대통령비서실. 1973. 『박정희대통령 연설문집』. 서울: 대통령비서실.

매일경제신문사. 1977. 『박정희대통령의 지도이념과 행동철학』. 서울: 매일 경제신문사.

민주회복국민회의. 2001. 「민주국민헌장」, 김삼웅, 『한국 근현대사 100년 자료집: 민족·민주·민중선언』. 파주: 한국학술정보.

박경미 외. 2012. 『한국의 민주주의: 공고를 넘어 심화로』. 서울: 오름.

박정희. 1963. 『국가와 혁명과 나』. 서울: 향문사.

＿＿＿＿. 1978. 『민족중흥의 길』. 서울: 광명출판사.

백남운. 2007. 『조선민족의 진로·재론』. 파주: 범우사.

손호철. 2007. 「한국 민주주의 20년」, 학술단체협의회·민주화운동기념사업 회 편, 『한국 민주주의의 현실과 도전: 6월항쟁 그 이후』. 서울: 한울.

안병주. 1987. 『유교의 민본사상』. 서울: 성균관대학교 대동문화연구원.

안재홍. 1981. 『민세안재홍선집』. 서울: 지식산업사.

안호상. 1950. 『일민주의의 본바탕』. 서울: 일민주의연구원.

양호민. 1988. 「한국에서의 민주주의의 과거와 현재」, 『동아연구』. 15집. pp. 123-136.

우남전기 편찬위원회(1957), 『우남노선: 리승만박사 투쟁노선』. 서울: 동아출 판사공무국.

유종해. 1981. 『현대행정학』. 서울: 박영사.

윤보선·함석헌·김대중·이우정 외. 2001. 「3.1구국선언」, 김삼웅, 『한국 근 현대사 100년 자료집: 민족·민주·민중선언』. 파주: 한국학술정보.

이갑윤, 이현우 편. 2014. 『한국의 정치균열구조: 지역, 계층, 세대 및 이념』. 서울: 오름.

이광일. 2003. 「자유주의에서 신자유주의로의 전화: '민주주의'의 축소와 '국 가 물신'의 심화」, 『정치비평』. 통권4호.

이도선. 1977. 「영도자론」, 이항녕 외, 『유신의 참뜻: 국민정치사상강좌 교재』. 서울: 한국유신학술원.

이상익. 2004. 『유교전통과 자유민주주의』. 서울: 심산문화.

이석규. 2011. 「16세기 조선의 민본이념과 民의 성장」, 『한국사상사학』. 제39
　　집. pp. 101-139.

이승만. 1948. 「일민주의를 제창하노라」, 『민족공론』. 1948년 11월호. p. 3.

이영주. 2007. 「민주화 이후의 민주주의?: 문화 변동과 민주주의에 대한 소고」,
　　학술단체협의회 · 민주화운동기념사업회 편, 『한국 민주주의의 현실과
　　도전: 6월항쟁 그 이후』. 서울: 한울.

임혁백. 2014. 『비동시성의 동시성: 한국 근대정치의 다중적 시간』. 서울: 고
　　려대학교출판부.

장승구. 2000. 「유교의 민본주의 사상과 그 현대적 의미」, 김형효 외, 『민본주
　　의를 넘어서: 동양의 민본사상과 새로운 공동체 모색』. 서울: 청계출
　　판사.

전재호. 2002. 「자유민주주의와 민주화운동: 제1공화국에서 제5공화국까지」,
　　강정인 외, 『민주주의의 한국적 수용』. 서울: 책세상.

조소앙. 1997. 『대한민국 건국강령』. 김삼웅 편저, 『사료로 보는 20세기 한국
　　사』. 서울: 가람기획.

조준환. 1988. 「남명의 정치사상」, 『남명학』. 제1권 0호. pp. 1-17.

조지훈. 1996. 「나라를 다시 세우는 길 – 재건국민운동요강」, 조지훈, 『지조론』.
　　서울: 나남.

진덕규. 1990. 「이승만시대 권력구조의 이해」, 진덕규 외, 『1950년대의 인식』.
　　파주: 한길사.

최병철. 1991. 「민본사상」, 한국정신문화연구원 편, 『한국민족문화대백과사전』
　　(8). 성남: 한국정신문화연구원.

최완규. 1988. 「권위주의체제 성립의 정치경제학적 분석: 〈유신〉체제의 경우」,
　　『한국과 국제정치』. 제7권 제3호. pp. 1-31.

최장집. 2006. 「제도적 실천으로서의 민주주의」, 『기억과전망』. 제15호.

최진덕. 2000. 「유학의 민본사상, 그 이상과 현실」, 김형효 외, 『민본주의를
　　넘어서: 동양의 민본사상과 새로운 공동체 모색』. 서울: 청계출판사.

한배호. 1994. 『한국정치변동론』. 서울: 법문사.

한승조. 1977. 「우리 민주주의론」, 이항녕 외, 『유신의 참뜻: 국민정치사상강
　　　좌 교재』. 서울: 한국유신학술원.

＿＿＿. 1989. 『한국의 정치사상: 과거 · 현재 · 미래』. 서울: 일념.

함재봉. 1998. 『탈근대와 유교: 한국 정치담론의 모색』. 서울: 나남

＿＿＿. 2000. 『유교 자본주의 민주주의』. 서울: 전통과현대.

蕭公權. 1988. 최명 역, 『중국정치사상사』. 서울: 법문사

溝口雄三. 2007. 김용천 역, 『중국 전근대 사상의 굴절과 전개』. 서울: 동과서

Angle, Stephen C.. 2002. *Human Rights and Chinese Thought: A Cross-cultural
　　　Inquiry*, Cambridge: Cambridge University Press.

Fukuyama, Francis. 2011. *The Origins of Political Order: From Prehuman Times
　　　to the French Revolution*. New York: Farrar, Strauss and Giroux.

Schumpeter, Joseph. 1975. *Capitalism, Socialism and Democracy*, New York:
　　　Harper & Row.

Shapiro, Ian. 2003. *The Moral Foundations of Politics*, New Haven: Yale
　　　University Press.

2장

민주주의에 대한 민본적 비판과 변용

— 유학 정치사상에서 '민본' 관념의 변화를 중심으로

● 이현선 | 서울대학교 ────

1. 들어가는 말

오늘날 민주주의는 거의 모든 국가의 보편적인 정치이념으로 자리 잡고 있지만, 개별 국가 차원에서 시행되는 민주주의는 국가의 수만큼 이나 다양한 양상을 보인다. 이는 민주주의가 이념적으로는 서구에서 근원한 것일 지라도, 현실적으로는 각 국가의 독특한 정치적 상황 및 역사·문화와 긴밀한 연관 속에서 시행되고 있음을 의미한다. 오늘날 한국 민주주의의 정립은 표면적으로 서구에서 시행되는 민주주의 정치 형식 및 절차를 수용함으로써 이루어진 것이다. 그러나 내용상에 있어 서는 한국 민주주의 역시 고유의 정치적 상황 및 역사·문화의 영향이 짙게 배어 있다. 그러한 한국 민주주의의 독자적 양상은 주로 유학적 정치 관념의 영향이라고 할 수 있다. 따라서 한국 민주주의 정착 과정 은 결코 서구 민주주의의 일방적 전파와 이식으로만 설명될 수 없고, 민주주의를 수용할 수 있는 내재적 정치 문화와 역량으로서 '유학적 전통'을 결코 간과할 수 없다. 특히 이 유학적 정치 전통에서 이른바 '민본주의'로 요약되는 정치사상이야 말로 오늘날 민주주의 이념과 연결고리가 되는 것이다.

하지만 민본주의와 민주주의는 그 발원한 정치적 맥락의 차이만큼 내용에 있어서도 상이하다. 무엇보다 민본주의는 '민'을 애당초 정치의 주체로서 용인하지 않는다는 점에서 민주주의와 질적으로 구분되는 듯하다.[1] 그렇다면 유학 정치사상으로서 민본주의가 오늘날 한국 민주주의를 추동해 온 내적 역량으로 평가할 수 있는 근거는 무엇일까? 그것은 단지 '백성이 정치의 근본'이라는 추상적인 구호로서 '민본' 사상이 아니라, 유학 정치 철학에 내포된 그 실제 함의를 추적하고, 이를 다시 오늘날 우리의 민주주의에 투사하여 반성적으로 고찰했을 때 유의미한 연관성을 발견할 수 있을 것이다. 이 점에서 필자는 먼저 '민본' 개념이 유학의 사상사적 맥락 속에서 어떠한 정치적 의미를 가지는가에 대한 통시적인 고찰을 통해, 이 개념의 의미 맥락을 추적하고 이를 유형화하면서 그 변용의 과정을 살펴보아야 한다고 생각한다. 그리고 이에 기반해서 '민본' 사상이 오늘날 우리의 민주주의와 가지는 연관 관계를 고찰하고 그 유의미성을 타진하도록 할 것이다.

---

1 오늘날 '민주주의'에 있어서도 '민(people)'이 실제 정치의 주체로 인정되는가는 논란의 여지가 있다. 다시 말해 현대 민주주의 체제에서 '민'이 과연 치자로서 주체적 지위를 가지는가는 회의적이다. 이는 오늘날 '민주주의'에서 '민'을 어떠한 범주로 파악할 것인가의 문제이기도 하다.

2. '민본'개념의 연원: 『서경(書經)』의 '민(民)-천(天)- 군(君)'의 구도

동양 전통에서 '민본(民本)'에 대한 관념은 『서경』의 "민(民)은 가까이 할지언정 얕잡아봐서는 안 된다. 민은 나라의 근본이니 근본이 튼튼해야 나라가 편안하다."[2]는 언급에 연원을 두고 있다. 이 언급의 전후 맥락을 살펴보면, 하(夏)나라 3대 왕인 태강(太康)이 편안함과 즐거움에 빠져 국정을 제대로 돌보지 않아 민심을 잃자, 유궁씨(有窮氏)의 제후인 예(羿)가 백성들이 견디지 못함을 내세우며 그가 돌아오지 못하게 막았다. 그래서 그의 다섯 동생이 모친과 함께 조부인 우(禹) 임금의 훈계를 노래로 지어 불렀는데, 이 문장은 그 첫 번째 훈계의 내용으로 등장한다. 이러한 맥락을 살펴볼 때, "민이 나라의 근본"이라는 언급은 군주의 방일한 국정 운영 태도를 비판하면서 민(民)의 움직임을 항상 예의주시하며 경계해야 한다는 것이다. 이 차원에서 '민본'은 피치자로서 '민'의 적극적인 정치적 역할에 주목한 것이라기보다는 군주의 자기 성찰적 의의가 강하다고 할 수 있다. 그것은 '민'이 어떤 구체적인 특정한 정치적 실재를 가리키기보다는 다분히 추상적 성격의 개념으로 제시되고 있기 때문이다. 이러한 추상적 '민' 개념은 『서경』에서 '민(民)'은 욕망을 추종하는 존재 일반을 지시한다. 여기에는 이중적인 맥락이 있다. 첫째로 '민'은 무질서하게 자신의 욕망을 추종하는 존재이다. 그리고 바로 이 때문에 '군주(主)'의 존재, 즉 민의 욕망을 조정하고 질서를 부여하는 존재가 요청된다. 이 점에서 백성(民)과 군주(主 또는 后)는 상호 보완적인 관계를 가진다는 것이다. 이는 『서경』의 「상서(尙書)」에

---

2 『書經』「夏書 · 五子之歌」 "民可近, 不可下. 民維邦本, 本固邦寧."

서 탕(湯)의 통치를 정당화하는 맥락 속에서 자주 등장한다.

"아! 하늘이 낸 백성(民)은 욕망이 있으니, 군주가 없으면 혼란하게
된다."[3] 〈중훼지고(仲虺之告)〉, "백성은 군주가 아니면 서로 바르게 하
면서 살 수가 없고, 군주는 민이 아니면 사방에서 군주노릇을 할 수
없다."[4] 〈태갑(太甲)〉

하(夏)나라를 개창한 우(禹)임금의 훈계에서 짐작할 수 있는 '민(民)'이
군주의 전횡을 제어하는 불특정의 추상적 존재를 가리킨다면, 「상서(商
書)」에서 '민(民)'은 무질서한 욕망의 추종을 일삼는 존재로서 도리어
군주의 통치를 정당화시키는 피치자의 모습으로 등장한다. 이러한 민
(民) 개념은 「주서(周書)」에서 또 다른 전변을 거치는데, 그것은 민(民)을
'천(天)'과 적극적으로 결부시키는 다음의 문장 속에서 확인할 수 있다.

"하늘이 백성을 긍휼히 여겨 백성의 욕망을 하늘이 반드시 따른다."[5]
"하늘이 보는 것은 우리 백성을 통해서 보며, 하늘이 듣는 것은 우
리 백성을 통해서 듣는다."[6]

「주서(周書)」에서 확인되는 이러한 관념은 민(民)이 군주를 제외한
비통치 계층 일반을 가리키는 개념이 아니며, 또한 무질서한 욕망을
추종하는 통치 대상으로서 피통치 계층의 함의를 넘어서 정치의 보편

---

3 『書經』「商書 · 仲虺之告」 "惟天生民, 有欲無主乃亂."
4 『書經』「商書 · 太甲」 "民非后, 罔克胥匡以生, 后非民, 罔以辟四方."
5 『書經』「周書 · 泰誓 上」 "天矜于民, 民之所欲, 天必從之."
6 『書經』「周書 · 泰誓 中」 "天視自我民視, 天聽自我民聽."

적 방향과 흐름을 결정하는 이념적 차원에서 제시된다. 말하자면, 「상서(商書)」에서 민의 '욕망'이 사회적 혼란을 야기할 수 있는 개별적 이익 추구의 욕망이라면, 「주서(周書)」에서 무왕(武王)의 언술로 제시된 민의 욕망은 주(紂)의 폭정에 항거하는 대중의 정치적 요구로 읽을 수 있다. 이 대중의 정치적 요구가 곧 '천'으로 표상되는 초월적 정치 권위와 동치되면서 이념적·보편적 정당성을 확보한다. 그럼으로써 민의 요구는 곧 하늘의 요구가 되며 통치자는 이에 순응할 의무를 가지게 된다. 이것이 이른바 '천명(天命)'이다. 「주서(周書)」는 민(民)의 요구를 더 이상 피통치자의 이익 다툼의 욕망 차원을 넘어 보편화된 정치적 명령으로 정립함으로써, 통치자의 역할을 이 민의(民意)로서 '천명(天命)'에 순응하는 것으로 제시한다.

> "하늘이 백성을 사랑하시니 군주는 하늘의 뜻을 받들어야 한다. 우(夏)의 걸(桀)이 능히 하늘에 순응하지 못해 하(下國)에 해로운 독을 퍼뜨리자, 하늘이 마침내 성탕(成湯)을 도와 명(命)하여 하(夏)나라의 명(命)을 내치셨다."[7]

'천'이 의지적 존재인가의 여부와 관계없이, 이러한 「주서(周書)」의 관점은 천(天)을 정치의 영역에 끌어들임으로써 군주가 민(民)과 천(天) 사이를 매개하는 존재로 자리매김했다는 의의를 가진다. 말하자면, 군주는 민의 요구를 실현시키는 동시에 하늘의 명령을 시행하는 매개자로 등장한다. 군주는 일방적으로 민의 요구에 휘둘리는 존재이

---

7 『書經』「周書·泰誓 中」 "惟天惠民, 惟辟奉天, 有夏桀不克若天, 流毒下國, 天乃佑命成湯, 降黜夏命."

거나, 또는 초월적인 신적 존재의 의지를 실현시키는 존재가 아니라 이 둘을 조정하고 매개하는 역할을 담당한 존재가 된다. 이러한 관념은 하–상대(夏–商代)의 추상적인 피통치자로 한정된 '민' 개념이 정치적 요구를 표출함으로써 군주의 정치 행위를 추동하는 상징적인 개념으로 등장한다는 점에서 진일보한 면모를 지닌다고 할 수 있다.

그러나 한편으로 민(民)과 천(天)의 매개 주체는 여전히 군주에 한정되어 있다는 점, 즉 민(民)의 요구를 천(天)의 명령으로 수용하여 정치활동에 반영할 지의 여부는 전적으로 군주에게 달려있다는 점에서 '민의(民意)'와 '천명(天命)'의 동치는 군주의 정치적 정당성 확보를 위한 방편적 기제에 불과할 수 있다. 다시 말해, 민(民)과 천(天)은 군주의 통치 행위를 정당화하기 위한 방편으로서 활용되는 개념이기도 했다. 주대(周代)에 본격적으로 확립된 종법제와 봉건제는 그 대표적인 예이다. 이 혈연 중심의 국가 체제는 '천명(天命)'의 실현이자 민(民)의 실정(實情)을 반영한 것으로 추앙된다. 그리고 이로부터 '민(民本)'의 정치는 천(天)의 자연성과 민(民)의 일상 윤리 간의 일치로 표상된다. 그것은 혈연적 가족 관계에서 요구되는 덕목을 국가 운용의 원리로 확장시키는 결과로 이어진다.

『서경』의 「상서(尙書)」와 「주서(周書)」에 나타난 '민' 관념의 차이는 '민'을 개별적 이익 추구의 욕망 존재로서 부정적으로 보느냐, '천명'이라는 보편적인 정치적 요구의 의탁자로서 긍정적으로 보느냐는 차이를 가진다. 전자의 경우는 민을 통치의 대상으로서, 후자의 경우는 통치의 근거 또는 명분 제공자로서 의미를 가진다.

이는 '민' 개념이 이중적 의미로 파악되기 때문이다. '민'은 사회 구성의 개별 존재 차원에서 현실적으로 생존을 위한 욕망과 이를 위한 사적 이익 추구에 매몰된 존재이다. 그러나 이러한 '민'의 욕망이 집단적이고 보편적 성격을 가짐으로써 일관된 정치적 요구로 등장할 때, 그것은 군주도 거역할 수 없는 '천'의 권위를 담지한 것이 된다. 이러한 중층적 의미가 「상서」와 「주서」의 진술상 차이를 가져온 것이다. 그럼에도 「상서」와 「주서」에서 '민'이 '군주'의 존재 필요성과 그에 의한 통치 행위의 정당성 확보에 활용되는 개념이라는 점은 일치한다. 다시 말해, 『서경』에서 '민'은 어디까지나 '군(君)'에 의존적인 존재이며, 통치자의 정치적 바탕 이상의 의미를 가지지 않는다. 이 단계에서 '민본' 개념은 역시 '민'의 자발적·주체적 정치 역량의 발휘는 물론이고 그러한 기회의 제공과도 무관해 보인다.

3. 공자의 '군자(君子)'와 민본 정치

종법제로 대표되는 주(周)의 혈연 중심의 통치는 '효제(孝弟)'의 가족 윤리를 근간으로 삼아, 이를 민(民)과 천(天)의 매개 고리로 삼는다. 효제(孝弟)는 가족을 기본 단위로 하는 인간 사회의 자연스러운 도덕적 요구로서, '천'의 자연성이 '민(民)'의 일상 윤리의 차원에서 나타난 대표적인 예시로 인정된다.

말하자면, '효제'의 윤리는 천(天)이 인간에게 부여한 명령이며, 민(民)이 사회관계 속에서 개별적으로 이루고자 하는 요구로 간주된다. 주(周)의 체제가 이 덕목을 특히 강조하는 것은 종법제와 봉건제의 유지와 연관 속에서 쉽게 예상할 수 있다. '효'와 '제'라는 덕목이 신분의 부자상속과 혈연 집단 간의 유대 관계가 국가 통치에 관건적 요인이 되었기 때문이다. 이 때문에 주대의 통치 계층에게 '효제(孝弟)'는 단순히 가족 윤리의 차원을 넘어 국가 통치를 위해 요구되는 덕목으로 등

장한다. 이는 국가적 통치 행위조차 가족 윤리의 변용에 다름 아니라는 유가적 관념으로 이어진다.[8]

그러나 B.C. 9세기 이후 '춘추시대'의 개막은 주(周)의 혈연 중심의 통치체제가 한계를 드러내며, 각 제후국들이 저마다 국가 이익에 몰두하는 상황을 연출한다. 제후들 간의 국가 이익을 둘러싼 경쟁의 심화는 종법제와 봉건제가 사실상 붕괴로 이어지며, 그것은 곧 '효제(孝弟)'의 윤리가 더 이상 국가의 통치 원리로 작동하지 않게 되었음을 의미한다. 이에 따라 군주는 기존의 전통적인 천(天)과 민(民)의 매개자로서 위상을 잃게 된다. 국가 이익을 앞세우는 제후들의 정치 행위는 기존의 '천명'과 '민의'를 대표한 '효제'의 윤리와 충돌한다.

공자는 이와 같은 춘추시대의 정치적 변화를 '천하무도(天下無道)'의 상황으로 진단하면서, 정치가 여전히 효제의 가족 윤리에 근거해야 한다는 보수성을 보여준다. 그는 '어째서 정치에 참여하지 않는가?'라는 질문에 "『서경(書經)』에 이르기를 효도하고 또 효도하며 형제에게 우애하여 이를 정사에 베푼다고 했으니, 이것 또한 정치인데 왜 일부러 정치를 하겠는가?"라고 답한다.[9] 이러한 관점은 효제에 근거한 도덕성이 정치의 근본이며, 이러할 때 민(民)을 이끌 수 있는 통치 계층의 정당성을 확보할 수 있다는 주(周)의 전통적인 정치 문법을 반복한 것이다. 그의 '정명론(正名論)'은 일차적으로 이러한 도덕성에 기반한 전통적 관계의 회복을 요구한다. 이는 군주가 '천'과 '민'의 요구가 변하지 않았음에도 국가 간 이익 경쟁 상황에 매몰되어, 매개자로서 자신의 본래 지

---

8 『大學』9, 所謂治國必先齊其家者, 其家不可教而能教人者, 無之. 故君子不出家而成教於國: 孝者, 所以事君也; 弟者, 所以事長也; 慈者, 所以使衆也.

9 『論語』 2:21 或謂孔子曰: "子奚不爲政?" 子曰: "書云: '孝乎惟孝 · 友于兄弟, 施於有政.' 是亦爲政, 奚其爲爲政?"

위를 상실하였다는 인식을 바탕에 둔 것이다. 이러한 공자의 인식은 군주의 지위에 대한 근본적인 문제 제기와 도덕성을 바탕으로 한 정치 질서의 재구축을 의도한다는 점에서 개혁적 면모를 드러낸다.

공자에게서 '효제(孝弟)'의 윤리는 인간 사회를 유지하는 근본으로서 '인(仁)'이라는 도덕성의 총체로 재정립되며, 이른바 '군자(君子)'는 이 근본에 복무하는 존재[10]로 묘사된다. 『논어』에서 '군자'는 군주 일반만을 지칭하지 않는 다중적인 의미 맥락을 가지는데, 이는 공자가 '효제' 또는 '인'과 같은 도덕의 담당자를 '군주'에 한정 짓지 않고 있기 때문이다. 예컨대 공자의 제자인 증자(曾子)는 '사(士)'계층이 인(仁)이라는 도덕의 임무를 담당하고 있다고 본다.[11]

『논어』의 내용에서 '군자'는 '천'과 '민'의 매개자로 등장한다. 공자가 직접적으로 '군자'와 '사(士)'를 동일시했는가는 확정지을 수 없지만, 그는 주(周)의 통치 체계에서 '군주'가 가진 위상을 '군자' 개념에 포함시키고 있다. 공자는 '군자'를 천명을 알고 두려워하는 존재[12]이면서, 이를 바탕으로 백성(民/小人)의 자발적인 복종을 이끌어내어 도덕적인 통치를 가능케 하는 존재로 설명한다. 기존의 '군주'에 귀속되어 온 이러한 매개자적 위상을 '군자' 개념으로 포괄한 공자의 관점은 한편으로 현실 권력자인 군주로 하여금 도덕 정치 구현을 통한 통치의 정당성 확보를 강하게 요구하는 것이다. 그것은 '효제'에 기반한 주(周)의 통치 질서[周禮]의 회복을 견인하고자 하는 보수적 성격을 지닌다. 그러나

---

10 『論語』 1:2 君子務本, 本立而道生. 孝弟也者, 其爲仁之本與!

11 『論語』 8:7 曾子曰: "士不可以不弘毅, 任重而道遠. 仁以爲己任, 不亦重乎? 死而後已, 不亦遠乎?"

12 『論語』 16:8 孔子曰: "君子有三畏: 畏天命, 畏大人, 畏聖人之言. 小人不知天命而不畏也, 狎大人, 侮聖人之言."/20:3 子曰: "不知命, 無以爲君子也."

다른 한편, '천'과 '민'의 매개자로서 '군자'를 현실 권력자에 한정시키지 않은 것은 도덕성과 실무 능력을 겸비한 새로운 통치 계층[士]의 등장 가능성을 열어 둔 것이기도 하다. 즉, 통치의 정당성은 '천'과 '민'을 매개하는 일상 윤리의 실천에서 출발하는 만큼, 이를 국가적인 차원에서까지 실현할 수 있는 도덕성을 갖춘 지식인 계층이라면 통치에 참여할 수 있다는 개혁적 관점을 피력한 것이다.

공자의 '군자'개념은 결과적으로 춘추시대 현실 군주의 권력을 제한하는 비판적 의의를 가진다. 보수적 차원에서 '군자'는 현실 군주의 맹목적 이익 추구를 제약하면서 도덕성 회복을 요구할 모범을 의미하며, 또 개혁적 차원에서 그것은 군주가 도덕성을 무기로 통치 영역에 도전하는 새로운 정치 주체를 의미하기 때문이다. 공자로부터 제기된 '군자'의 모델은 군주권의 견제와 함께 권력에서 소외된 지식인 계층[士]의 정치 참여를 이끌어내는 중요한 개념적 수단이 된다. 그리고 이로 인해 '군자'를 모범으로 삼는 유가적 지식인 계층이 군주의 도덕성 제고를 요구하면서 '민(民)'의 정치적 요구를 매개하는 통치 주체로 성장하는 데 결정적 기여를 한다. 이 점은 맹자를 거쳐 이후 '사(士)'계층, 곧 유학적 지식인이 통치 전면에 등장하는 계기가 된다.

공자에게 있어 '군자'의 등장은 통치 권력의 견제와 정치 참여 주체의 확장을 가져왔다는 점에서 의의를 가진다. 이는 상대적으로 아래로부터의 정치적 요구가 통치에 반영될 공산이 커졌다는 것을 의미한다. 그러나 이것만으로 민의가 정치에 반영되는 구조를 담보하는 것은 아니다. 그에게서 '군자'가 실천해야 할 도덕은 곧 천명(天命)으로 제시된 것이며, '민(民)'의 정치적 요구는 이 '천명'에 포괄되는 한에서 유효하기 때문이다. 효제의 윤리로 대표되는 유학의 가족 윤리는 자체로 하늘의 명령이면서 동시에 백성의 정치적 요구라는 것이다. 이러한 관점은 사회 전체를 하나의 거대한 가족공동체로 사유한 주(周)의 이념을 답습한 것이다. 그러나 이러한 통치 계급의 도덕 실천을 '민'의 요구와 곧바로 일치시킬 수 있는가는 의문이다.

『서경』에서 '민'을 무질서한 욕망의 존재로 보거나 군주의 통치 행위를 정당화할 바탕으로서 의의를 가지는 것과 비교하면, 민의 신뢰를 정치의 요체로 본 공자의 관점은 확실히 '민본'의 이상에 한걸음 다가간 것이라고 평가할 수 있다. 그러나 공자는 정치에 대한 '민'의 신뢰 여부를 통치 계층의 도덕성 실현 여부에 따르는 것으로 보면서, 그 수동적 통치 대상으로 한정하고 있다. 공자는 계강자(季康子)의 정치에 대한 물음에 답하는 과정에서 "그대가 선(善)을 하고자 하면 백성이 선하게 될 것이다. 군자의 덕은 바람이고, 소인의 덕은 풀과 같다. 풀 위에 바람이 불면, 풀은 반드시 눕는다."[13]고 답한다. 이러한 관점은 '민'을 여전히 정치에 있어 수동적인 통치 대상의 차원에서 보고 있음을 나타낸다.

요약하자면, 『서경』에서 나타난 천과 민의 매개자로서 '군주'의 지위는 공자에 이르러 '군자'라는 보다 포괄적인 정치 주체 개념이 대체한다. 군자는 천명에 대한 인식을 가지고 백성의 신뢰를 기반으로 도덕성을 실현하는 정치 주체로 등장한다. 그러나 여기에서 '천명의 실현'이나 '백성의 신뢰'는 군자의 도덕 실천에 전적으로 의존한다. 이 점은 공자의 정치사상이 '천'과 '민' 개념에 유가적 도덕 이상을 투사하여 군자에 의한 통치를 정당화시키는 논리임을 나타낸다.

여기서 문제시되는 것은 과연 '민'의 정치적 요구가 통치 계층의 도

---

13 『論語』 12:19 季康子問政於孔子曰: "如殺無道, 以就有道, 何如?" 孔子對曰: "子爲政, 焉用殺? 子欲善, 而民善矣. 君子之德風, 小人之德草. 草上之風, 必偃." 이 밖에 2:3, 2:19, 12:19, 13:3, 14:41의 내용을 참조.

덕 실천만으로 충족될 수 있는가라는 것이다. 오히려 통치 계층을 향한 민의 주된 요구는 자신들의 생존과 이익이라는 현실적 요구가 아니었을까? 확실히 공자는 군자의 통치에 있어 백성들에게 주는 도덕적 신뢰감을 그들의 경제적 문제 해결보다 우선시하고 있다는 인상을 준다. 그는 정치에서 민의 신뢰가 식량 문제보다 근본적이라고 본다.[14]

공자는 군자의 도덕 실천이 '민'의 신뢰를 이끌어냄으로써 통치의 정당성을 확보할 수 있다고 설명한다. 그는 정치가 '식량을 풍족하게 하고〔足食〕, 군대를 충분히 갖추며〔足兵〕, 백성의 신뢰를 얻는 것〔民信〕'으로 설명하면서, 이 가운데 백성의 신뢰가 정치를 확립하는 데 가장 중요하다는 인식을 드러낸다.[15] 말하자면 정치는 '민'의 신뢰에 기반하는가 여부에서 그 성패가 판가름된다는 것이다.

다른 한편, 『논어』에서 공자는 이익〔利〕과 관련된 문제는 군자가 아닌 소인에 귀속된 것으로 보며, 이에 대해 거의 말하지 않았다고 알려진다.[16] 이는 공자가 정치를 통한 백성의 이익 실현을 도외시했다는 것을 의미하지는 않는다.[17] 하지만 그는 정치가 이익에 의거해서 이루어질 때, '민'의 신뢰나 복종을 이끌어내기보다는 도리어 원망을 얻기 쉽다고 보고 이를 경계하고 있다.[18] 통치 계층의 도덕성은 '민'의 정치적

---

14 『論語』 12:7 子貢問政. 子曰: "足食. 足兵. 民信之矣." 子貢曰: "必不得已而去, 於斯三者何先?" 曰: "去兵." 子貢曰: "必不得已而去, 於斯二者何先?" 曰: "去食. 自古皆有死, 民無信不立."

15 『論語』 12:7 子貢問政. 子曰: "足食. 足兵. 民信之矣." 子貢曰: "必不得已而去, 於斯三者何先?" 曰: "去兵." 子貢曰: "必不得已而去, 於斯二者何先?" 曰: "去食. 自古皆有死, 民無信不立."

16 『論語』 4:16 子曰: "君子喩於義, 小人喩於利." /9:1 子罕言利與命與仁.

17 『論語』 20:2 子張曰: "何謂惠而不費?" 子曰: "因民之所利而利之, 斯不亦惠而不費乎?

18 『論語』 4:12 子曰: "放於利而行, 多怨."

요구의 가운데 주요한 부분이라는 점은 분명하다. 하지만 이는 개개의 '민'이 가진 현실적 요구라기보다는 집단화된 보편적 차원의 요구에 가깝다. 이 점에서 공자가 주창한 '군자'의 정치는 민의 현실적 요구에 부응하는 정치라기보다는 추상화되고 이념화된 민의 요구에 근거한 것이라 평가할 수 있다. 따라서 만약 공자가 주창한 '군자'의 통치를 '민본(民本)'의 관점에서 조망할 수 있다면, 그것은 민의 이념적·도덕적 요구에 근거를 둔다는 의미에서 일 뿐, 민의 현실적·경제적 요구의 실현과는 다소간 거리를 둔 것이다.

공자의 군자 통치론과 대비해서, 묵가의 정치사상은 오롯이 민(民)의 현실적인 경제적 이익에 주목한다. '겸상애(兼相愛), 교상리(交相利)'로 제시되는 묵가의 이념은 이러한 민의 현실적 이익의 최대화를 목표로 삼은 것이다. 그리고 이 최대 이익 실현의 목표는 곧 '천'의 의지〔天志〕로 표상된다. 묵가에게 있어서도 '민'과 '천'은 동일한 정치적 지향을 가진 존재로 제시된다. 그리고 『서경』의 전통적 관점과 마찬가지로, '천자(天子 또는 賢者)'는 '민'의 요구로서 '천지(天志)'를 실현시키는 인격화된 절대적 권위로 등장한다. 이러한 묵가의 관점은 실현 가능성 여부와 별개로, 민의 현실적 이익에 근거한 통치 구도를 제시했다는 점에서 공자의 정치사상에서 미흡한 점을 파고든 것으로 평가할 수 있고, 이는 맹자의 정치사상 형성에 큰 영향을 미친 것으로 보여 진다.

4. 맹자의 '정도(王道)'와 '정전법(井田法)'의 민본적 의의

이른바 '왕도정치'로 요약되는 맹자의 정치사상은 공자의 덕치(德治) 이념을 계승함으로써 도덕에 근거한 통치의 정당성을 강조하고, 제후국들 간의 이익 경쟁에 대한 강한 비판 의식을 드러낸다. 이와 함께 맹자는 묵가에서 제시한 '민'의 현실적 요구를 덕치 실현의 근간이라고 보고, 이에 대한 적극적인 사유를 보여줌으로써 '민본(民本)'에 입각한 도덕 정치의 가능성을 제시하고 있다. 이는 맹자의 왕도정치가 군주에게 도덕에 입각한 정치를 요구하는 한편, 그러한 도덕 정치가 '민'의 현실적 이익을 실현시키는 데에서 출발한다는 점에서 발견된다.

주지하는 바와 같이, 맹자는 왕도 정치를 '인(仁)'에 근거한 정치[仁政]로 규정한다. 그것은 '불인인지심(不忍人之心)'으로 표상되는 인간의 내적 도덕성에 바탕을 둔 정치이다. 이러한 덕치의 요구는 공자의 '천명'에 의거한 군자의 통치와 일맥상통한 것이라 할 수 있다. 그러나 다른 한편, 맹자의 왕도정치는 통치자에게 요구되는 도덕성이 민(民)의 현실적 요구에 부응하는 것이라고 주장한다. 그는 왕도정치에 대한 제선왕의 물음에 대해, '백성을 보살피는 것[保民]'을 핵심적인 조건으로 제시한다.[19] 그의 '불인인지심(不忍人之心)'이나 '측은지심(惻隱之心)'의 논의는 정치 철학의 맥락에서는 '보민(保民)'을 실현할 수 있는 통치자의 도덕 능력으로 제시된 것이다. 맹자는 이 '보민(保民)'의 내용을 백성의 현실적인 경제적 안정에 초점을 맞추고 있다. 그는 등문공(滕文公)의 정치에 대한 물음에 답하면서, 민사(民事)[20]를 우선시할 것을 강조하고 백성의 일정한 생산 소득이 바탕이 되어야 도덕에 근거한 인정(仁政)이 실현될 수 있음을 역설한다.[21] '보민'을 백성의 안정적인 경제

---

19 『孟子』 1:7 "德何如, 則可以王矣?" 曰: "保民而王, 莫之能禦也."
20 주희는 이를 농사일로 해석한다. 아래 『孟子』 5:3 참조.
21 『孟子』 5:3 滕文公問爲國. 孟子曰: 民事不可緩也. 詩云: '晝爾于茅, 宵爾索綯; 亟其乘屋, 其始播百穀.' 民之爲道也, 有恆産者有恆心, 無恆産者無恆心. 苟無恆心, 放辟邪侈, 無不爲已. 及陷乎罪, 然後從而刑之, 是罔民也. 焉有仁人在位, 罔民而可爲也?

소득의 확보의 차원에서 본 맹자의 관점은 이를 구체적으로 실현할 수 있는 제도적 장치를 고안하는 데로 이어진다. 그것은 바로 정전법(井田法)의 시행이다.

간략하게 정전법을 요약하자면, 8가구를 단위로 '정(井)' 형태로 토지를 구획한 후, 하나의 공전(公田)을 두어 공동 경작하여 세금(1/10세)을 매기도록 한 것이다. 맹자가 제시한 '정전법'은 유학의 이상적 토지 제도로 간주되어, 중국과 한국(조선)에서 토지 개혁의 문제가 민생의 현안으로 불거질 때마다 거론되어져 왔다. 이것은 정전법이 현실적인 실현 가능성을 가지고 있기 때문이 아니라, 그것이 가진 제도적 의의가 유학의 이념으로 정립되었기 때문이다. 맹자가 주창한 정전법의 의의는 일차적으로 조세의 경감을 통한 민간 소득의 증대를 도모한 것이라는 데 있다. 여기에는 전국시대 제후국의 가혹한 세금 징수가 '민'의 경제적 어려움의 원인이라고 본 맹자의 관점이 개입한 것이라 할 수 있다. 그런데 정전법이 제시된 맥락을 살펴보면, 더욱 중대한 의의는 맹자의 정전법은 '민'을 국가 공동체의 가장 중요한 근간으로 간주한다는 점이다. 맹자는 정전법의 도입은 야인(野人), 즉 교외에서 일정한 거처를 가지지 않는 사람들을 없앨 수 있다고 보았다. 정전법은 이러한 야인들이 공동 경작을 통해 마을〔鄕〕을 이루고, 이를 통해 상부상조하는 공동체를 형성할 수 있도록 하는 것이다. 그의 의도는 이러한 마을 공동체의 형성이 백성의 도덕성을 고양시키는 방법이자 국가 통치의 근간이 된다고 본 것이다.[22] 다시 말해, 정전법의 진정한 의의는 민(民)에게 경제적 기초를 마련〔恒産〕해 줌과 동시에 이를 통해 도덕성의 고양〔恒心〕을 이끌어내고자 하는 데 있다. 이는 정전법이 의도하는 마을 공동체의 형성이

---

22 『맹자』 1:7과 5:3의 내용을 참조할 것.

경제적 안정과 이를 바탕으로 도덕적 계몽으로 이어지며, 궁극적으로 맹자가 주창한 왕도 정치의 실현을 가능케 한다는 것이다.

이러한 맹자의 정치적 이상은 군주 또는 '군자'의 도덕성에 의존해서 '민'의 지지와 신뢰를 이끌어내는 기존의 유가적 정치 관념과 비교해서 '민'에 근본적인 정치적 의의를 부여한다는 점에서 차별적이다. 그는 "민(民)이 가장 귀하고, 사직(社稷)은 그 다음이며, 군(君)이 가장 가볍다."[23]라고 말한다. 앞서 살펴본 바와 같이, 『서경(書經)』이래의 정치 관념에서 민(民)은 추상적 차원에서 천(天)과 동일시되지만, 정치의 주체로서 근본적 중요성을 가진 존재는 단연 '군(君)'이었다. 맹자의 이와 같은 주장은 비록 '민'을 정치의 주체로 자리매김하는 데 이르지 못한 것이긴 하지만, '군(君)'의 위상을 축소하면서 민(民)이 정치에 있어 가장 우선시되어야 한다는 의식을 드러낸 것이다. 그는 '군(君)'에 의해 행해지는 아무리 좋은 정치[善政]라 할지라도 민(民)을 도덕적으로 성숙시키는 교화[善敎]에 미치지 못한다고 본다.[24]

유학에서 '민본(民本)'의 개념은 비록 그 개념적 연원을 『서경』으로 거슬러 올라가 확인할 수 있다고 하더라도, 이후 중국과 한국에서 정립된 의미는 맹자에 의존한 것이다. 요약하자면, 이는 '민'의 현실적인 경제적 요구에 부응, 그리고 이를 바탕으로 '민'의 자발적인 공동체 형성과 도덕적 교화의 실현, 나아가 민의 도덕성 고양에 근거한 덕치(德治), 곧 왕도정치의 구현이다.

맹자의 '민본' 정치는 11세기 이후 신유학의 등장으로 본격적으로 부

---

23 『맹자』 14:14 孟子曰: 民爲貴, 社稷次之, 君爲輕.
24 『맹자』 13:14 善政, 不如善敎之得民也. 善政民畏之; 善敎民愛之; 善政得民財, 善敎得民心.

각한다. '사대부'로 지칭되는 중국과 한국의 유학자들은 변화된 시대적 상황을 반영하여 이를 실현할 구체적인 정치적·제도적 장치를 강구한다. '사창제'는 신유학자들의 주도하에 각 지방에서 '민'의 경제적 안정을 도모한 것으로, 경제적 측면에서 '민본'의 이상에 접근한 것이라고 할 만하다. 그러나 맹자가 '정전법'을 통해 제시한 민본의 정치적 이상이 집약된 것은 '향약'의 시행이다. 이는 사대부들의 정치적 운동 차원에서 제기되고 실천된 것으로, 그들은 사대부가 중심이 된 향촌의 공동체 형성에 주력한다. 향약을 통해 사대부들은 '민'의 경제적 활동에 있어 협업 또는 분업을 지도하고, 유학적 이념에 근거한 자치 질서의 형성과 풍속의 교화를 주도하며, 나아가 도덕성의 고양을 위해 각급의 교육 활동을 수행한다. 이러한 향약 운동을 통한 향촌 공동체의 형성으로, 사대부들은 '민'의 요구를 여론화·공론화하여 중앙 정치에 반영토록 하는 매개자 역할을 자임한다. 이러한 기반 위에서 정치적 주체로 등장한 사대부 계층은, 비록 중앙집권제하의 과거를 통해 선발된 관료임에도 현실 권력으로서 군주에 대한 견제와 비판의 역할을 담당한다.

5. 나가는 말: '민본'의 민주주의적 변용과 비판

유학의 정치사상에서 '민본'의 의미는, 이상의 논의에서 살펴본 바와 같이 '민'의 직접적·적극적 정치 참여를 의미하지 않는다는 점에서 오늘날 민주주의 이념과는 거리가 있다고 할 수 있다. 또한 역사적으로 유학이 정치를 주도한 경우에 있어서도 반드시 '민본'에 입각한 통치가 이루어진 것은 아니다. 그럼에도 유학의 정치이념으로서 '민본'은 아래로부터 민의 현실적 요구가 폭넓게 정치에 반영되는 방향으로 발전되어 왔다는 점은 주목할 만하다.

　위의 내용에 근거해 볼 때, 유학이 내세운 민본주의는 우선 정치 주체의 확대와 다변화를 지향하고 있음을 확인할 수 있다. 『서경』의 내용에 입각해 볼 때, '민본'이라는 관념은 애당초 민의 무질서한 욕망 추구를 조정할 군주의 존재를 정당화하거나, 새로운 통치 집단의 등장을 정당화하기 위한 정치적 명분으로 제기된 것이었다. 이 단계에서 민본 정치는 군주의 통치를 강화하는 데 초점이 있으며, 민의 정치적 요구는 이러한 군주 및 통치 계급을 통해서만 실현되는 것으로 간주된다. 공자는 효제(孝弟)의 윤리에 기반한 도덕적 통치를 강조함으로써 이러한 군주 중심의 통치 질서에 균열을 일으킨다. 그는 정치가 도덕성에 기초해야 하며, 이러할 때 민의 자발적인 복종과 권력의 정당성을 확보할 수 있다고 본다. 이러한 관점에서 공자는 군주의 일방적 통치가 아닌, 도덕성을 갖춘 '군자'에 의한 통치를 주창한다. 이는 민의 도덕적 요구가 반영된 정치 형태를 의도한 것으로, 그러한 요구를 충족시킬 수 있는 도덕적 지식인 계층이 정치의 주체로 새롭게 등장하는 계기를 마련한 것이기도 하다. 맹자는 공자와 마찬가지로 도덕성에 근거한 정치를 주창하면서도, 이를 실제적으로 추동하기 위해서는 민의 현실적·경제적 요구가 정치에 반영되어야 한다고 본다. 그가 주창한 왕도 정치론은 도덕에 입각한 통치를 위해서는 궁극적으로 민의 도덕성을 담보할 경제적·현실적 요구의 충족이 이루어져야 한다고 본다. 그리고 이는 군주의 일방적 통치 행위가 아닌 민간의 자율적인 공동체에 기초할 때 가능하다고 주장한다. 중국과 한국의 정치사상에 지대한 영향을 미친 신유학은 맹자의 관점을 근거로 적극적으로 유학적 이상에 부합하는 향촌 공동체 형성을 구상한다. 그리고 이를 사대부가 주도함으로써 민간의 정치적 요구와 중앙 권력을 매개하고, 그것을 정치 과정 속에서 실현코자 한다.

　이러한 유학의 정치사상의 변화 과정은 큰 틀에서 도덕 정치의 구현이라는 이념적 목표 아래, 이를 실현하기 위해서 '민'의 실제적 요구에 부응하는 방향으로 전개되어 왔다고 할 수 있다. 그리고 이 과정에서 '민'의 요구를 정치와 매개하는 정치 주체가 하향식 확대를 거쳐 왔음을 알 수 있다. 즉 군주 일인의 통치에서부터 그를 위시하여 효제의 윤리를 강조하는 혈연 집단, '인(仁)'의 도덕성을 강조하는 군자 계층, 유학적 이념에 충실한 사대부 지식인의 등장으로 정치 주체의 확장이 이루어진다. 이는 곧 '민'의 요구를 추상적이고 관념적인 수준에서 파악하는 단계에서 구체적이고 현실적인 차원에서 그 요구가 정치에 반영되어 온 과정이라고 할 수 있다.

　다른 한편, 이는 '민'이 스스로 정치 주체로 확립되는 데 이르지 못하고 있음을 보여준다. 이것은 '민'이 자신의 정치적 요구를 혁명적으로 성취한 서양의 민주주의 역사와 대비되는 지점이다. 오늘날 동양 사회에서 '민'의 자발적 정치 참여가 미미한 부정적 정치 문화 양상을 보이는 것이 사실이다. 그러나 한편으로 이는 유학의 정치 문화 속에 민의 요구를 수용코자 한 군자 혹은 사대부와 같은 엘리트 계층의 정치가 유효하게 작용했다는 반증이 될 수도 있다. 특히 중국이나 한국의 정치적 격변기에 지식인 계층, 이른바 '선비〔士〕'의 대응은 유의할 만하다. 예컨대, 구한말에서 일제강점기에 '선비'들의 자기희생은 '민'의 정치적 요구를 대변해 온 유학적 전통의 연장선에 있는 것이라고 할 수 있다. 나아가 한국의 민주화 과정 역시 온전히 '민'의 자발성에 의거한 정치적 변화라기보다는 지식인 엘리트 계층이 주도한 측면이 강하다. 이 점에서 오늘날 한국 민주주의 역시 '민본'의 전통과 분리되지 않는 정치 문화 속에 자리매김한 것으로 보아야 할 것이다.

참고문헌

『論語』

『大學』

『孟子』

『書經』

朱熹. 1994. 『朱子語類』. 黎靖德 編. 王星賢 點校. 中華書局.

＿＿. 1996. 『朱熹集』. 郭齊·尹波 點校. 成都 四川教育出版社.

김석근. 2000. 「'민본'과 '민주' 사이의 거리와 함의」. 『민본주의를 넘어서』. 청계.

김영민. 2007. 「『맹자』의 '불인인지심장' 해석에 담긴 정치사상」. 『정치사상연구』 13(2).

김형효. 2000. 『민본주의를 넘어서』. 청계.

나종석. 「정치적인 것의 본질과 칼 슈미트의 자유주의 비판」. 『헤겔연구』 25집.

남지만. 2002. 「붕당: 성리학시대의 정치주체」. 『조선유학의 개념들』. 예문서원.

이 찬. 2015. 「도학적 정치 주체의 탄생: 구양수의 『붕당론』과 군주론에 관한 정치적 철학 독해」. 『철학연구』 제111집.

이석규. 「조선 초기 관인층의 민에 대한 인식: 민본사상과 관련하여」. 『역사학보』 제151집.

양일모. 2009. 「'자유'를 둘러싼 유교적 담론」. 『철학연구』 52집.

함재봉. 2000. 『유교 자본주의 민주주의』. 전통과현대.

벤자민 슈월츠. 1996. 나성 옮김. 『중국고대사상의 세계』. 살림.

앤거스 그레이엄. 2001. 나성 옮김. 『도의 논쟁자들』. 새물결.

피터 볼. 2008. 심의용 옮김. 『중국 지식인들과 정체성』. 북스토리.

3장

민본주의의 '민본'과
소수자 문제[1]

● 이시우 | 성균관대학교 ———

1. 들어가며

　민주주의에서 '다수의 지배'는 최선의 방법으로 인정된다. 하지만
이 글에서는 '다수의 지배' 구조에서 배제되는 '소수자'의 문제를 민본
주의(民本主義)의 '민본(民本)'과 결부시켜 고찰함으로써 현재 우리 사
회에서 '다수의 지배'로 불거지는 특권적 지배와 횡포의 문제에 대해
반성한다. 동양의 민본주의든 서양의 민주주의[2]든 간에 백성이 근본이

1　이 글은 한국동양철학회 『동양철학』 제46집(발행일자 2016년 12월 31일)에 게재된
　논문을 수정 보완한 것이다.
2　혹자는 '유교+민주주의'를 어불성설이라 폄하하고 심지어 유교 정치체제나 민본주의
　안에서 오늘날과 같은 민주주의적 민주성과 계기를 찾는 것을 부정한다. 사실 과거의
　유교 정치체제와 오늘날 표준적 의미의 민주주의(인민의 지배 · 다수결 · 보통선거 · 공
　화 · 진정한 동의 · 법치 · 자유 · 평등 · 인권 · 미덕과 지성 증진 등)을 일치시키려는 시
　도는 시대착오적인 견강부회다. 하지만 우리는 글로벌 시대에서 표준으로 여기는 민주
　주의의 보편적 가치와 목표를 대부분 공유한다. 한편 우리가 지금 경험하는 민주주의

라는 '민본'과, 시민주권과 평등의 '민주(民主)'의 기치를 내건 이상 아무리 작은 '소수'라 하더라도 '이들 역시 '민(民)'의 구성원이므로 권리와 권력의 기회를 공정하게 가질 수 있도록 하는 것이 진정으로 '민본', '민주'적이다.

자유와 평등의 이념적 가치는 민주주의 체제를 운용하는 요체다. 하지만 자유와 평등의 가치가 항상 조화를 이루는 것은 아니다. 우리는 자유와 평등이 잘 맞물려 돌아가는 사회를 정의로운 사회라 부른다. 그래서 김용옥이 자유주의에 기울어진 신자유주의적 민주주의 체제의 본질을 경제체제로 보고 평등의 맥락에서 분배의 중요성을 강조한 것은 일리 있다. 이때 평등은 자유주의 사회이론에서 개인을 세는 최소 단위의 숫자 '1'에 의한 1인 1표라는 형식적 기회 균등의 의미만 갖지 않는다. 다수결의 결과에 동의한 모든 '1'인이 사회적 이익에서 배제되

의 내용과 성격은 각 사회의 정치·경제·문화 등의 특수성이 반영되어 역사적으로 각기 다른 모습으로 진행 진화해 왔다. 이러한 '진행형 민주주의', '진화하는 민주주의' 카테고리에서 '동양의 민본주의'와 '서양의 민주주의'를 함께 논의하고 유교민주주의, 유교민본주의의 민주성을 말하는 게 어불성설은 아니다. 동서양 간의 특수상황을 인정하더라도 야스퍼스가 인류문명의 공통적 기반과 발전을 기축시대로 표현한 것처럼 '민주주의' 역시 동서양의 공통적 기반 위에서 두 문명 간의 상호 영향으로 발전해 왔음을 인정하는 건 무리가 아니다. 이점을 H. G.크릴은 「유교와 서구민주주의」에서 "하터슬리(Alan F. Hattersley)는 『민주주의 소사(Short History of Democracy)』라는 저서에서 '고대문명을 가진 아시아국가들'에서 온 새로운 사상이 '자유·평등·박애'란 이상의 발전에 일익을 담당하였음을 인정하고 있다."(H. G. 크릴, 이성규 역, 『공자』, 지식산업사, 1997, pp. 316-317)고 지적한다. 또 「후기」에서 "민주주의를 위한 가장 큰 싸움은 악에 대한 극적인 투쟁이 아니라, 개개인의 마음속에서 조용히 진행되는 권태에 대한 투쟁이라는 것을 공자는 인식하였던 것 같다. (……) 민주주의를 위한 투쟁은 결코 끝이 있을 수 없으며, (……)민주주의가 바랄 수 있는 것은 새로운 상황에 효과적으로 대처할 수 있는 인간을 만드는 것뿐이다."(H. G. 크릴, p. 344.)고 말한다. 크릴은 민주주의 발전에서 동서양 두 문명 간의 상호 영향, 날마다 자기반성을 통해 습관적 노예근성을 깨고 자기해방·상황창출 능력을 갖춘 주체적 인간의 중요성을 강조한다. 후자는 오늘날 다수의 횡포에 맞서 싸우는 '민(民)', 소수자의 모습과 다르지 않다.

지 않고 실질적이고 공정하게 대우받고 이익에 접근할 수 있어야 하는 공정한 기회 균등, 나아가 공정한 분배적 평등이어야 한다. 모든 '1'인 은 '민(民)'에 속하고 소수자도 예외일 수 없다. 하지만 우리 민주주의 현실은 그렇지 않다.

이 글은 이러한 문제의식을 갖고 유교민본주의가 소수자 담론에 참여하여 우리 사회의 소수자 문제를 해결할 수 있는 방법을 모색한다. 동시에 유교민본주의 또는 유교민주주의가 서구민주주의의 한계를 극복하고 양자가 통섭될 수 있는 가능성도 개진한다. 하지만 논의의 초점이 양자의 동이(同異)점을 찾는 데 있지 않다. 양자 모두 민주, 민본 이라는 가치를 구현하는 측면에서 소수자를 제대로 고려하지 못한 한계가 있음을 밝힌다. 현대 민주주의를 더 민주화하기 위해서 우리가 소수자를 민주, 민본의 주체로 인정하고 그들과 연대할 수 있는 사회를 만들어야 함을 논의한다.

실상 입헌민주주의 공화국이 '다수결의 원칙'으로 작동하는 하에서 다수가 소수를 배제하거나 소수에 가하는 횡포는 결과적인 측면에서 과거 포악한 1인 군주의 횡포와 별반 다르지 않다. 소수자의 정치적 참여, 소수자에 대한 관용이 없는 사회에서 민주주의의 민주화는 온전히 이루어지기 어렵다. 더욱이 주목할 점은 소수자가 정치의 주체가 되고 정치적 참여로 권리와 권력을 행사하는 것만으로는 부족하다는 것이다. 경제적 참여와 공정한 분배가 제대로 보장되지 않은 소수자의 정치적 참여란 공허하기만 한 게 아니라 위험하다. 왜냐하면 그것이 미성숙한 민주주의 사회라면 사회적 약자는, 자기 밥그릇 챙기기에만 바쁘고 수적 다수의 특권적 지배와 권력을 선취한 '소수'[3]가 선동하는

---

3 여기서 언급한 '소수'와 '다수'의 구별은 수의 적고 많음의 단순한 층위에서 갈리는 계기

포퓰리즘의 희생양이나 들러리로 전락할 위험이 많기 때문이다. "뱃속에 평화가 없다면, 머릿속에도 평화는 없다."라고 말한다. 자신의 양심을 지키는 것은 물론이고 타인의 양심까지 지켜야 하는 가난한 진보의 얼굴로 살아가는 소수자들의 정신·지성의 궁핍화는 비단 오늘날의 문제가 아니다. 이는 유교민본주의에서 '민'의 위상을 정립하는 역사과정에서 항상 제기된 문제이기도 하다. 이를 일찍이 맹자는 "일정한 수입이 있는 사람은 일정한 마음을 지닌다. 일정한 수입이 없는 사람은 일정한 마음이 없다."[4]라고 갈파했다. 이상의 근본적인 문제의식하에 유교민본주의에서 말하는 '민'의 주체성, '민본' 개념의 역사성, '소수자'의 의미에 대해 살펴본다. 이어서 오늘날 우리 사회가 안고 있는 소수자 문제의 현안을 사회정치 이론의 맥락에서 짚어 보고자 한다.

2. 민본주의의 '민(民)'은 국가의 재산인가 민향(民享)의 주체인가

'민(民)'이 민향(民享)의 주체라는 맥락에서 정치 주체의 다원화와 '민'의 적극적 역할을 검토하려면 먼저 '민(民)'·'본(本)' 개념의 어원과 '민'의 위상, '민본(民本)' 개념의 역사적 변천과정, 그리고 민주적 함의 등에 대한 선행연구 검토가 필요하다. 하지만 지금 지면에서는 이에 대한 논의를 상세하게 다루지는 않을 것이다.[5] 다만 민본에 담긴 민주

뿐만 아니라, 지식·권력의 소재에 따라 그것을 선취한 소수도 다수가 될 수 있고 그것을 잃은 다수도 소수가 될 수 있는 상호 변증법적 전화가능성의 계기를 포괄한 말이다.

4 『맹자』「등문공장구」상: 有恒産者, 有恒心, 無恒産者, 無恒心.

5 이 글은 민본—민주의 통섭과 선비민주주의 총서발간의 일환으로 기획되었다. 따라서

적 함의에 대해 학자마다 해석이 다소 다름을 간략히 기술하고자 한다. 원활한 논의를 위해 '민본' 어원의 가장 이른 문헌적 근거로 추정되는 『서경』의 '민유방본(民惟邦本)' 문구의 전체 맥락을 잠깐 보자.

> 황조께서 훈계가 계셨으니, 민(民)은 가까이할지언정 얕잡아 보면 안 된다. 민은 나라의 근본이니 근본이 튼튼해야 나라가 편안하다.[6]

주지하다시피 '민본사상'은 유교 철학·정치사상의 핵심 개념이다. 위 인용문은 오늘날 '민본'의 어원으로 여기지고 그 의미를 새길 때 '민이 나라 혹은 정치의 근본' 또는 '민을 근본으로 하는 정치', '주권재민', '민의 근본', '민이 중요시하는 것', '백성 생활의 근본' 정도로 풀이하는 '민유방본'을 말하고 있다. 또 통치에 있어서 군-민(君-民) 상호 관계의 중요성도 엿볼 수 있다. 서주(西周) 시기의 '민'은 노예와 평민을 포함한 피통치자 전체를 지칭하는 말로 오늘날의 피플(people)에 가깝다.[7] 하지만 이때의 '민'이 오늘날 피플(people)과 다른 점은 배고픈 배를 채워야 하는 욕망 추구의 존재이지 정치 주체가 아니고, '민본(民本)'의 의미에는 적어도 오늘날 표준으로 생각하는 민주주의의 '민권

총서에서 이미 김석근, 이상익, 이현선, 장현근 등이 '민', '본', '민본' 개념들의 어원과 의미 변천과정, 그리고 민본의 '민주적' 함의와 한계 등에 대해 상세하게 논했기 때문이다. 이 밖에 장현근 외, 『민의와 의론』, 이학사, 2012; 김석근 외, 『민본주의를 넘어서』, 청계, 2002; 함재봉 엮음, 『유교 민주주의 왜 & 어떻게』, 전통과현대, 2000 등의 연구서의 논의 참조 바람.

6 『서경』「하전·五子之歌」: 皇祖有訓, 民可近, 不可下. 民惟邦本, 本固邦寧.

7 장현근, 「동양에서 政治와 民 개념의 형성과 변천」, 『민본과 민주의 통섭은 가능한가?』, 선비민주주의총서학 제2차 학술회의자료집, 성균관대학교 유교문화연구소, 2015, p. 192. 참조.

(民權)'의 의미가 없었다.

한편, '민', '민본'의 의미를 '인민의, 인민에 의한, 인민을 위한 지배'의 원칙하에 자유로운 개인이 평등한 입장에서 정치에 참여하는 민주주의의 맥락에서 새길 때 학자마다 해석이 조금씩 다르다. 학자마다 해석의 차이는 관점과 프레임이 달라서 생기는 방법론상의 당연한 결과인 것 같기도 하다. 또 동양에서 서구민주주의를 흡수할 때 동서양의 정치이상과 구현 방법, 철학·문화·사회학적 지적 토대가 다른데도 동양 '민본'과 서구 '민주' 개념의 유사성이 강조되어 비판적 검토·담론화 과정이 생략된 채 서구민주주의를 변용해 수용했기 때문인 것 같다.

이상익은 민본과 민주의 친화성을 적극 긍정하고, 나아가 민본의 가치와 원리를 더 중시하는 듯한 입장에 서있다. 그는 "민본(民本)을 '오브 더 피플(of the people)'이라 하고, 爲民을 '포 더 피플(for the people)'이라 치면, 전통 유교에서 미흡했던 것은 '바이 더 피플(by the people)'이었던 것이다."[8]라고 말한다. 그는 유교민본주의가 민주주의를 운용하는 측면에서 서구의 절차민주의의 가치를 실현하는 데 미흡했다고 지적한다. 하지만 이러한 미흡함에도 불구하고 민주주의의 '민본[of the people]'의 목적이 인민의 행복 증진이라는 점을 고려하면, 유교민본주의가 '위민[for the people]'의 측면에서 민주의 가치를 충분히 실현했다고 평가한다. 또 그는 '민본'에 '민의(民意)'가 실제 결여되었다는 종래의 비판을 재비판하는 맥락에서 '민본'의 스펙트럼은 '위민'만이 아니라 '민권(民權)'까지 포괄하고 있다고 주장한다. 이에 유교민본주의가 현

---

8 이상익, 「民主와 民本의 비교와 통섭을 위한 정치철학적 검토」, 『민본과 민주의 통섭은 가능한가?』, 선비민주주의총서학 제1차 학술회의자료집, 성균관대학교 유교문화연구소, 2015, p. 114. 인용.

실 정치에서 실현된 역사적 사례를 조선의 정치체제의 '민의'의 반영, '공론'정치의 구현 등을 통해 예증한 후 민주와 민본의 통섭 가능성과 방향을 긍정적으로 검토한다.

한편, 장현근은 기본적으로 '민본'에 서구의 민주와 대응할 만한 게 없다는 비판적 입장에 서있다. 그는 이러한 맥락에서 이상익의 논의, 즉 유교민본주의가 서구의 '위민'과 '민권'을 포괄한다는 논의를 비판하고, 나아가 유교민본주의의 근간인 '포 더 피플(for the people)'의 의미까지 부정한다. 즉 민본주의 논의에서 애초에 '민본'의 의미는 '국가의 근본' 다시 말해 '부국(富國)을 위해 국민의 수가 중요하다'는 뜻밖에 지니지 않으므로 그것의 민주적 가치를 폄하한다. 그렇지만 그는 동양의 '민', '민본' 개념이 민주주의의 '민주' 개념과 연결될 가능성이 전혀 없는가? 라는 물음 하에 민(民)은 천(天)의 상대이며 국(國)의 근본이라는 입장, 민을 도덕의 표준으로 삼는 것, 민과 군주의 관계가 상호의존적인 공생관계인 것, 민은 노예가 아니라 자유롭고 직업을 가진 존재라는 등의 근거로 민본과 민주의 통섭 가능성을 모색한다.

김석근은 동양의 '민(民)'과 '치(治)', '민치(民治)', '민본' 개념을 '민유방본(民惟邦本)', '민위귀(民爲貴)'(『孟子』 「盡心」 하) 개념을 중심으로 검토하며 지배−피지배, 권력−복종 관계의 정치학적인 관점에서 애초에 '민'은 피치자, 통치의 객체이고, '치(治)' 개념에 인민의 '자치(自治)'라는 관념이 없음을 논증한다. 그리고 앞서 말한 바처럼 중국 고대 문헌에서 '민'의 중요성이 주로 '국부(國富)의 근간'이라는 맥락에서 쓰였고, '민본'의 본래 의미가 '인민생활의 근본', '민에게 있어 중요한 것'이라는 공리(功利)의 맥락에서 사용되었음 고증한다. 동양정치사상에서 강조하는 민귀(民貴), 인민을 위한(爲民, 安民), 민본정치가 갖는 일정한 진보성과 역사적 의미를 부정할 수는 없지만 그것들이 '민주주의(데모크라시)'를 의미하는 것이 아니라고 주장한다. 하지만 그도 관념의 역사성에 주목하여 '민'이 피치의 대상〔治民〕'에서 벗어나 '치(治)의 주체' 즉 정치의 주체로까지 격상되는 과정을 추적함으로써 '민(民)' 개념 자체가 새로 정의되어야 할 정도로 심각한 의미 변용을 겪게 된 것을 확인한다. 나아가 동양사회에서도 근대 이후 민, 민본 개념이 서구민주주의에서의 시민의 주체성과 민주의 민권, 민치의 의미를 포괄하고 있음을 시사하며 민주와 민본의 통섭 가능성을 모색한다. 그렇지만 그는 '개인' 개념에 주목하여 '민본'의 '민'이 자유롭고 평등하고, 권리를 갖는 주체로서의 서구 '개인'의 관념과 아직 먼 거리가 있다는 맥락에서 '민'과 '개인' 사이의 차이점과 한계를 지적한다.[9] 이상의 논의를 토대로 '민주-민본' 해석의 스펙트럼을 도식화해 보자.

민주주의 세 기둥		범주 유형	운용 원리	한계
of the people	民權 (국민의)	질적 범주	원칙민주주의 **民-天-君**	데모스(demos) 주권 지상주의와[10] 통치권의 딜레마 저항적 이데올로기로 전락 가능
by the people	民治 (국민에 의한)	양적 범주	절차민주주의	다수결의 횡포, 우민·중우정치, 포퓰리즘으로 전락 가능
for the people	民享;爲民 民本;民貴 (국민을 위한)	목적 범주	결과민주주의 **君-臣-民**	자발적 복종강화, 독재, 수호주의, 엘리트주의, 위인(偉人)·성인(聖人)정치로 전락 가능

---

9 김석근, 「民本'과 '民本主義' 개념과 정치」, 『민본과 민주의 통섭은 가능한가?』, 선비민주주의총서학 제2차 학술회의자료집, 성균관대 유교문화연구소, 2015 참조.
10 로버트 달, 배관표 옮김, 『경제 민주주의에 관하여』, 후마니타스, 2011, p. 27. 참조.

앞서 이상익은 민본(民本)을 '오브 더 피플(of the people)'로 대응시켰다. 하지만 필자는 문헌상 유교민본주의에 현재의 보편적 민주주의가 실현한 민권·민치의 의미가 빈약한 점, '민본'의 의미가 '인민생활의 근본'이라는 경제 측면이 중시된 점, 그리고 동서고금을 막론해 국가(왕)의 존재 이유와 목적이 복지 차원에서 경제정의를 실현하고, 통치 규범 차원에서 공동선을 추구하는 점에 근거해 민본을 '포 더 피플(for the people)'로 분류했다.[11] 민본이 '오브 더 피플(of the people)'에 대응하는가 '포 더 피플(for the people)'에 대응하는가의 문제는 학자마다 해석이 분분하다. 유교민본주의 담론에서 '민본(民本)'과 '위민(爲民)'이 과거 통치자가 백성을 다스리는 통치행위〔治民〕의 두 가지 표현방식임에 주목해 보자. '백성이 나라의 근본'이라는 민본의 목표는 구체적 통치행위가 백성을 위하는 방식으로 이루어지는 '위민'의 문제와 별개가 아니라 통치의 선순환이라는 것이다. 또 과거 백성을 수단시 해 '민본'을 단지 '국부(國富)의 근간'의 뜻으로 새겼던 것을 지금 상황에서 마냥 도덕적으로 비난할 수도 없다. '민유방본(民惟邦本)', '민위귀(民爲貴)'의 해석에서 보았듯이 과거 유교민본주의 체제에서 가장 중요한 통치행위는 부국강병 차원에서 인구수를 늘리는 일이다. 나아가 백성의 이익을 보장하고 백성과 그 이익을 함께 향유〔民享〕하는 일이다. 사실 과거에 비해 현대의 부국강병책에서 인구적 요인은 다소 약화되었다. 하지만 공맹순이 활약한 때라면 인구적 요인을 중시하지 않을 수 없었다. 고

---

11 사실 근대 일본에서의 '민본' 정치 담론화도 요시노 사쿠조가 민생 도탄과 정치 무능력의 상황을 비판하는 '민주'의 대항 형태로 등장한다. "主權在民이라고 하지만 가끔 투표나 했지 국민에게 무슨 권리가 있고 힘이 있느냐. 그따위 허울 좋고 실속 없는 주권 같은 것 필요 없으니 잘살게나 해달라." 요시노는 이를 民主가 아니라 民本主義라 했던 것이다.(최재우, 『이야기 정치학』, 청림출판, 1994, p. 109.)

대 통치자에게 있어서 인구적 압력은 꽤나 신경이 쓰였다.[12] 맹자의 말은 이러한 상황을 잘 보여준다.

> 양혜왕이 말하기를, "과인은 나라에 있어서는 마음을 다할 뿐이지오. 하내에 흉년이 들면 그 백성을 하동에 옮기고 하동의 곡식을 하내로 옮기며, 하동에 흉년이 들면 역시 그렇게 합니다. 이웃 나라의 정치를 살펴보면 과인이 마음을 쓰는 것과 같이 하는 자가 없는데, 이웃 나라의 백성은 더 줄지 않고, 과인의 백성은 더 늘지 않는 것은 무엇 때문입니까?"[13]

위 인용문은 두 가지 주제를 건드리고 있다. 하나는 유교민본주의가 '민향(民享: for the people)' 차원에서 '민(民)-소수자'를 위해 공존의 삶의 지평을 넓히는 계기로서의 복지·분배의 구휼정책이다. 또 다른 하나는 바로 '국부(國富)의 근간'인 '민'에 대한 통치자의 인구적 압력에 대한 고민이다. 즉 '백성수가 나라의 근간이라는 문제'와 '정치가 백성을 위하는 방식'으로 이루어져야 한다는 유교민본주의의 가치와 목적

---

12 고대 그리스의 철학자 플라톤과 아리스토텔레스는 인구의 과도한 증가에 비례해 정치적 분쟁도 야기된다고 생각하였다. 이러한 생각은 T. R. Malthus의 인구론에도 영향을 준 듯하다. 멜서스는 인구 압력이 정치투쟁이나 전쟁을 심화시킨다는 입장이다. 그는 자원과 경제적 토대가 약한 사회에서 빈민층의 인구증가는 그들을 절대빈곤으로 빠뜨리고, 부자의 재산을 더욱 시기해 사회질서가 파괴되는 것을 우려했다.(모리스 뒤베르제, 배영동 역, 『정치란 무엇인가』, 나남출판, 1997, p. 57. 참조) 사실 맹자도 양혜왕에게 "王如此, 則無望民之多於鄰國也."라고 말하며 富國强兵, 滅國置縣, 弱肉强食으로 점철된 전국시대 혼란의 원인이 인구압력에 있음을 갈파했다.

13 『맹자』「梁惠王章句」상: 梁惠王曰, 寡人之於國也. 盡心焉耳矣. 河內凶, 則移其民於河東, 移其粟於河內. 河東凶亦然. 察鄰國之政, 無如寡人之用心者. 鄰國之民不加少, 寡人之民不加多, 何也?

을 잘 보여준다. 따라서 '민향'의 큰 카테고리 안에서 '민본'과 '위민'을 같은 맥락으로 이해해도 무리는 없는 것 같다.

앞서 살펴본 바처럼 김석근은 '민위귀(民爲貴)'의 뜻을 '백성이 가장 중요하다'라고 새기는 일반적 해석의 문제점을 비판적으로 검토했다. 그는 '민위귀'에 '포 더 피플(for the people)'의 의미가 담겨 있지 않고 오히려 백성의 수가 국가의 재산이라는 '국부(國富)의 근간'라는 의미로 해석하며, '민'의 역할과 위상을 아주 낮게 평가했다. 하지만 이러한 그의 해석은 이미 춘추전국시대에 들어서는 국가를 위한 공동체 선과 개인의 이익을 위한 개인의 선이 서로 상충할 때 개인이 희생되지 않고 적극적으로 개인의 행복과 개체생명을 보존하고 관철시키려 했던 민의 역량을 너무 가볍게 처리한 듯하다. 이는 순자가 '민(民)'을 물에 비유하고 군주(=국가)를 배에 비유하며 "물[백성]은 배[군주]를 띄울 수도 있지만 전복시킬 수도 있다."[14]고 한 말을 통해서도 확인할 수 있다.

물론 인용문의 '민위귀' 다음에 이어지는 "많은 백성에게 [마음을] 얻으면 천자가 된다."라는 말이 봉건시대에 이미 왕이 민을 수동적 통치의 대상[君-臣-民의 위계구조][15]으로 전제하고 수사적으로 표현한 것이라는 측면도 없지는 않다. 하지만 전국시대의 변화된 '민'의 위상을

---

14 『순자』「王制」: 水則載舟, 水則覆舟.

15 엄복은 한유의 인류문명에 대한 가설과 聖人觀, 즉 문명을 일구고 역사를 움직이는 주체는 개개의 民이 아니라 유교적 성인이고 개개의 민은 자발적으로 사회를 형성하는 능력을 갖추고 있지 않았다는 가설을 비판하며 "인민의 자유는 하늘로부터 부여받은 것이며", "이러한 인민이야말로 천하의 참된 주인이다."(양일모, 「자유를 둘러싼 유교적 담론 — 엄복, 장지동, 하계의 논쟁을 중심으로」, 『철학연구』 52집, 2001, pp. 19-38.) 라고 주장한다. 이를 통해 한유가 살던 고대와 엄복이 살던 근대에 '민'에 부여한 위상 변화를 간단히 짐작해 볼 수 있다.

반영한 '민-천-군(民-天-君)'의 지배담론구조에서 보면 민심이 곧 천심임을 고스란히 표현한 측면도 있다. 비록 오늘날 민주주의의 민권(民權)의 측면에서 보면 이러한 '민-천-군(民-天-君)'의 구조가 권력소재에 천(天)을 매개한 한계가 있지만, 왕이 민심을 거스르면 천명을 잃고 왕권도 잃는다는 것을 경고하며 권력의 소재와 제한에 대해 근본적인 물음을 던진 점에서 민권의 맥락으로도 새길 수 있다. 따라서 '민위귀'를 단순히 '국부의 근간'의 맥락으로만 의미를 새길 수 없다. 또 전국시대 문헌에 등장하는 민-군(民-君)의 관계를 군주(국가) 주도의 일방적 지배-피지배의 관계로 본다면 앞서 말한 것처럼 '민'의 역량을 너무 과소평가한 것이다. 성선설과 의리사상, 왕도정치와 역성혁명을 말한 진보적 사상가 맹자의 말을 직접 들어 보자.

"백성이 가장 중요하고, 사직(社稷)이 그 다음으로 중요하며, 왕은 가볍다. 그래서 많은 백성에게 마음을 얻으면 천자가 되고, 천자에게 마음을 얻으면 제후가 되며, 제후에게 마음을 얻으면 대부가 되는 것이다."[16]

『맹자』텍스트의 전체 분위기로 보거나 저항권, 역성혁명의 정당성을 강조한 맹자의 말에 비춰볼 때, 당시 '민위귀'의 '민'이 '국가의 재산' 정도로 여겨졌다고 보는 주장은 다소 성급한 결론인 것 같다. 유교 민본정치사상에서 '민본'에 담긴 뜻은 '민'과 '군주'의 관계가 상호 공리적 관계라는 소극적 차원을 넘어서는 계기가 있다. 성인 · 군주에

---

16 『맹자』「盡心章句」하: 孟子曰, "民爲貴, 社稷次之, 君爲輕. 是故得乎丘民而爲天子, 得乎天子爲諸侯, 得乎諸侯爲大夫."

게 더 이상 '민'은 사적이익 추구의 대상이 아니라 소수자로서 보호받고 불쌍히 여겨 돌보아 주어야 할 긍휼의 대상이었다. 치자(治者)는 민, 소수자와의 관계에서 이익이 아닌 인정(仁政)의 관계 맺음 방식을 통해 소수와 다수의 공존, 민(民)에게로 다가가는 윤리적 지평을 마련할 수 있었다.

공자가 말했다. "군자는 은혜를 베풀지만 헤프지 않고, 노동을 시키지만 원망을 듣지 않고, 구하지만 탐하지 않고, 여유가 있지만 교만하지 않고, 위엄을 차리지만 사납지 않다. (……) 인민(백성)들이 이롭게 여기는 이익을 보장하여 그들로 하여금 이익을 누리도록 한다면, 그것이 곧 은혜를 베풀지만 헤프지 않다는 것이 아니겠는가?"[17]

자공이 물었다. "예컨대 누군가가 백성들에게 널리 은혜를 베풀고 많은 환난으로부터 백성을 구제한다면 어떻습니까? 인(仁)하다고 일컬을 수 있습니까?" 공자가 말했다. "어찌 인을 일삼는 데 그치겠는가. 반드시 성인일 것이다. 요순 같은 위대한 제왕들도 그런 면에서는 오히려 부족하다고 애태웠을 것이다."[18]

공자의 말처럼 인정(仁政)으로 연대한 소수와 다수, 민과 군의 관계에서 '민'은 더 이상 노예가 아리라 자유로운 직업을 가지고 노동하며 개인의 이익을 추구할 줄 아는 주체적 존재였다. 또 권력의 소재가 '민'

---

17 『논어』「堯曰」: 子曰, "君子惠而不費, 勞而不怨, 欲而不貪, 泰而不驕, 威而不猛." 子張曰, "何謂惠而不費?" 子曰, "因民之所利而利之, 斯不亦惠而不費乎?"
18 『논어』「雍也」: 子貢曰, "如有博施於民而能濟衆, 何如? 可謂仁乎?" 子曰, "何事於仁! 必也聖乎! 堯舜其猶病諸!"

에게 있었다는 점을 고려해 보면 '민본'의 의미가 민주주의의 '민권'에 닿아 있음을 부정할 수 없다. H. G. 크릴에 따르면 쑨원은 연설에서 공자를 여러 번 민주주의자로 부르며 경의를 표하고 이렇게 말했다고 한다. "공자와 맹자는 모두 민주주의의 대표적인 인물이었다. (……) 공자가 항상 요·순의 말을 인용한 것은 그들이 제국을 세습재산으로 보유하지 않았기 때문이다. 요·순의 정치는 명목상 군주정치였지만, 실제로는 민주정치였다. 공자가 그들을 찬양한 것은 바로 이 때문이었다." [19] 결론적으로 공맹과 이들의 입장에 근거하면 유교민본정치에서 군주는 다수의 세습적 특권을 가지지 않으며, '민'의 힘으로부터 자유롭지 못했다. 우환의식(憂患意識)을 가지고 누구보다 먼저 환난을 해결하고 구휼하기 위해 애태우고 민의 행복, 경제적 안정, 도덕적 교화에 책임의식을 통감하는 존재다. 소수자로의 '민'은 단지 국가의 재산이 아니라 민주주의 민본·민향(民享)의 주체다.[20] 민본주의든 민주주의든 간에 '민(民)'권(權)·'민(民)'치(治)·'민(民)'향(享) 세 기둥이 유기적으로 맞물려 작동할 때 진정한 민주주의의 '민주화'가 이루어질 수 있다. 그 중심에는 '민-소수자'가 있다. 이점을 기억하고 민본과 민주의 통섭을 모색하는 것은 더 좋은 민주주의, 진보하는 민주주의로 나아가는 선택이 아니라 필수다.

19 H. G. 크릴, 이성규 역, 『공자』, 지식산업사, 1997, pp. 336-337. 재인용.
20 다만 유교민본주의 정치체제의 한 축 君-臣-民의 위계구조에서 치자계급이 修己治人(安人)하는 '군자로서의 위정자'의 역할을 중시하고 상대적으로 민주주의의 민치, '민'의 정치 참여의 역할과 역량을 과소평가한 것을 한계로 지적할 수 있다.

3. 소수자란 누구인가

"우리는 모두 소수자다."라는 말이 있다. 실제로 강력한 대통령 중심제 하의 국가 통치가 이루어지는 우리 사회에서 우리는 모두 소수자다. 존재론적으로 소수자·소수파라는 말은 형식상 대립하는 다수자·다수파와의 연관 속에서 규정된다. 사전적 정의에 의하면 '소수자집단'이란 육체적·문화적 특질 때문에 다른 사람들과 구별되고 불평등한 차별대우를 받아서 집단적 차별의 대상이 되는 사람들을 말한다. 때로는 동성애와 심신장애인 등을 소수자 집단으로 보는 경우도 있다. 한편 소수자 집단이 존재한다는 것은 보다 높은 사회적 지위와 큰 특전을 가진 우세한 무리가 있다는 것과 불가분의 관계가 있다. 이는 소수자 집단은 단순히 구성원의 수가 적다는 의미가 아니라 권력관계에 의해 지배받는 자를 의미한다. 이 때문에 지식·권력의 소재에 따라 그것을 선취한 '소수'는 '다수'가 될 수 있고 그것을 잃은 '다수'는 '소수'가 될 수 있다. 근대 국민국가 이후의 정치담론의 맥락에서 보면 다수의 개념은 반드시 소수 개념에 비해 우월한 것도 아니고, 또 소수의 개념 없이는 존재할 수 없다.[21]

결국 다수자가 다수자일 수 있는 이유는 소수자가 존재하기 때문에 가능하다. 다수자는 자생적, 독립적으로 존재할 수 없고 반드시 소수자와의 연관 속에서 존재하고 규정된다. 또 그 다수자가 다양한 성질을 지닌 소수자들의 구성체라고 본다면 다수자의 뿌리는 소수자의 토

---

[21] 아르준 아파두라이, 장희권 옮김, 『소수에 대한 두려움』, 에코리브르, 2011, p. 74. 소수자의 의미를 현실 정치적 맥락에서 규정하면 실제로는 가장 질투심이 강하고 시민에게 강한 충성심을 요구하는 국가권력과 대립·긴장 관계에 있으면서 그러한 힘으로부터 벗어나려는 시민사회 집단을 가리킨다고 볼 수 있다.

대 위에 있다. 절차민주주의는 다수자의 이익(의견)이 소수자의 이익(의견)보다 우선한다는 전제하에 다수와 소수를 대치시키는 이원적 범주의 틀 위에 세워졌다. 하지만 민주주의 사회에서의 다수와 소수의 이원적 틀이 항상 적대적 긴장관계로 대립하거나 어느 한쪽의 힘이 절대적으로 우승적인 것이 아니다. 만약 대립 하는 두 범주가 상호 적대적이며 어느 한쪽이 절대적인 지위와 힘을 선점한다면 그 관계는 상호보완적일 수가 없다. 그렇기 때문에 실제로 다수와 소수가 현실 정치에서 관계를 맺는 방식을 보면 상호보완적이다. 그래서 민주주의의 역사는 끊임없이 변화의 과정을 거치며 진보할 수 있었다. 또 소수자의 의견이 묵살된 채 다수의 의견을 선이라고 한다면 그것은 우리가 말하는 진정한 의미의 민주주의가 아니다.

하나의 정치체제이자 서구에서 발생한 것으로 여겨지는 민주주의는 절차적 민주주의를 핵심요소로 여긴다. 절차민주주의에서 문제를 다수결에 의해 해결하는 방식은, 만약 그 결과가 노력해서 얻은 게 아니고 순전히 다수의 편에서 손을 든 다분히 우연에 의해 결정된 거라면 다수의 입장을 따르는 다수결의 의사결정의 방식이 반드시 민주적인 것은 아니고 반대로 소수의 입장을 따르게 되는 것도 민주적이다. 우리가 민주적이라고 생각하는 다수결이 실제로 일상생활에서 보면 그 문제와 연관된 사람들이 심사숙고하고 토론하고 갈등하며 그 문제를 합리적으로 풀어나가는 과정을 거친 후 다수결이라는 민주적 방식을 실행에 옮기는 것이 아니라, 이렇게 우연에 의해 자신의 이익을 다수의 숨겨진 품속에서 무임승차하는 형식으로 얻는 무비판적 행태다.

한편 소수자 운동은 소수 집단이 존재한 수만큼 존재한다. 우리 사회에 소수자로 존재하는 집단은 예컨대, 이주노동자, 새터민, 장애인, 양심적 병역거부자, 성소수자, 난치병 환자들, 독거노인, 입시기계 청

소년, 노숙자, 비정규 노동자, 극좌집단, 여성해방운동가, 미혼모 그리고 언제나 약자이자 소수자로 존재했던 여성 등이다.[22] 일반적으로 이들을 빈곤층, 무소유자, 약자, 그리고 주변화된 여타의 집단으로 볼 수 있다. 우리 사회도 이제 이러한 소수자의 복지에 대한 관심이 높아지고 있다. 하지만 아직도 우리 사회의 소수자 집단은 그들이 가진 열악한 자연적·사회적 조건 때문에 생긴 차이를 무시당한 채 타자를 이기는 일이 미덕으로 치부되는 신자유주의가 부추기는 시장 경쟁에 내몰려있다. 경쟁의 승부가 끝난 후 타자(패자/소수)의 고통을 어루만지기는커녕 그것을 감정의 사치로 느끼는 불화(不和)의 미성숙한 사회 공간속에서 애초 공정한 게임을 기대하기는 어려운 일이다. 또 공정한 게임의 장을 만들고, 효율적인 소수자 운동을 전개하기 위해서 우선 시급하게 해결해야 할 문제가 있다. 민주주의라는 미명하에 다수에 편입된 특권적 권력을 가진 자들이 이미 짜놓은 법 제정, 정책 집행, 결정 과정에서조차 소수자 집단의 정치적 의견과 권리가 배제되는 구조를 바꿔야 한다. 이런 우리 사회의 구조적 모순과 미성숙을 누가 책임질 것인가?

그러면 소수자 운동·복지 문제를 해결할 수 있는 실마리를 어디에서 찾아야 하는가? 타인에게 고통을 주는 자도 인간이지만 타인의 고통을 해소하는 열쇠를 쥔 자도 인간이다. 손택은 말한다. "특권을 누리는 우리와 고통을 받는 그들이 똑같은 지도상에 존재하고 있으며 우리의 특권이 (우리가 상상하고 싶어 하지 않는 식으로, 가령 우리의 부가 타인의 궁핍을 수반하는 식으로) 그들의 고통과 연결되어 있을지도 모른다는 사실을 숙고해 보는 것, 그래서 전쟁과 악랄한 정치에 둘러싸인 채 타인

---

22 이수현, 『우리 옆의 약자』, 산지니, 2006 참조.

에게 연민만을 베풀기를 그만둔다는 것, 바로 이것이야말로 우리의 과제이다."[23] 손택은 우리가 행동하지 않는 한 소수자 운동을 하는 고통받는 소수자들에게 연민을 베푸는 것만으로는 부족하다고 말한다. 왜냐하면 타자의 고통에 눈을 돌리지 않는 것도 중요하지만, 타자의 고통의 이미지들은 우리 양심의 척추에 최초의 자극만을 제공할 뿐이기 때문이다. 소수자 문제에 관심을 갖고 소수자와 공감하고 고통을 분담하고, 나아가 그들에게 물질적 지원과 정치적 지지를 기꺼이 보낼 수 있어야 한다.

김상준은 역사적으로 식민주의에 기반한 유리한 조건에서 가능했던 서구형 복지, 서구형 식민주의 발전 모델이 이제 더 이상 현실적으로 되풀이될 수 없다고 보고 "식민지 없는 내포형 경제에서 가능한 복지에 관한 아이디어를"[24] 찾아야 한다고 진단한다. 그리고 그 가능성을 유교 공(公)사상의 요체이자 '정치적'[25] 구현으로 볼 수 있는 대동사회[26] 건설을 통해 혈연, 남녀노소, 신체조건 등을 따지지 않고 보편복

---

23 수전 손택, 이재원 옮김, 『타인의 고통』, 이후, 2011, 154쪽.
24 김상준, 『유교의 정치적 무의식』, 글항아리, 2014, p. 128.
25 여기서 '정치적'이라는 말은 오늘날 국가의 다양한 기능적 분화에도 불구하고 가장 보편적인 정치결사체인 국가 본연의 존재 이유와 정치 목적이 동서고금을 통틀어 삶의 행복 또는 완성이라는 점을 강조하는 맥락에서 쓰였다. 아리스토텔레스가 "모든 국가 (polis)는 분명 일종의 공동체이며, 모든 공동체는 어떤 선을 실현하기 위해 구성된다. 무릇 인간 행위의 궁극적인 목적은 선(agathon)이라고 생각되는 바를 실현하는 데 있기 때문이다.(아리스토텔레스, 천병희 옮김, 『정치학』, 숲, 2009, 1252a1-6)"; "국가란 그 구성원의 가족들과 씨족들이 훌륭하게 살 수 있게 해 주기 위한 공동체이며, 그 목적은 완전하고 자족적인 삶이다.(『정치학』, 1280b28-1281a1)"(김비환, 『정치철학과 변증법적 법치주의』, 성균관대학교출판부, 2012, p. 175. 재인용)라고 한 말도 유교가 대동사회를 지향하며 民의 행복을 정치목적으로 삼는 것과 같은 맥락이다.
26 『예기』「禮運」: 人不獨親其親, 不獨子其子, 使老有所終, 壯有所用, 幼有所長, 矜寡孤獨廢疾者皆有所養 (……) 是謂大同.

지 차원에서 민생을 안정시키기 위해 모든 사람을 공평하게 부양하는 양민(養民)·구민(救民) 제도의 측면에서 검토한다.

공동선을 추구하고 경제 정의를 실현해야 하는 국가(성왕)의 의무에 대해 우선 굶주리는 민(民)을 구제해야 함을 강조하는 역사적 근거로서 맹자의 말을 들어보자.

> "개돼지가 사람 먹을 곡식을 먹게까지 되어도 거둬들일 줄 모르고, 길에 굶어 죽은 시체가 생겨도 〔곡식 창고를〕 열어 곡식을 풀 줄 모르고, 사람이 죽었는데 '내 탓이 아니다. 세월(흉년) 탓이다'라고 한다면, 이것이 어찌 사람을 찔러 죽이고 '내 탓이 아니다. 칼 탓이다'라고 하시는 것과 무엇이 다릅니까? 왕께서 흉년을 허물하는 일이 없게 되면 곧 온 천하의 사람들이 모여들게 될 것입니다."[27]

그런데 사실 위 맹자의 말을 민본과 소수자의 맥락에서 보면, 소수자의 권리와 그들에 대한 보호란 게 주권자(국가, 성왕)의 은혜와 연민이 발휘되는 한에 있어서만 허용된 제한적 의미밖에 지니지 못한다. 왜냐하면 우선 맹자는 국가 운영에서 왕의 도덕적 동기를 너무 강조하는 것처럼 보인다. 또 소수자의 차이를 인정하는 차이의 정치학에서는 모든 동일화 전략을 거부하고 차이가 그대로 수평적으로 마주하는 관계를 설정한다. 하지만 맹자의 경우는 성왕이 측은한 마음을 가지면 모든 민이 성왕의 마음을 닮을 것이라는 동일성의 계기를 작동시키기 때문이다. 따라서 맹자의 백성을 위한 민본사상은 민을 안정시키고 어

---

27 『맹자』「양혜왕장구」상: 狗彘食人食而不知檢, 塗有餓莩而不知發, 人死則曰, '非我也, 勢也.' 是何異於刺人而殺之, 曰, '非我也, 兵也.' 王無罪歲, 斯天下之民至焉.

루만지는 데는 성공했지만 해방시키는 데는 실패한 한계를 갖는다. 하지만 이런 한계에도 불구하고 차가운 법과 이성에 근거한 민주주의가 담아내지 못한 정치적 무의식의 정치 효용 가능성을 일찍이 간파하여 연민〔惻隱之心〕이라는 문학적·감성적 상상력을 민본주의 안에 불어넣었다는 점과, 국가는 공동선을 추구하고 굶주린 민이 생기지 않도록 하는 의무를 다 하여야 한다는 국가의 존재 이유와 목적을 묻고 있다는 점에서 의의가 있다.[28]

다음으로 맹자가 민본정치의 실현이라는 측면에서 환과고독(鰥寡孤獨)의 소수자의 문제에 대해 어떤 고민을 했는지 살펴보자. 『맹자』「양혜왕장구 하(梁惠王章句 下)」 '호화호색장(好貨好色章)'에는 제(齊)나라 선왕(宣王)이 맹자에게 왕도정치(王道政治)에 관해 묻자 맹자가 다음과 같이 대답하는 말이 나온다.

옛날에 문왕(文王)이 기(岐)땅을 다스릴 때에는 경작자에게는 9분의 1의 세금을 과세하였고, 벼슬을 한 사람에게는 그 녹(祿)을 대대로 주었고, 관문(關門)과 시장에서는 사정을 살피기는 하였으나 세금을 징수하지는 않았고, 물을 막아 고기를 잡는 기구인 량(梁)을 쓰는 것을 금하지 않았고, 죄인을 처벌하더라도 그 죄를 처자에게까지는 미치지 않았습니다. 늙어 아내가 없는 이를 홀아비〔鰥〕라고 하고, 늙어 남편이 없는 이를 과부〔寡〕라 하고, 늙어 자식이 없는 이를 외로운 사람〔獨〕이라 하고, 어리고 아비 없는 이를 고아〔孤〕라고 합니다. 이 네 부류의 사람들은 천하에 궁박한 백성들로서 어디에 호소할 데가 없는 사람들입니다.

---

28 김상준, 『유교의 정치적 무의식』, 글항아리, 2014, p. 134. 참조.

맹자의 주장은 간단명료하다. 맹자가 "문왕의 백성들 가운데에는 얼고 굶주리는 늙은이가 없었다."(「진심 상」)라고 강조하듯이 정치[仁政]를 펴는 데는 반드시 능력이 없고 의지할 데가 없는 늙은이와 어린이, 즉 '환과고독'의 네 부류의 사람들을 먼저 돌보아야 한다는 것이다. 맹자가 살던 당시에 비해 지금의 '환과고독(鰥寡孤獨)', 특히 '환과독'의 성격은 다소 변해서 그 실제의 지위와 의미가 다르다. 하지만 존재론적인 의미에서 이들은 여전히 '소수자집단(minority)'이다. 맹자는 이미 2,400여 년 전에 왕 앞에서 소수자의 인권을 문제 삼으며 민본사상이 오늘날 민주주의 철학과 훌륭하게 상통할 수 있음을 말한다. 동시에 민주주의가 태생적으로 가지고 있는 '민주주의의 역설'을 꼬집었다. 하지만 소수자 운동이 성공하기 위해 필요한 구체적 방안과 그 실천을 이루어내는 법, 즉 사회적 우위를 차지한 다수자들을 어떻게 설득할 것인가에 대한 방안이 미흡한 게 한계다.

민주주의는 언제나 역사적 조건과 문맥 안에서 '민주주의의 역설'을 안고 있었다. 민주주의의 발생지 고대 그리스 아테네의 민주주의는 성인 인구 중 80~90%에 해당하는 여성, 노예, 임시 거류민들을 민주주의의 주체에서 배제했다. 정작 다수에 해당하는 사람들이 소수자로 몰려 '우리'의 주체가 아니라 '그들'이라는 이름으로 배제되었다. 이렇듯 민주주의 안에 스며 있는 우리/그들 사이의 배제는 민주주의의 요람에서부터 시작되었고 지금이라고 예외가 아니다. '민주주의'라는 말의 개념과 실천으로서의 '민주주의'는 비민주적 배제라는 태생적 모순을 안고 있는 터라 언제나 민주주의의 역설이라는 한계를 스스로 극복해야 한다.[29]

---

29 아감벤 외, 김상운 외 옮김, 『민주주의는 죽었는가? – 새로운 논쟁을 위하여』, 난장, 2010, p. 94.

특히 자본주의 사회에서는 자본을 가진 소수가 경제적인 지배력뿐만 아니라 정치적 지배권을 가지고 다수의 민중을 지배하는 모순된 상황을 보인다. 이러한 모순은 맹자가 가장 혜택을 못 받는 빈곤층, 약자, 그리고 주변화 되는 소수자 집단의 문제를 집중적으로 묻고 건드리는 이유와도 상통한다.

맹자는 사회적 약자 즉, 소수자에 대한 배려의 출발점에 우물에 빠진 위험에 처한 아이〔孺子入井〕를 구하려는 성선(性善)의 착한 마음씨, 나아가 '자비의 의무'의 기치를 내건다. 하지만 현대 자유주의 사회에서의 개인주의적 윤리는 성선의 인격을 필요로 하는 것이 아니고 오히려 타인에 대한 무관심에 더 가깝다. 왜냐하면 자유주의 윤리학은 권리와 의무의 대응 관계로 구성되기 때문에 내가 위험에 처한 사람의 권리를 침해하지 않는 한 권리의 자격이 없는 사람에 대해 '자비의 의무'를 베풀어야 할 윤리적 의무가 없는 것이다. '자비의 의무'가 작동하지 않는 사회에서 소수자에 대한 배려나 복지를 기대하는 것은 어려울 것 같다. 하지만 맹자는 사회적 약자에 대해 따뜻한 마음을 갖는다는 것이 얼마나 소중한 일인지 알고 있다.

결국 필자가 맹자의 민본주의와 환과고독을 들먹인 이유는 지금의 민주주의 체제가 민주, 민본이라는 가치를 실현하는 데 있어 소수자 문제를 제대로 고려하지 못했다는 한계를 짚고 싶어서다. 즉 우리 사회에서 민주적 가치가 진정한 '민주'의 얼굴로 모든 '민중'과 마주하기 위해서는 소수자를 '민주', '민본'의 주체로 인정하고 포용할 수 있는 사회로 진화해야 하는 당위의 문제를 제기하는 것이다. 태생적으로 민주주의가 갈등에 기반을 둔 정치체제라고 말하는 사람도 있듯이 민주주의에서 최선의 정의는 소수자와 다수자가 정당한 절차를 거쳐 여러 의견과 이익들이 갈등하고 경쟁하고, 그 결과에 대해 서로 수긍하는 과정에서 성취하는 것이다.

지금 우리의 국내 상황은 다문화 사회, 고령화 사회화 되어 가는 과정 중에 여러 의견과 이익들이 갈등하고 있다. 우리는 이러한 상황에서 맹자가 제기했던 소수자 집단에 대한 문제가 지금 정말로 '우리의 문제'임을 인식하고 맹자의 말에 좀 더 귀를 기울여야 한다. 하지만 단순히 '다문화 사회'와 '소수자에 대한 배려'만을 외쳐서도 안 된다. 구호만 외치는 것은 미봉책으로 끝날 위험이 크고 정치적 수사에 그칠 확률이 높다. 우리가 우리 사회에 '다문화 사회'의 틀을 안착시키고 고령화 사회의 문제를 해결하며 복지국가와 진정한 민주주의 사회로 나아가는 데는 우선 한국인과 외국인, 신세대와 구세대 간의 구성원들이 마주하게 되는 이화(異化)를 넘어서는 통합과 동화(同化)의 압력을 견뎌야 한다. 그래서 인간의 연민은 어디로부터 오는가를 고민하며 측은지심이라는 감성 계발을 통해 통합과 동화의 압력을 견디며 차별성을 극복하려고 했던 맹자의 고민이 더욱 절실하게 들리는 이유다.

또 미혼모의 소수자로 살아가는 이들에 대한 우리 사회의 무관심에 대해 반성해야 한다. 300여 명의 대학생들에게 물었다. 한국사회의 불명예인 낙태율 1위와 관련하여 그 원인을 3무(無), 즉 '세 가지의 없음'에서 찾을 수 있는데, 첫째가 미혼모와 의사의 무책임, 둘째, 가족과 사회의 무관심, 셋째 정부의 무지원이다. 그런데 첫째의 이유의 문장은 수정이 필요한데, 무엇을 고쳐야 할까요? 라고 말이다. 정답은 '미혼모'를 '미혼모와 미혼부'로 고치는 것이다. 그런데 학생들로부터 이 대답을 듣는 게 쉽지 않았다. 그 이유는 바로 학생들의 머릿속에 주입된 전통적 남성 중심적 사고방식, 특히 낙태 문제에 있어서 그 책임을 여성에게만 돌렸던 우리 사회의 구조적 모순과 그것에 타율적으로 길들여진 여성들의 습관적 노예근성 때문이다. 이런 모습을 만들어낸 것은 지금까지 남성들이 남성의 정치적 지배를 정당화기 위해 남성지배 담론 구조 속에서 여성들의 정치적 무관심과 순종적 태도를 상식의 이름으로 이데올로기화했기 때문이다. 하지만, 정작 더 큰 원인은 약자, 소수자를 끌어안는 우리 사회의 관용의 덕이 부족하다는 데 있다. 한국사회에서 절대적 가부장제의 질서가 무너지고 있는 것은 다행이다. 절대적 가부장제는 여성과 남성, 소수자와 다수자의 상호보완성을 무너뜨린다. 소수자와 다수자의 관계는 상호보완성을 바탕으로 하기에 한쪽은 다른 한쪽이 존재하기 위한 존재론적 근거가 된다. 하지만 어느 한쪽으로 힘의 균형이 일방적으로 쏠리면 상호보완성은 깨진다. '소수와 다수의 상호역전가능성'이 존재하는 한, 그리고 다수주의가 민주주의 이름으로 우리 생활세계를 지배하고 있는 한, 상호보완 작용하지 못하는 소수자와 다수자의 관계는 조건이 바뀌면 언제든 어느 한쪽은 지배적 타자가 되어버린 다른 한쪽의 무관용, 동일시의 폭력의 무게를 올곧이 짊어져야 한다.

4. 소수자와 관용

관용의 덕은 개인에게만 요구되는 덕이 아니고, 민주주의 사회라고 하면 공동체 전체사회에 한결같이 요구되는 최고의 선이며 민주의 덕이다. "인간의 생활에 필요한 재화나 그 물질적 기초가 보장되지 않는 한, 생활의 질이나 생활의 다차원적 성격이 발전되기를 기대할 수 없다."[30]

---

30 모리스 뒤베르제, 김학준, 진석용 역,『서구민주주의의 두 얼굴』, 문학과지성사, 1983, p. 204.

고 했다. 여기서 필자는 소수자 운동의 본질적 목적이 반드시 경제적인 빈곤을 해결하려는 데 있는 게 아니라 모럴상의 문제라는 것을 분명히 짚고 싶다. 을의 입장에 놓인 가난한 소수자들이 한국 국부의 30% 이상을 차지하고 있는 상위 1%의 부유한 다수자 갑에게 배부른 소크라테스가 되기를 바라는 게 욕심인가? 라는 모럴의 문제 말이다. 박완서가 「도둑맞은 가난」의 수필에서 꼬집었듯이 부자들이 게걸스러운 탐욕으로 가난마저 탐내 가난까지 도둑질해 가는 걸 넘어서 가난을 가지고 희롱하는 짓은 적어도 하지 말아야 한다는 것이다.[31]

가난을 가지고 희롱하지 말아야 하고 배부른 소크라테스가 되기를 바라는 바람과 요구는 곧 소수자 운동이 자력구제의 노력만으로는 불가능함을 시사한다. 실례로 지하철을 이용하려는 중증 장애인의 자립은 '자립'이라는 말과 역설적으로 혼자의 노력만으로 힘들고 타자의 공조를 통해서만 가능하기 때문이다. 이처럼 소수자의 자립 또는 자립을 위한 최소한의 권리 보장은 그들만의 노력과 운동만으로 쟁취할 수 없는 게 사실이다. 사실 이 쟁취도 다수에 대해 소수가 지니는 차이의 가치를 다수가 관용하고 존중하는 과정 없이는 불가능한 게 현실이다. 따라서 소수자의 권리 신장은 다수, 즉 힘을 가지고 있는 자들의 최소한의 희생과 불평등을 감수하려는 이타심이 뒷받침되어야 한다. 또한 다원주의가 제대로 기능하지 않는 상황 속에서는 소수자의 차이가 차별로 뒤틀리기 때문에 소수자 운동과 주장, 정치 참여란 한낱 형식에 그치고 만다. 형식에 머물고 마는 소수자 운동과 주장, 이것을 정치에 반영하기 위한 정치 참여가 실제적 차원에서 성공하려면 다원주의에 입각한 경쟁적 정당제도하에서 자발성과 자율성에 바탕 한 비판적 정

---

31 박완서, 『도둑맞은 가난』, 창비, 2007.

당이 소수자의 의견을 대변해 정치에 투입해 관철시킴으로써 다양한 영역의 소수자를 정치체제 속으로 흡수해 통합시킬 수 있어야 한다.[32]

하지만 현재 우리나라에서의 정당의회주의는 사실상 소수자의 권리를 대표할 만한 진정한 정당이 없다. 이런 점에서 오늘날 우리의 민주주의 정치체제를 아리스토텔레스의 분류방식에 따른다면 '민주주의'가 아니라 '과두정치'다. 설령 의사결정방식이 아무리 다수의 결정을 따르는 '민주적' 방식이라 할지라도 소수의 의견이 무시된다는 점에서 순수하게 공공복리를 실현하는 것도 아니고, 다수의 사리사욕을 채우는 데 일조한다는 점에서 진정한 의미에서 우리가 바라는 정당의회, 정당민주주의도 아니다. 결국 민중의 구성원인 소수자 의견과 권리가 배제되었다는 점에서 지금의 정당의회주의는 '진정한' 민중의 대표가 없기 때문에 간접민주주의도 아니다. 그리고 실제로 민중이 정작 지배하지 않는 정당의회에서 오히려 가진 자의 입장을 대변하는 자들이 민주주의의 수호자인 척 주장하고 있다.[33] "경제적 불평등의 증가는 정치적 대응성의 불평등의 증가와 비례해서 가난한 자들에게 불리한 공공 정책을 만들게 되고 그렇게 되면 다시 경제적 불평등이 더욱 심화되는 악순환이 계속된다."[34]

자발성과 자율성은 각 소수자들이 소수자 운동을 벌이는 힘의 원천이자 기본 원칙이고, 소수자의 지지로 움직이는 자발적이고 자율적인

---

32 최장집·박찬표·박상훈,『어떤 민주주의인가』, 후마니타스, 2008, p. 31. 참조.

33 이종영은 민주주의가 계속 지연되고 있다고 말하는 데리다의 진단을 소개하며 불평등한 민주주의가 만연한 곳에서 민주주의를 외치는 것은 실질적인 민주주의의 부재를 은폐하기 위한 이데올로기적 자기주장일 뿐이라고 비판한다. 이종영,「이데올로기로서의 민주주의」,『진보평론』 21호, 2004, p. 136.

34 래리 M. 바텔스, 위선주 옮김,『불평등 민주주의』, 21세기북스, 2012, p. 401.

정당만이 그러한 소수자의 주장과 정치 참여를 실제적인 실천으로 이끌고 제도화할 수 있다. 따라서 다원주의의 폭은 상당히 넓지만 소수자의 권한 확장이라는 측면에서 지금 우리 사회에 시급히 요구되는 것은 정치적 다원주의의 문제에 있어서 우선 정치적 다원주의의 가치를 인정하는 사회적 공감대가 필요하고 나아가 소수자의 입장을 대변하는 사회주의 정당이 제대로 기능해야 한다는 점이다.[35]

5. 소수자 '되기'와 소수자 운동, 그리고 다수의 횡포

소수자가 살기 좋은 세상이 다수자가 살기 좋은 세상이며 다수자가 살기 좋은 세상이 소수자가 살기 좋은 세상이 되기를 위하여 우리는 소수자 '되기'에 기꺼이 동참해야 한다. 현실 정치의 맥락에서 소수자 '되기'의 정치학은 소수자의 주체성이 고정된 실체로 규정되는 것을 거부하고 '되기(becoming)'의 과정 속에서 변이를 겪는 생성(creating)의 문맥으로 파악하는데, 소수자의 효과적인 해방 전략적이자 철학적 인식 방법이고 존재론이다. '되기'의 존재론은 소수자의 차이를 해체하는 것도 아니고 그 차이를 불변하는 절대적 차이로 고착시키지 않고 언제나 삶의 문맥과 정치적 지형 위에서 차이로 존재하는 변화됨을 인정하

---

35 유럽의 정당이 미국과 한국의 정당과 본질적 차이점을 드러내는 것은 유럽 국가들에 거대한 사회주의 정당이 존재한다는 사실이다. 유럽 국가들의 정당구조는 분명 자유주의 이데올로기와는 다른 세계관의 입장에서 세워졌다.(모리스 뒤베르제, 김학준, 진석용 옮김, 『서구민주주의의 두 얼굴』, 문학과지성사, 1983, pp. 181-182. 참조) 뒤베르제가 이 책에서 사회주의는 보다 많은 자유화를 필요로 하고, 서구체제는 보다 많은 사회화를 필요로 한다고 주장한 말은 일리가 있다.

는 차이의 존재론이다. 푸코의 분석에 따르면 차이를 없애는 방법은 지식으로 차이를 무화시키는 동일화 전략과 힘으로 누르는 방식이 있다. 차이에서 비롯되는 갈등, 불안을 없애는 방법이 의식과 육체 양 방면에서 동시에 진행되는 것이다. 이렇게 차이를 없애는 동일화 전략이 모두 강제성을 갖는다는 점에서 차이를 없애는 것은 도덕적이지 않다. 따라서 소수의 차이를 차이 그대로 남겨두는 개별화 전략은 그 사회가 좀 더 민주적인 사회로 다가가는 데 필요한 조건이다. 나아가 차이를 차이 그대로 인정할 때 느끼는 역전된 동질감은 자연스럽게 상호 의존감으로 '진화'하는 것이다. 이때 느끼는 상호 의존감은 아주 미묘한 느낌일지라도, 차이의 균열을 메워가며 상호 의존감을 키우려는 변화를 촉발시키는 데 있어서는 충분하다. 그래서 우리에게 소수자 '되기'가 요구되는 것이다. 자신만의 고유한 내면을 중시하고 기존 질서의 관성으로부터 벗어나 기꺼이 주변부에 머물며 소수자로 살아가는 소수자에게는 '소수'의 이름과 그 이름으로 획득되는 차이의 존재론이 그들의 실존 방식이다. 하지만 소수자 '되기'가 반드시 직접 소수자가 되어 살라는 것이 아니다. 소수자 '되기'가 진정한 윤리성을 획득하고 평범함 속에서 발견되는 실천이기 위해서는 이처럼 소수자로 주변부에 살며 끊임없이 중심부의 지배적 가치, 즉 현재의 지배적 패러다임에서 작동하는 독점적 관심이나 지배적 아이디어에 의문을 제기하며 사물을 보는 관점이 저마다 다를 수 있다는 사실을 깨닫고 인정하는 것이다.[36] 모든 주체가 지배적 패러다임이 짜놓은 '우리'라는 정치적 관계 그물망에 매몰되어 각자의 개성을 보지 못하고 전체성만을 중시하게 될 때, 결국 그곳에는 시쳇말로 "우리가 남인가."라는 정치적 관계만 존재할

---

36 심승우, 『다문화 시대의 도전과 정치통합의 전략』, 이담, 2013, p. 132. 참조.

뿐 나와 너라는 다름을 인정하는 윤리적 관계는 존재할 수 없다. 결국 소수자 '되기'란 나와 너라는 윤리적 관계의 회복을 의미하는 것이고 우리는 윤리적 관계성 속에서 모두 소수자인 것이다.[37]

대중의 시대를 살고 있는 우리에게 똑똑한 대중은 존재할 수 있는 가, 다수결의 원리가 반드시 민주주의를 보장해 주는가 라는 문제의식, 즉 우민정치에 대해 근본적 의문을 던져 주는 책이 있다.[38] 오래된 글 이지만 현재뿐 아니라 민주주의가 지속되는 한 여전히 유효하고, 우리 의 과제처럼 더 좋은 민주주의 모델로서 선비민주주의 가능성을 검토 하는 데 많은 점을 시사하는 문제의식이다. 거의 1세기 전에 오르테가 나 지금의 레리 M. 바텔스 등이 우리의 민주 정체에 던지는 질문 "누 가 세계를 지배하는가."라는 물음에 한결같이 역사의 주도세력을 대중 에 의한 대중의 지배라는 소수 엘리트와 대중의 지배 역학관계의 전도 를 말한다. 하지만 다른 한편으로는 대중의 어리석음과 소수 엘리트들 의 독선적 수호주의를 경계하고 양자 간의 역동적인 조합과 정명의 실 천, 그리고 참된 도덕의 회복만이 주도권 다툼을 넘어 우리가 바라는 진정한 민주주의로 진보하는 길임을 역설한다. 토도르프도 민주주의의 구성요소인 진보, 자유, 인민 세 가지가 다원주의를 무시하고 극단으로 치달으면 그것들이 각각 메시아주의, 극단적 자유주의, 포퓰리즘으로 변질되어 민주주의의 내부의 적이 될 수 있음을 지적한다. 그에 의하 면 세 번째 적이 바로 인민이다. 인민(대중)의 생각과 의지가 일시적인

---

37 레비나스의 '타자 지향적 윤리'도 결국 우리가 타자와 마주할 때 그의 다름에 반응하 여 나와 너의 윤리적 관계성을 회복함으로써 전체주의를 막고 그 폭력성으로부터 벗 어나려는 기획이므로 이 역시 소수자 '되기'의 일환으로 볼 수 있다.

38 호세 오르테가 이 가세트, 황보영조, 『대중의 반역』(원제 La Rebelion de las Masas, 1930년), 역사비평사, 2005.

감정이나 조작된 여론에 좌우되어 결국 심사숙고 하는 이성적 능력에 갖추어진 지적인 덕을 상실해 한쪽으로 쏠리는 포퓰리즘을 비판한 것인데, 이것이 민주주의 내부의 위협이라는 것이다.[39] 민주주의의 발전을 위해서도 그렇고 소수자의 복지를 위해서도 그렇고 이제 대중의 성숙한 사고로 빚어진 생각의 긍정적 변화가 필요하다. 생각의 전환은 사고 자체에서 생기는 것이 아니라 사회를 구성하는 어떤 집단의 실천적 변화에서 온다. 대중이 성숙해져야 그 사회도 진정으로 성숙해지는 것이다. 타자의 고통을 어루만지고 보살피는 성숙함은 바로 지금 여기 살고 있는 우리 한 사람 한 사람의 실천에 달려 있다. 아렌트가 말한 '악의 평범성' 역시 이와 같은 맥락에서 해석할 수 있다. 평균적인 다수로 존재하는 평범한 우리 시대의 대중은 다수의 집단의식과 시각, 가치에 매몰되어 자신들이 평범하다는 것을 알면서도 다수라는 아주 평범함이 갖는 권리를 아무 죄의식도 느끼지 않고 소수를 배제하는 '폭력'을 행사한다.

우리가 '국민에 의한'으로 표현되는 절차민주주의에서 다수자가 '다수'라는 이유로 갖는 단번의 정치적 의견과 권한을 인정한다고 하더라도 그것이 바로 소수자의 의견과 권한을 단번에 포기하는 것까지 인정하는 것은 아니다. 또 절차민주주의의 우승적 지위에서 다수의 의견을 존중하는 것이 '민주적'이라는 말의 의미에 부합하기 위한 필요조건은 되지만 충분조건은 아니다. 왜냐하면 민주주의의 의사결정 과정에서 다수의 의견이 항상 진리치를 담보하는 것이 아니기 때문이다. 더욱이 소수자에게는 소수자의 삶의 문맥에 뿌리박고 있는, 다수자에게 속하지 않는 차이와 의견, 그리고 다른 권한이 있다. 예컨대, 불구자에게는

---

39 츠베탕 토도로프, 김지현 옮김, 『민주주의 내부의 적』, 반비, 2012, pp. 10-17.

도움받을 권리, 환자에게는 치료받을 권리, 노동자에게는 유적 존재로서 자신의 노동으로부터 소외되지 않을 권리, 고령화되어 가는 사회에서 고독한 노인들의 행복 추구권 등등이다. 그러한 권한은 소수자가 존재하기 시작한 때부터 함께했던 시원적이고 본질적인 속성이기 때문에 힘으로 누른다고 해서 없어지는 것이 아니다. 그래서 우리는 다수자 일방에게만 주어진 권한이나 권력행사에 의한 지배력에만 관심을 둘 것이 아니다. 소수자의 권한과 결정권 행사의 가능성을 타진하고 양자의 적절한 결합과 상호보완적 관계의 건전한 긴장감을 유지하려 노력해야 한다. 이러한 노력을 통해 우리 사회에 과거보다 더 좋은 민주주의를 세우는 조건을 마련하는 것이 중요하다.[40] 양자의 상호보완적인 관계에서 이루어지는 상호협조는 공동의 이익, 공동선(사회의 규율, 규제) 마련을 위한 필수불가결한 실천방법이자 요체다. 타자의 발전과 조화를 모색하는 가운데 개별이익(개인적 자유)이 최대한 실현될 때 공동선 실현을 위한 사회 건설도 가능한 것이다.

이러한 공동선의 발전은 정치과정 상의 일정한 조건을 필요로 한다. 하지만 과거 국가 대 국민의 관계에서 소수자일 수밖에 없었던 우리 국민의 권리는 효율적인 산업화를 이루기 위한 중앙집권화된 강한 국가의 비민주적인 결정에 의해 박탈당했다. 이러한 상황조건은 소통의 부재라는 비민주적 측면에서 보면 지금이라고 별반 나아진 게 없다.

---

40 더 좋은 민주주의의 조건들을 모색하기 위해 '민주주의는 절차인가 목적인가?'라는 질문에 민주주의의 두 가지 근본적 성격을, 즉 형식적·절차적 제도의 묶음으로 이해하는 방식, 민주주의 실질적 가치 예컨대 '시민들의 평등한 존엄성이 실현된 상태로 보는 방식으로 구분하여 분석하고 두 차원이 최선의 균형 또는 조화를 이뤄야 한다는 논의는 김비환, 「좋은 민주주의의 조건들: 가치, 절차, 목적, 관계 그리고 능력」, 『비교민주주의연구』, 제10집, 비교민주주의학회, 2014 참조.

더 좋은 민주주의를 구상하는 우리 앞에 던져진 과제는 과거 국가가 독점했던 권력과 결정권이 신자유주의 현대 자본주의사회에서 권력과 결부된 자본을 소유한 소수 자본가 계급에게 옮겨간 독점 자본주의적 결정권을 해체 분화시키는 일이다. 그래서 지금 소외된 자들의 짓밟힌 삶의 고통을 덜 수 있는 실천 운동을 이끄는 이론적 철학적 작업으로서 '소수자 담론'과 소수자 운동이 필요하다.

이익 추구의 자본주의 사회에서 이익집단 간에는 갈등이 존재하기 마련이다. 특히 다수의 이익과 소수의 이익이 상충할 때 다수결의 양의 논리만을 우세적으로 앞세워 다수의 지배를 정의라고 이해하는 편협한 민주주의 사회에서는 소수가 다수의 횡포에 맞서 싸우기란 여간 어려운 게 아니다. 왜냐하면 다수 지배의 민주주의에서는 소수와 다수의 갈등이 다수의 도덕적 권위에 의해 정당화될 뿐 아니라 다수가 '물리적 힘'으로 다수의 횡포까지 일삼기 때문이다. 따라서 토크빌이 다수의 도덕적 권력은 다수자의 이익(의견)이 소수자의 이익(의견)보다 우선한다는 것에 기초하지만, 다수는 정의롭지 않은 행동을 할 수 있음을 지적한 것[41]은 적절하다. 소크라테스는 '정의'를 "강자의 이익"으로 보는 소피스트를 설득하며, 정의란 약자의 이익을 대변하는 통치술이라고 말했다. 하지만 소크라테스의 이 말은 역사적 경험에 비춰볼 때 부분적으로만 옳다. 사실 상호 상충하는 이익의 표출 시 강자의 이익을 대표하는 결과를 낳는 경우가 허다하기 때문이다. 이런 점에서 우리 사회가 다원주의를 바탕으로 하는 민주주의 사회니까, 소수자도 '민본', '민주'의 주체니까 소수자의 의견이 존중되고 소수자의 이익이 소수자의 바람처럼 어떤 공익적 균형에 도달한다고 바람만 갖는 것은 순

---

41 로버트 달, 배관표, 『경제 민주주의에 관하여』, 후마니타스, 2011, p. 23.

진한 생각이다. 소수가 다수의 횡포에 맞서 싸워 자신들의 권익을 쟁취하기 위해서는 연대해야 한다. 마르크스의 말처럼 노동자의 연대는 그들 존재의 필수조건이다. 그 방법은 물리적인 힘이 아니다. "일반적으로 약자는 말할 기회를 잡는 것 이외에 다른 방식으로 권력에 도전할 수 있는 기회를 찾기가 어렵다."[42]라고 말한다. 소수자가 연대해 자신들의 입장을 대변해서 정치적으로 반영하고 실천으로 옮길 수 있는 정당을 세워야 하는 이유가 여기에 있다.

6. 소수와 다수의 공존 그리고 연대

　　노동계의 연대뿐 아니라 좀 더 큰 연대의 관점에서 우리 사회를 새로운 기반 위에 확립시켜야 한다는 문제의식에서 보자. 소수자에 대한 효율적 사회보장과 미래의 더 좋은 민주주의를 도모하기 위해서라도 '사회적 자산'에 대한 신뢰를 다시 세워야 한다는 생각에 우리 공동체가 공감하는 것은 매우 중요하다. 실제로 사회의, 국가의 보호가 없었다면 그들의 소유권 자체가 위협받는다. 그들 다수(가진 자)의 소유권은 우선적으로 사회에 채무가 있지 신의 선물이나 무한권리가 아니다. 자본주의 경제사회 조건에서 지가 상승, 부동산 상승, 주식 상승 등 여러 요인에 의해 부의 증대는 필연적으로 야기된다. 하지만 그러한 부의 축적은 시대적 생산물로서 무한 상속될 수 없다. 특히 자연자원은 말할 것 없고 과거 세대의 부는 오로지 사적 소유가 되어서 상속 전유될 수 없으며 일정 부분 사회에 귀속되어야 하고, 소수자에게 재분배

---

42 이준웅, 『말과 권력』, 한길사, 2012, p. 21.

하는 것이 정의다. 개인의 노력에 의거하지 않은 부의 증식분은 사회의 소유가 되므로 부자 갑에 대한 과세가 개인의 재산권 침해가 아니다. 오히려 사회의 소유를 갑이 빼앗고 있는 것이다. 이런 맥락에서 국가의 과세권도 그것이 국민을 구성하는 전체 개인의 행복증대에 기여할 때에만 정당한 권리가 된다. 이러한 부의 분배로 인해 부자에게 가는 피해는 사실상 크지 않다. 적정한 부의 분배로 가난한 소수자들에게 돌아가는 혜택은 부자에게는 오히려 장기적 간접적으로 환원되는 바가 크다. 왜냐하면 소비가 이루어지지 않는 경제 조건에서 부자 대기업의 부의 증식은 없기 때문이다.

자신의 재산을 자기 마음대로 처리할 수 있는 것을 윤리로 보았던 윤리적 자유민주주의자들처럼 우리는 사회의 모든 구성원들이 평등하게 자신의 능력을 발휘하고 자유롭게 노력하여 얻은 이익을 공정하게 분배하는 정의로운 사회의 모습에 공감한다.[43] 하지만 현재 한국 사회는 신자유주의 시장경제 논리를 앞세워 효용성과 유용성, 자유로운 경쟁만을 중시하고 사회적 약자를 돌보는 데 소홀해 지난 2012년 대선 때 경제민주화와 관련한 공약이 주요 논쟁거리가 될 만큼 사회경제적 양극화의 위기를 겪고 있다. 서구 근·현대 사회를 구축한 주축 이념인 자유주의와 민주주의는 자유와 개인이 전제였다. 즉 자유의 가치를 최고로 하는 자유주의, 사회보다 개인을 우선시하는 개인주의다. 그런데 우리가 신자유주의 논리에 기반한 현대 자본주의 체제에 살며 민주주의 가치의 붕괴와 사회의 도덕적 해이를 겪는 이유는 자유주의의 존재론적 전제인 개인주의와 공리주의의 상호보완적 관계가 무너졌기 때

---

43 C. B. 맥퍼슨, 이상두 옮김, 『자유민주주의에 희망은 있는가』, 범우사, 1992, p. 19. 참조.

문이다. 특히 최대다수의 최대행복 추구라는 유용성을 도덕의 준거로 삼는 공리주의는 자칫 유용성의 원리가 개인의 권리를 부당하게 침해할 가능성이 있기 때문에 자유주의적 개인주의에 의해 다수의 횡포를 막아야 한다. 유용성의 잣대로 획일화된 양화의 논리를 지나치게 강조하다 보니 개인들 사이의 차이를 심각하게 고려하지 않는 문제점을 드러냈다. 이러한 상황에서 차이를 존중하는 다원주의, 자유와 인권의 정치철학이 필요하다. 더욱이 소수자 문제와 관련해 소수자의 차이를 인정하려는 사회윤리가 우리 사회에 요구된다. 이에 윤리실천 방면에서는 무게가 소유적 개인주의의 권리에 기반한 윤리에 지나치게 기울어진 것을 의무와 배려에 기반한 윤리로 옮겨와 균형을 맞추려 고민해야 한다. 아울러 정치실천 면에서는 기업의 소유와 통제, 경제권력 등으로 인해 나타나는 부의 집중화와 사회적 불평등을 줄이려고 노력해야 한다.[44] 그런데 지금 우리 사회의 정치권력은 무능한 건지 전혀 그럴 의지가 없어 보인다. 이는 결국 정치권력을 쥔 자들이 시민으로부터 이양받은 정치권력을 스스로 정당화하는 기본 원리인 경제정의실현 (공정한 부의 분배)과 공공의 이익, 공동선 추구의 의무를 다하지 않는 것이다. 따라서 소수자 집단은 연대해서 정치권력이 몇몇 부자의 이익을 위한 도구로 변질되는 것을 감시하는 것과 동시에 정치 과정에 능동적으로 참여하고 비판함으로써 정치권력의 의무가 제대로 이행될 수 있도록 하는 데 일조해야 한다.

적어도 자유민주주의가 윤리적 자유민주주의[45]라는 지표(이념형)에

---

44 로버트 달, 배관표 옮김, 『경제민주주의에 관하여』, 후마니타스, 2011, p. 11.
45 진중권은 윤리의 저울에 자유와 평등을 올려놓고 기우뚱한 균형을 맞춰야만 하는 자유민주주의의 당위의 문제를 "흔히 '자유=민주'라 생각하나 실은 양자는 서로 대립하는 개념이다. '자유'는 본질적으로 불평등을 함축한다. (……) '민주'는 본질적으로 평

들어맞기 위해서는 시장적 측면의 경쟁을 격하하고, 자기발전을 위한 평등한 권리의 측면을 격상시켜야 한다.[46] 그래서 "한국 사회에는 민주주의가 살아 숨 쉬고 있는가." 라는 질문은 어떤 의미일까. 이 질문은 자본주의화된 자유민주주의를 비판하며 그 부작용을 극복하는 대안으로서 민본과 민주의 통섭, 나아가 선비민주주의 모델을 제시하는 본 연구가 진지한 하게 고민해야 할 문제다. 즉 자본주의화된 자유민주주의라고 말했듯이 이 문제를 고민해야 하는 이유는 자본주의 발전이 가져온 물질적 성장과 혜택만큼이나 그 부작용으로서 그것이 우리 사회의 민주적 발전을 가로막는 요인으로서 작동하고 있기 때문이다. 필자는 근원적 입장에서 물질적인 성장과 이윤에만 집착하는 자본주의 체제와 그것을 바탕으로 하는 사회는 비인간적 사회이며 결코 행복한 사회도 아니고 좋은 민주주의 사회로 발전할 수 없다고 본다.

우리가 굳이 마르크스의 고민을 끌어들이지 않더라도 신자유주의 경제체제에서 자본주의적인 경쟁은 사실상 약육강식에 의한 강자가 이기는 시스템이다. 가진 자와 못 가진 자, 강자와 약자의 경쟁은 대등한 경쟁이 아니고 이미 출발점이 다르다. 개천에서 용 난다는 시쳇말이 옛말이 되어버렸다. 개인의 의지로 불리한 사회적 조건을 이기고 성공하는 모습을 우리가 보고 칭찬하는 그런 리얼리티는 애초 기대할 수 없다. 민주주의에 대한 대부분의 정의는 일정 부분 평등을 전제한다.[47]

등의 이념이다. (……) 자유와 민주는 서로 보완해야 한다. (……) 자유주의는 어디까지나 자본주의 체제를 옹호하는 이데올로기다."라고 말한다.(진중권, 『폭력과 상스러움』, 푸른숲, 2008, p. 97.)

46 C. B. 맥퍼슨, 이상두 옮김, 『자유민주주의에 희망은 있는가』, 범우사, 1992, p. 21. 참조.
47 『민주주의, 약자들의 희망이 될 수 있을까?』, p. 96.

그래서 롤스도 공정한 기회 균등과 정의로운 체계를 들먹이지 않을 수 없었던 것이다. 자본주의 사회라는 조건하에서 기능하는 자유주의 제도는 이윤추구의 산물인 자본을 무한 추구하는 자본주의 속성과 불가분의 관계에 있는 게 사실이다. 하지만 민주주의가 추구하는 자유, 평등/정의 등의 다원적 가치가 사리사욕의 추구를 억제할 뿐만 아니라, 이런 억제가 민주주의 제도 성립의 전제가 되었고 안전판의 형태로 조정에 기여한다. 이런 맥락에서 하버마스는 의사소통적 합리성에 바탕한 이성적 자기규제를 말한 것이다. 또 존 롤스는 『정의론』에서 사회민주주의[48]식 평등을 말하는 대신, "평등의 이념을 '정의(분배정의)'라는 개념을 빌려"[49] 자유주의가 평등/정의의 가치와 조화를 이뤄 자유주의의 한계를 극복하고 진보된 자유민주주의 체제의 조정 가능성에 대해 검토한다. 하지만 '민'의 구성이라는 측면에서 모든 국민이 '민'임에도 불구하고 자의든 타의든 '민'의 범위에서 배제된 소수자의 권리와 의사를 어떻게 민주적 가치가 공정하게 실현되는 방향으로 무시하지 않고 반영하느냐 하는 문제는 실제로 '민주'의 질을 좌우하는 중요한 지표가 된다. 우리는 민주화된 사회일수록 민의 더 많은 자유를 보장하기 위해서 누구나 사회적 자원을 평등하게 향유할 수 있도록 하는 분배가 더 잘 이루어지는 방향으로 사회가 움직여야 한다는 이상에 대해서 동의한다.[50] 공자가 이유 있는 차별을 말하며 "군자는 정말로 어려운 처

---

48 자유, 정의, 연대의 기초 위에서 21세기에 사회민주주의가 지니는 가치, 목표, 실행 방법을 규범적, 이론적 연구가 아니라 정치철학자들의 논의와 독일 및 여러 나라들의 실제 사료를 들어가며 정책의 실제 실행적 측면과 정책의 장단점을 토론한 연구서가 있다. 토비아스 곰베르트, 한상익 옮김, 『사회민주주의 기초』, 한울아카데미, 2012.

49 진중권, 『폭력과 상스러움』, 푸른숲, 2008, p. 97. 이 용어를 필자는 최대의 평등한 자유의 원칙과 공정한 기회의 균등의 조건 위에서 차등의 원칙에 따라 이익을 배분하는 '최소수혜자 우선배분의 원칙'을 염두에 두고 사용했다.

지에 있는 소수자에게는 모든 지원을 아끼지 않지만, 충분히 풍족하고 부유한데 욕심을 부리는 사람에게는 간청할지라도 아무 지원도 하지 않는다."[51]고 말한 것도 같은 맥락에서 이해할 수 있다.

7. 결론

세계화의 추세에 따라 민주주의도 세계화되어 인류가 추구하는 '보편적' 정치이념이 되었다. 민주주의는 제도의 구축, 목적 그리고 권력이 생성되고 유지되고 변화되는 그 작동에서 그 특징이 드러나는데, 이때 핵심용어가 '다원주의'다.[52] 민주주의 세계화와 더불어 다원주의도 세계화되었다. 다원주의는 서로 다른 개인이나 집단이 저마다 갖고 있는 가치나 목표 등이 서로 다를 수 있고 양립할 수 있음을 인정하며, 여러 독립적 개인이나 이익집단 또는 결사체로 이루어진 사회가 권력 엘리트의 단일한 가치나 목표에 의하여 지배되기보다는 경쟁·갈등·협력·교환 등의 상호작용에 의하여 민주주의적으로 운영된다고 보는 사상이다. 이런 맥락에서 다원주의는 민주주의를 운영하는 근간이다.

그럼에도 불구하고 우리 사회에서는 아직도 과거 개발독재가 만들어 놓은 망령, 즉 모든 관계에는 상하 위계가 있고 위에 있는 권력 엘리트의 가치나 목표가 진리이므로 따라야 한다는 권위주의 또는 교조주의 그물망에서 벗어나지 못한 채 다원주의가 민주주의 발전을 가로

---

50 사이토 준이치, 『자유란 무엇인가』, 한울아카데미, 2011, p. 5. 참조.
51 『논어』 「雍也」: 君子周急不繼富.
52 츠베탕 토도로프, 김지현 옮김, 『민주주의 내부의 적』, 반비, 2012, p. 15.

막는 장애물이라는 편견이 존재한다. 다원주의가 민주주의 가치를 위협하지 않고 오히려 경제·정치·문화적 관계에서 자본과 노동, 다수자와 소수자의 역할과 관계를 긍정적인 방향으로 강화시켜 줄 수 있는 방법이 무엇인가를 고민해야 한다. 다시 말해 제어할 수 없는 것, 나와는 상관없는 것처럼 보이는 세계적(사회적) 이익을 소수자를 포함한 사회 모든 구성원이 공정하다고 느끼는 방식으로 분배하는 것이 좋은 민주주의를 만들기 위한 우리의 의무다.

세계화의 가속화는 주지하다시피 냉전시대의 종언과 더불어 정치 방면에서 민주주의의 세계화뿐 아니라, 경제 방면에서의 세계화로 인해 인류 전체가 상호의존적인 경제체계로 통합되는 방향으로 진행되고 있고 이런 점에서 '이익'은 모두 세계적(사회적) 이익이다. 특히 경제의 세계화 과정은 기본적으로 한 공동체 내의 개인들 간의 정치적 경제적 관계의 의존성과 호혜성을 중시하기보다는 공동체와 공동체 상호간의 그것들을 더 중시한다. 실례로 한미·한중 FTA협상에서 자국의 개인들 간 경제적 이익관계만을 중시하여 우리의 입장만을 고수할 수 없다. 왜냐하면 그렇게 하면 협상 시도 자체가 어렵게 되는 비극을 초래하고, 또한 개인의 이익이 항상 그 개인이 속한 공동체의 이익과 합치되는 것은 아니기 때문이다. 한편, 국가 간 협상은 상호 의존성과 호혜성을 바탕으로 한 윈윈의 형태가 이상적이지만 현실은 그렇지 않다. 이는 니버가 개인의 비이기성이 국가의 이기성으로 전환된다는 점[53]을 전제로 쓴 『도덕적 인간과 비도덕적 사회』라는 제목이 잘 시사하고 있다. 이익 결사체로서의 국가는 본래 매우 강력하고 이기적이며 질투심

---

53 라인홀드 니버, 이한우 옮김, 『도덕적 인간과 비도덕적 사회』, 문예출판사, 1994, p. 291. 참조.

이 많은 집단이기 때문에 협상은 대부분 약자(약소국)의 입장보다 강자(강대국)의 권리만을 반영한 불평등하고 부정의한 정치적 협상이기 십상이다.

그럼에도 불구하고 이기심에 바탕 한 공동체 간의 이익 갈등이 불협상의 충돌로 치닫지 않는 이유는 공동체 서로가 맹목적 국가(집단)이기주의를 견제함과 동시에 흥하는 이웃이 있어야 나도 흥한다[54]는 상호의존성을 바탕으로 서로의 차이를 이해하고 상호호혜에 입각해 상부상조하는 쌍방향 소통과정이 작동하기 때문이다. 이는 우리에게 부자들이 배부른 소크라테스가 되기를 바라고, 플라톤이 『국가론』에서 철인정치와 '상부상조하는 도시'를 기획하고,[55] 유학이 정명과 예, 사랑으로 공동체를 구성하려 했던 의미를 되새기게 한다. 결국 부자들이 민중과 상부상조하며 구성적 공공선을 창출하는 과정에서 소수의 차이가 지니는 가치를 배제하거나 희생시키지 않아야 한다. 소수/다수, 약자/강자, 가난한 자/부자 모두는 서로의 타자성을 받아들이고 불안하게 서있는 우리의 민주주의를 보다 더 안정되고 좋은 민주주의로 진화시켜야 하는 모럴상의 당위와 관용의 문제를 공유해야 한다. 우선 다수의 복리, 권리 중심의 공공선의 한계를 넘어 소수자로 존재하는 차이의 집단의 가치를 반영한 구성적 공공선을 창출하는 데 모두가 기여해야 한다.[56] 우리는 홍수를 피해 더 높은 곳으로 올라가기 위해 다수/강자/부자의 권리, 행복만을 대변하는 민주주의 사다리만을 세울 수 없다. 고통과 소외, 빈곤에 빠져 구원을 바라는 소수를 위한 최소한의 경제적 평등

---

54 좌승희, 『경제발전의 철학적 기초』, 서울대출판부, 2012, p. 227.
55 래리 M. 바텔스, 위선주 옮김, 『불평등 민주주의』, pp. 419-425. 참조.
56 이남석, 『차이의 정치 – 이제 소수를 위하여』, 책세상, 2001, p. 144.

을 이루기 위해서라도 진정한 의미에서 '민본', '민주'의 '민'의 목소리를 내는 사다리를 세워야 할 때다. 이러한 사다리가 세워졌을 때 비로소 소수 약자가 당하는 고통은 소수자를 향한 연민을 넘어 소수자에 대한 지지로 이어지는 것이다.

권리를 중심으로 한 자유냐 평등이냐 라는 이데올로기 진영에 갇힌 민주주의 담론 안에서는 소수자 문제의 본질에 다가갈 수 없다. 이제 자유냐 평등이냐 라는 진영논리에서 벗어난 연대여야 한다. 국가 거대 권력의 부당한 간섭, 폭압 앞에서 우리는 모두 소수자였고 소수자다. 국가와 시민사회의 불편한 동거는 오월동주(吳越同舟)와도 같은 운명이다. 민주주의 발전 과정 중 자유를 말하든 평등을 말하든, 나아가 자유와 평등의 조화로서의 정의를 말하든 간에 그 모든 담론을 생산할 수 있었던 힘은 바로 부자유, 불평등, 부정의 체제에 맞서 싸워 좀 더 인간다운 삶을 갈망한 소수자로 존재하는 시민들의 상호연대다. 결론적으로 시민들의 상호연대를 바탕으로 한 민주와 민본의 통섭은 양자가 지닌 내적 변증법, 즉 절차민주주의와 결과민주주의라는 양면성을 우리가 생생하게 경험하고 조화 발전시킴으로써 더 좋은 민주주의의 조건들을 만들어 가는 역사의 과정이다. 우리는 이렇게 민주주의 역사 과정을 포괄적으로 경험하고 나아가 관용과 연민, 배려, 존중, 연대의 감각을 갖고 소수자 문제를 좀 더 유연하게 대할 수 있을 때 비로소 우리가 바라는 민주주의와 마주하게 될 것이다.

참고문헌

『論語』

『孟子』

『書經』

『荀子』

『禮記』

『周易』

C .B. 맥퍼슨. 1992. 이상두 역. 『자유민주주의에 희망은 있는가』. 범우사.

H. G. 크릴. 1997. 이성규 역. 『공자』. 지식산업사.

김비환. 2012. 『정치철학과 변증법적 법치주의』. 성균관대학교출판부.

_____. 2014. 「좋은 민주주의의 조건들: 가치, 절차, 목적, 관계 그리고 능력」,
       『비교민주주의연구』 제10집. 비교민주주의학회.

김상준. 2014. 『유교의 정치적 무의식』. 글항아리.

김석근, 이상익, 이현선, 장현근 외. 2015. 『민본과 민주의 통섭은 가능한가?』.
       선비민주주의총서학 제2차 학술회의자료집. 성균관대 유교문화연구소.

라인홀드 니버. 1994. 이한우 옮김. 『도덕적 인간과 비도덕적 사회』. 문예출
       판사.

래리 M. 바텔스. 2012. 위선주 옮김. 『불평등 민주주의』. 21세기북스.

로버트 달. 2011. 배관표 옮김. 『경제민주주의에 관하여』. 후마니타스.

모리스 뒤베르제. 1983. 김학준·진석용 옮김. 『서구민주주의의 두 얼굴』. 문
       학과지성사.

버트런드 러셀. 2014. 송은경 옮김. 『게으름에 대한 찬양』. 사회평론.

사이토 준이치. 2011. 『자유란 무엇인가』. 한올아카데미.

수전 손택. 2011. 이재원 옮김. 『타인의 고통』. 이후.

심승우. 2013. 『다문화 시대의 도전과 정치통합의 전략』. 이담.

아감벤 외 지음. 2010. 김상운 외 옮김. 『민주주의는 죽었는가?』. 난장.

아르준 아파두라이. 2011. 장희권 옮김. 『소수에 대한 두려움』. 에코리브르.

아리스토텔레스. 2009. 천병희 옮김. 『정치학』. 숲. 2009.

양일모. 2001. 「'자유'를 둘러싼 유교적 담론」, 『철학연구』 52집.

여현덕. 김창진 편역. 1987. 『민주주의 혁명론』. 한울.

이남석. 2001. 『차이의 정치 – 이제 소수를 위하여』. 책세상.

이준웅. 2012. 『말과 권력』. 한길사.

진중권. 2008. 『폭력과 상스러움』. 푸른숲.

최재우. 1994. 『이야기 정치학』. 청림출판.

츠베탕 토도로프. 2012. 김지현 옮김. 『민주주의의 내부의 적』. 반비.

토비아스 곰베르트. 2012. 한상익 옮김. 『사회민주주의 기초』. 한울아카데미.

호세 오르테가 이 가세트. 2005. 황보영조 옮김. 『대중의 반역』. 역사비평사.

4장

휴머니즘, 민본주의 그리고 민주주의

― 교육사적 접근에 의한 비교 가능성 모색

● 오수웅 | 숙명대학교

1. 서론

이글의 목적은 두 가지이다. 첫째, 휴머니즘(humanism)과 민본주의 (民本主義) 개념의 기원과 발달을 살펴봄으로써, 양자가 융합될 수 있는 접점을 탐색하는 것이다. 둘째, 서양의 민주주의의 태동과 발달이 휴머니즘의 지속적 발전에 토대를 두고 있다는 전제하에, 민본주의 역시 한국 민주주의의 발전에 토대로서 기능할 수 있다는 점을 부각시키는 것이다. 첫째의 목적은 두 번째의 목적을 달성하기 위해 요구되는 선행 작업으로서, 휴머니즘이 민주주의의 태동과 발달에 영향을 미쳤다는 전제를 성립시키기 위한 것이다. 따라서 이 연구의 주된 목적은 두 번째로서, 한국 민주주의의 특징과 발전을 이해하고 설명할 수 있는 이론을 한국의 내생적 사상으로부터 도출해 보려는 시도의 하나라 할 수 있다.

휴머니즘, 민본주의와 같은 이념들이 인간의 삶과 제도에 어떻게 영향을 미쳤는지를 경험적으로 증명하는 것은 매우 어렵지만, 몇 가지 가정들을 전제하여 논리를 세우는 방식으로 추론하는 것은 비교적 용이할 것이다. 이 글의 목적과 함의 또한 몇 가지 가정들을 전제하고 있으며, 이 가정들을 상기할 때 보다 잘 이해될 수 있다. 그 가정들은 첫째, 인간은 항상 자신의 행위가 자신에게 좋은 결과를 가져다줄 것을 바란다. 둘째, 모든 행위는 일정한 판단에 근거를 두고 있으며, 그런 판단은 행위대상에 대해 내린 결정이자 곧 의견으로서, 적어도 자신에게는, 참일 것이 요구된다. 그래서 셋째, 사회에는 인간 삶의 제반조건과 관계에 대한 의견과 그에 따른 행동규칙으로서 도덕(mores)[1]이 형성되고 발달한다. 넷째, 사회에는 그런 의견과 도덕을 토대로 하여 사회의 제반조건과 관계, 그리고 인간관계를 규율하는 질서로서 특정한 제도가 존재하며, 마지막으로 정치는 그런 제도를 형성하고 향유하며 변화시키는 방법과 절차(법과 정책)들을 정당성을 획득할 수 있는 방식으로 규정하려는 일련의 행위들로서 간주할 수 있다.

이렇게 전제할 때, 정치는 사회 구성원들의 의견과 도덕을 수렴하고 조정하여 결정함으로써 제도의 적실성(relevance)을 향상시키려는 행위라 할 수 있으며, 정치이념은 좁게는 제도에 대한, 넓게는 인간 삶의 제반조건과 관계 그리고 인간관계에 대한 이상·방향·방법 등이 논리적으로 연관된 관념체계로서, 정치행위의 근거로서 정립되거나 또는 정치행위의 결과로서 일련의 법·정책·제도가 가진 특징에 의해서 부여되는 것이라 할 수 있다. 그래서 휴머니즘, 민본주의와 같은 이념

---

1 여기서 도덕으로 표현한 영어의 mores는 관습, 관행, 예절, 습관, 법, 제도, 풍습, 풍속, 습속, 성격 등 다양한 의미를 지닌 라틴어 mos를 기원으로 한다. 의미는 대체로 사람들 사이에서 규칙처럼 지켜지고 있는 일종의 (행동)양식을 가리킨다.

은, 인간과 사회의 보다 좋은 삶에 관한 사람들의 의견과 도덕을 담고 있기 때문에, 직접적으로 정치이념으로 채택되거나 표방되지 않았더라도 정치이념의 성격을 지닌다는 것이다.

휴머니즘, 민본주의와 같은 이념들이 사람들의 의견과 도덕, 그리고 정치에 영향을 미치는 과정은 다양할 것이다. 정치가의 연설이나 정책을 통해서도 가능하고 사회문화적 영역에서 확산되는 일종의 유행이나 운동을 통해서도 가능하지만, 이 모든 것은 '가르치고 배우는 행위'라는 넓은 의미에서의 교육을 통하지 않고서는 불가능하다. 시민의 사회화와 충원에 대한 교육의 영향을 고려하면, 특정한 이념이 사람들의 의견과 도덕에 침투하는, 아마도 가장 강력하고도 제도적인 과정은 학교교육일 것이다. 그럼에도 불구하고 정치이념이나 제도 등의 기원이나 발달에 대해 논의할 때 교육의 관점에서 접근하는 경우는 거의 찾아보기 어렵다. 민주주의에 관한 연구들에서 교육에 관한 언급이 발견되기도 하지만, 민주주의 발전에 영향을 미치는 다양한 요인 중의 하나로 취급되는 정도이며, 시민사회의 활성화나 중산층의 역할이 민주주의 발전에 중요하다는 것을 강조하고는 있으나, 민주주의 정치체제를 작동시키는 시민의 의견과 도덕이 어떻게 형성되고 또 시민의 충원이 어떤 영향을 미치는지에 대한 연구는 이루어지지 않고 있다. 민주주의의 이상이 시민이 법과 정책을 결정함으로써 자치를 실현하는 것에 있고, 법과 정책이 시민의 의견이 결집된 것이라면, 민주주의의 성패는 결국 시민의 도덕과 의견 그리고 충원에 대한 교육의 영향에 의해 결정된다고 해도 과언이 아닐 것이다. 즉 휴머니즘, 민본주의와 민주주의의 관계를 교육의 관점에서 설명하려는 노력이 필요하다는 것이다.

물론 휴머니즘과 민본주의가 과연 사람들의 의견과 도덕 그리고 시민의 충원에 영향을 미쳐왔던 정치이념이라 할 수 있는가라는 반문이 있을 수 있다. 휴머니즘을 사회문화 영역에서의 하나의 문예운동으로 간주함으로써 정치이념성을 부인할 수도 있고, 민본주의는 단지 지배계층에게 요구되었던 통치의 이상이나 방향 정도로 간주함으로써 시민의 의견과 도덕에 미치는 영향을 부인할 수도 있기 때문이다. 그러나 휴머니즘이 개인주의, 자유주의, 계몽주의를 태동시킴으로서, 로마제국 이래로 황제나 왕의 전유물로 간주되던 국가 관념을 개인의 자유와 행복을 보장하기 위한 기제로 변화시키는 데 영향을 미쳤다는 점에서 정치이념성을 부여할 수 있고, 또 민본주의의 민본은 민을 본으로 삼는다는 뜻이 아니라 민의 본이 되는 것, "민에게 있어 중요한 것"[2] 그리고 인간을 '관계 속의 사람'으로 파악함으로써 인륜(人倫)을 강조할 때, 도덕적 성격이 부여될 수 있을 것이다.

또한 휴머니즘을 인본주의로 번역하여 이해할 때, 유가의 민본주의나 인본주의와 무엇이 다른가라는 반문도 가능하다. 실제로 휴머니즘이 인문주의가 아니라 인본주의, 인간주의, 인도주의로 번역되는 사례도 있고, 상식적인 차원에서 민본과 인본의 차이를 인식하지 않은 채 사용되는 경우도 많다. 휴머니즘을 문예 부흥을 지칭하는 용어로 사용할 때는 인문주의로 번역하는 것이 적정할 수 있지만, 휴머니즘의 '인간다움'을 지향하는 성격을 강조할 때는 인간주의나 인본주의로 번역하는 것도 가능하다. 휴머니즘을 후자의 의미로 사용할 때는 유가의 민본이나 인본과 크게 다를 것이 없어 보일지도 모르지만, 전자의 의미로 이해할 때는 구별된다고 보는 것이 보다 자연스러울 수 있다.

---

2 김석근, 2015. 「民本」과 '民主主義' 개념과 정치」, 선비민주주의 총서학 연구팀 제2차 학술회의 발표집. p. 29.

이런 반문들은 휴머니즘과 민본주의가 여러 분야에서 다양한 방식으로 이해되어 왔다는 것을 말해 줄 뿐이다. 오랜 시간이 지나면 언어가 변하고 특정한 단어의 의미도 변하기 마련이며, 그런 변화는 그 시대 사람들의 의견과 도덕의 변화를 수반하기 마련이다. 이런 점에서 휴머니즘과 민본주의가 조어될 때와 이를 해석하고 사용하는 후대의 맥락은 다르다고 전제할 수밖에 없으며, 우리나라처럼 민주주의 정치체제가 내재적 발달의 결과가 아니라 이식된 경우라면, 휴머니즘, 민본주의와 민주주의에 대한 이해와 맥락의 간격이 더욱 클 것이라고 가정하는 것은 당연하다고 할 수 있다. 이런 상황에서 한국의 민주주의가 노정하는 문제들을 개선하고 보다 바람직한 민주주의를 일구어내기 위해 휴머니즘과 민본주의, 그리고 이 양자와 민주주의를 연계시켜 설명하는 논리를 구축하려 한다면, 이 단어들의 기원과 의미 그리고 시대적 맥락 속에서 어떻게 발달하였는지를 추적하는 작업이 필요하다고 하겠다.

　　따라서 이글은 교육의 관점과 역사적 접근에 따라, 2절에서 휴머니즘의 기원, 발전 및 동양적 수용을 살펴봄으로써, 휴머니즘이 민주주의의 발달에 미친 영향을 살펴본다. 3절에서는 민주주의의 동양적 수용과 대응을 살펴봄으로써, 민본주의의 등장배경과 특징을 부각시키고, 4절에서는 휴머니즘과 민본주의 각각이 국가의 관리 또는 시민교육과 인재 등용에 미친 영향을 고찰함으로써, 양자가 민주주의에 대해 가지는 교육적 차원의 접점들을 드러내고자 한다. 마지막으로 결론에서는 민주주의와 민본주의가 결합될 수 있는 접점을 휴머니즘과 민본주의의 유사성과 상이성을 추론함으로써 정리하고, 민본주의가 민주주의에 기여하기 위해서는 그러한 접점들에 대한 대처와 방안이 필요하다는 것을 제안하고자 한다.

2. 휴머니즘의 기원과 발전

(1) 휴머니즘 논쟁과 동양적 수용:
후마니타스(humanitas), 후마니스타(humanista)

휴머니즘이란 말이 사용된 것은, 비록 그 기원은 고대 로마까지 거슬러 올라갈 수 있지만, 19세기 후반에서 20세기 초의 일이라 할 수 있다. 스위스의 역사가 부르크하르트(Jacob Burckhardt)가 『이탈리아 르네상스의 문화』(*Die Kultur der Renaissance in Italien*, 1860)를 내놓으면서 르네상스라는 용어의 사용이 일반화되었으며, 이를 계기로 르네상스 시기의 휴머니즘의 성격에 대한 연구가 본격화되었다고 할 수 있기 때문이다.

휴머니즘이란 말이 동양에 전래된 것은, 현재 확인된 바에 따르면 1873년경이다. 당시 서양의 문물을 배척하는 정책을 폈던 중국(청)이나 조선과는 달리 적극적인 수용정책을 폈던 일본에서 발행된 사전, 『부음삽도영화자휘(附音挿圖英和字彙)』(1873)는 휴머니즘을 '문학(文學)'이라고 번역하여 수록하고 있다.(〈그림 1〉)[3] 『영화자휘』가 중국에서 간행된 롭셰이드(Lobscheid)의 『영화자전(英華字典)』(1866-1869)의 영향을 받았다는 점에서(이자호 2006, 107-120), 중국에서 수십 년 먼저 수용되었을 가능성은 있다. 그러나 논란의 여지는 있겠으나 중국의 식물학자 호선숙(胡先驌, Hu Xiansu)이 1922년에 어빙 바빗(Irving Babbit)의 휴머니즘을 인문주의(renwenzhuyi)로 번역한 것이 최초의 사례로서 보고되는 것

---

3 이하 이글에서 인용한 일본 고서는 모두 일본 국립국회도서관(National Diet Library Digital Collections, http://dl.ndl.go.jp)에서 확인할 수 있다.

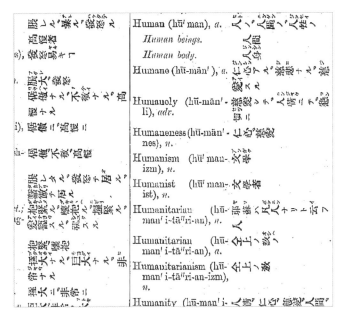

〈그림 1〉『영화자휘』(1873, 499)

을 볼 때,[4] 또 롭세이드의 『영화자전』에 휴머니즘은 수록되지 않았다는 점에서 휴머니즘이란 용어를 최초로 수용한 것은 아마도 일본이라고 말할 수 있을 것이다.

한편, 일본 동경제국대학교 철학과 최초의 일본인 교수가 된 이노우에 테츠지로(井上哲次郎)가 편찬한 『철학자휘(哲學字彙)』의 1881년과 1884년의 판본은 르네상스를 '문예부흥(文藝復興)'으로 번역하여 수록했으나 휴머니즘은 수록하지 않았다. 휴머니즘은 1912년 판본에 이르러서야 수록되었는데, 『영화자휘』가 휴머니즘을 '문학'으로 번역한 것

---

4 Ke Zhang, 2010. "Inventing Humanism in Modern China," in *Traces of Humanism in China*. Edited by Carmen Meinert. New brunswick: Transaction Publishers, p. 131.

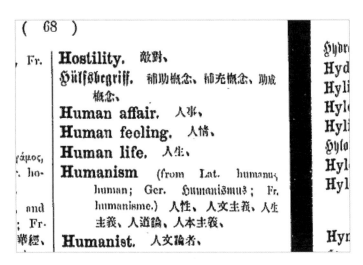

〈그림 2〉 『철학자휘』(1912, 68)

과는 달리, '인문주의', '인본주의'로 번역하였다.(〈그림 2〉)

　'문학'으로 번역되었던 휴머니즘이 인문주의, 인본주의, 인도론(人道論), 인성(人性) 등으로 번역된 것은 휴머니즘에 대한 당시 서양 학자들 간의 논쟁으로부터 영향을 받은 것으로 보인다. 부르크하르트로 대변되는 소위 '전통적' 견해는 근대 이탈리아 르네상스 시기를 중세와는 단절된, "'세계와 인간의 발견'과 '개인의 완성'으로서 특징지을 수 있는 근대적 세계관이 출현한 시기"로 간주하고, "휴머니즘은 바로 그러한 근대정신의 시작"이라고 이해하였는데,[5] 이런 견해에 영향을 받아 휴머니즘이 '문학'이 아니라 일종의 정신이자 이념으로 번역되었을 가능성이 있다는 것이다.

　부르크하르트의 견해를 '전통적'인 것으로 간주한 것은 20세기 르네

5　곽차섭, 1985. "르네상스 휴머니즘의 이해에 대한 재검토: Kristeller 학파의 수사적 휴머니즘에 대한 비판을 중심으로", 『역사학보』. 108집, p. 174.

상스 사가들에 의한 것이라 할 수 있다. 부르크하르트 이전의 중세 역사가들의 그야말로 전통적 견해는 르네상스 휴머니즘의 주요한 특징인 '고전부흥(古典復興)'은 이미 12세기에 활발했었기 때문에 근대의 르네상스 휴머니즘에 어떤 역사적 독특성을 부여할 수 없으며, 따라서 중세와의 단절이 아니라 계승의 맥락에서 바라보는 것이었다.(곽차섭 1985, 174) 이런 견해에 따라 휴머니즘의 주된 특징을 고대 그리스와 로마의 '고전'들에 대한 연구와 교육의 계속적 부흥으로 간주할 경우, 1873년의 『부음삽도영화자휘』가 휴머니즘을 '문학'으로 번역한 것을 이해할 수 있게 된다.

르네상스 휴머니즘을 바라보는 또 다른 관점은 가린(Eugenio Garin)과 바론(Hans Baron)이 제기한 휴머니즘의 정치적·사회적 성격을 강조하는 입장으로서, 소위 "시민적 휴머니즘(civic humanism)" 학파이다. 바론에 따르면, 르네상스 휴머니즘은 15세기에 밀라노의 팽창정책으로 인해 정치적·문화적 위기에 처한 피렌체에서, 공화국 시민의 의무를 강조하고 이들이 따라야 할 정치적·도덕적 지혜와 모범을 고대 그리스와 로마의 '고전'에서 찾으려 했던 '시민적 휴머니스트'들에 의해 전개된 사회적 운동을 가리킨다.(곽차섭 1985, 176-177) 즉 이들은 르네상스 휴머니즘을 공화정이라는 정치체제에 적합한 시민들을 양성하려는 정치이념이자 교육이념으로 간주했다는 것이다.

반면에 부르크하르트 이전의 전통을 계승한다고 할 수 있는 크리스텔러(Paul Oskar Kristeller)에 따르면, 르네상스 휴머니즘은 어떤 철학적 경향이나 사회적 운동이라기보다는 고전 수사학의 전통에 기초하여 인문과정을 강조하고 발전시키려는 문화적·교육적 프로그램이라 할 수 있다. 고대 그리스와 로마의 고전들에 대한 연구는 중세의 수사학자들에 의해서도 계속되어 왔는데, 이들의 활동이 15~16세기에 크게 확산된 것일 뿐, 어떤 새로운 철학이나 정신 또는 운동으로 보기는 어렵다는 것이다. 휴머니스트[6]라고 불렸던 이들은 대개 중산층 출신이었고, 주로 귀족, 부유한 시민, 군주, 고위성직자나 관리와 같은 사회지도층을 교육하는 "후마니타스(humanitas〔umanista〕) 또는 스투디아 후마니타스(Studia humanitatis) 강좌의 교수 및 고전문학의 교사"였는데, 휴머니즘은 이들에 의해 채택된 교육과정을 가리키는 것으로 이해해야 한다는 것이다.(곽차섭 1985, 175; 181-186; 김영한 1975, 70-71)

크리스텔러가 자신의 주장을 뒷받침하기 위해 했던 것처럼, 휴머니즘을 보다 잘 이해하기 위해서는 그 기원과 발달을 살펴보는 것이 유용할 것이다. 휴머니즘의 어원은 고대 로마의 후마니타스(humanitas) 또는 스투디아 후마니타티스(Studia humanitatis)이다. 후마니타스는 고대 그리스의 교육을 뜻하는 파이데이아(paideia)에 대한 로마식 번역이었고, 야만을 뜻하는 바르바리타스(barbaritas)와 대조되는 개념으로 사용되었다. 이것은 한편으로는 동물과, 다른 한편에서는 야만과 무지한 인간으로부터 구분되는 참다운 인간(homo humanus)의 도덕적·지적 교양을 의미했고, 라틴 작가들에게 인간의 탁월성이자 덕성으로 간주되었다. 스투디아 후마니타티스는 후마니타스를 위한 학문과 교육을 뜻하는 것으로서 오늘날의 문과교육(liberal education)에 해당되며(김영한 1975, 71), 결과로서 함양하게 되는 '인간다움'이라는 목적 혹은 방향을 내포하고 있다고 할 수 있다. 그것은 후마니타스가 "인간에 대한 진심어린 호의라는 뜻을 가진 박애"라는 뜻을 지녔기도 하고(정기문 2012,

---

6 곽차섭의 연구에 따르면, 휴머니스트라는 말이 최초로 쓰인 예는 1490년 피사대학의 총장이 피렌체의 관리들에게 보낸 편지이다. 이 외에도 16세기 볼로냐와 페라라(Ferrara)의 대학문서, 1598년의 이영사전(John Florio), 그리고 16세기 말이나 17세기 초로 추정되는 스페인 문서 등이 있다.

104), 고대 그리스의 철학을 로마에 소개한 학자로 평가받고 있는 키케로(Cicero BC 106-BC 43)가 스투디아 후마니타티스를 가리켜 "인간의 정신을 고귀하고 완전하게 해 주는 학문이며 따라서 인간에게 가치 있는 유일한 연구"라고 주장했기 때문이다.(김영한 1975, 71)

이와 같이 휴머니즘, 휴머니스트의 어원과 발달을 고려하여 19세기 후반과 20세기 초에 일어났던 휴머니즘 논쟁을 다시 살펴본다면, 첫째, 르네상스 휴머니즘이 중세와는 단절된, 어떤 새로운 시대적 정신이었다는 부르크하르트의 평가와 특정한 시기의 사회적 운동이었다는 가론과 바린의 평가는 후마니타스와 후마니스타에 의한 영향 내지는 결과를 강조한 평가라 할 수 있다. 둘째, 르네상스 휴머니즘의 독특성을 부인하는 전통적인 중세연구가와 크리스텔러의 입장은 교육제도사적 측면을 보다 중요하게 간주한 평가라고 할 수 있다. 결론적으로 말하자면 후마니타스가 교육을, 후마니스타가 후마니타스 교과를 가르치는 교사와 학생을 가리킨다면, 이념을 뜻하는 접미사 이즘(ism)이 붙은 휴머니즘을 어느 일면만을 강조하기보다는, 후마니타스 자체는 물론 후마니스타가 지향한 목적, 결과 등을 모두 총칭하는 개념으로 이해하는 것이 현재로서는 가장 바람직하다는 것이다.

(2) 후마니타스의 목적과 정치체제

르네상스 휴머니즘을 올바르게 이해하기 위한 관건은 결국 후마니타스 또는 후마니스타가 지향한 목적, 즉 고대로부터 르네상스에 이르기까지 로마 교육의 목적, 로마인들이 생각한 '인간다움'의 구체적인 내용은 무엇이었는가를 밝히는 작업에 있을 것이다.

후마니타스가 파이데이아의 로마식 번역이라는 것에서 알 수 있듯이, 로마의 교육제도는 고대 그리스의 교육제도를 수용한 것이다. 로마는 1~3차 포에니 전쟁에서 승리하고 그리스를 점령하지만, 오히려 그리스의 선진적인 문화에 점령당하게 된다. 그리스식 학교와 교과과정이 도입된 것은 물론 많은 로마의 지식인들이 그리스로 유학을 갔고 그리스의 문학작품과 생활방식을 모방했으며, 심지어 일상생활에서도 그리스어를 사용할 정도였다.(정기문 2012, 104; 데릭 히터 2007, 48-53)

고대 그리스 교육제도는, 가정에서의 훈육을 제외할 때, 초중등교육의 팔레스트라(palaestra), 중고등교육의 김나지움(gymnasium) 그리고 대학교육에 해당하는 철학(수사)학교의 단계로 구성되었다. 교육과정은 크게 음악교육과 체육교육으로 구분되었는데, 음악교육은 소위 3Rs로 불리는 읽고, 쓰고, 셈하기를 가르치는 초등교육, 언어학습을 준비시키는 문법교육, 합창과 같은 음악교육으로 구성되었고, 체육은 놀이, 레슬링과 댄스, 전투술과 같은 군사훈련으로 구성되었다.(오수웅 2015, 4-5) 그리고 교육의 목적은 첫째, 정치적 측면에서 의사결정 행위에 참여, 둘째, 군사적 측면에서 외부의 공격에 대한 공동체의 방어, 셋째는 종교적 측면에서 신들과의 관계를 유지하는 일에 참여할 수 있는 자질을 가진, 적절한 수의 시민(politès)을 양성하는 것에 있었다.(모세 2002, 52; 딜타이 2009, 144)

원래 고대 그리스의 교육은 팔레스트라, 김나지움, 병영생활 2년을 마치고 시민의 지위를 획득하는 것으로 끝났다. 그러나 수사학교와 철학학교가 생겨나면서 교육의 목적에 관한 논쟁이 생겨났다. 그것은 정치적 선동에 효과적인 연설기술과 임기응변으로 상대를 압도하는 수사의 기술을 덕과 지혜로서 가르치는 소피스트, 그리고 이들에 의해 생겨난 3~4년의 교육과정을 가진 수사학교와[7] 이들의 '못된 지도'(*Republic*, 491e) 활동이 시민의 덕과 의견을 타락시켜 펠로폰네소스 전쟁의 패배와 소크라테스 처형을 초래했다고 비판하면서(오수웅 2015, 7-8), '참된 철학'(Cooper 1997, 1647)을 교육하기 위한 철학학교로서 아카데미아를 설립한 플라톤 사이의 논쟁이라 할 수 있다.

팔레스트라, 김나지움까지의 교육의 목적이 삶에 유용한 것을 가르치는 것이라면, 소피스트는 현실적이고 정치적인 유용성을 강조하는 입장이며, 아카데미아학파는 순수 학문적 목적을 강조하는 입장이라 할 수 있다.(딜타이 2009, 120-131) 플라톤과 소피스트로 대변되는 이 논쟁은 결국 교육의 목적이 덕과 진리를 얻음으로써 '순수한 인간다움'을 성취하는 것인가 아니면 그와는 상관없이 사회적·정치적 명예나 부를 얻음으로써 '세속적인 인간다움'을 성취하는 것인가로 귀결된다. '순수한 인간다움'을 가진 좋은 사람(good man)과 시민의 역할을 할 수 있는 '세속적인 인간다움'을 가진 좋은 시민(good citizen)의 개념과 관계에 대한 아리스토텔레스의 고민도 같은 선상에 있다고 할 수 있다.

고대 그리스의 교육제도를 수용한 고대 로마, 특히 키케로는 플라톤과 달리 수사학의 실용성을 인정하였다. 키케로는 로마공화국의 시민이 비록 진리와 덕을 지녔다고 하더라도 동료시민을 설득하지 못한다면 정치적인 실용성을 가질 수 없다고 보았기 때문이다. 키케로의 이런 생각은 학문의 순수성이 아니라 실용성을 강조하는 "로마인의 관점"이 반영된 것이라 할 수 있다.(김용민 2008, 218-219) 원래 고대 로마의 교육은 약 16세가 될 때까지 가족(아버지)에게 맡겨져 있었고, 시민권을 유지하고 재산을 보호함으로써 결과적으로 지배계층으로서의 지

---

7 예를 들어, 프로타고라스(Protagoras)는 정치적 기술을, 고르기아스(Gorgias)는 수사학석 기술을, 히피아스(Hippias)는 자연과학을 그리고 『국가』에서도 등장하는 트라시마코스(Thrasymachus)는 수사학적 기술을 가르치는 사람으로 유명했다.(딜타이 2009, pp. 98-100.)

위를 획득·유지하려는 실용적 목적을 지니고 있었으며, 이는 로마제국이 확대됨에 따라 속주 지역의 상류 및 도시민 계급을 로마화하기 위해 그리스–로마식 교육제도를 지중해 연안과 서유럽 지역에 확산시킬 때에도 유지되었다.(데릭 히터 2007, 48-53)

로마제국과 교육제도의 확산은 로마제국의 시민권의 확대를 불가피하게 만들었고, 결국 212년에 제국의 모든 자유민에게 동등한 시민권을 부여하기에 이르게 된다. 시민권의 확대는 로마가 속주 출신자들에게 모든 공직을 개방했다는 사실에서 증명되는데, 세베루스(Lucius Septimius Severus Pertinax, 193-211)와 그의 아들 카라칼라(Caracalla) 재위시기의 원로원 총 937명 중 출신이 확인된 479명 중에서 이탈리아 외의 속주 출신이 275명으로 57.4%를 차지할 정도였다.(정기문 2012, 117) 시민권의 확대는 또한 역으로 후마니타스의 확산과 발달을 촉진시켰다. 후마니타스가 시민권을 획득함으로써 지배계층이 될 수 있는 유일한 통로로 여겨졌기 때문이다. 그 증거로 첫째, 약 500년경에 교육제도로서 정립된 '자유 7학예(septem artes liberales)'를 들 수 있다. 자유학예라는 말 자체가, 주로 노예에 의해서 행해지던 직능기술(artes mechanicae)과 상반되며, 생계로부터 자유로운 사람(자유인)의 학문이라는 뜻이라는 점에서, 지배계층을 위한 또는 지배계층이 되기 위한 교육이라는 것을 말해준다.[8] 실제로 둘째, 후마니스타로 불렸던 교사, 학생, 연구자들이 비단 인문학 교사뿐만이 아니라 귀족이나 고위 행정관리의 서기 – 주로 문서나 연설문을 작성 – 부유한 상인, 은행가, 법률가, 군주, 고위성직자, 교황청과 정부관리 등과 같은 지배계층 출신이

---

8 자유7학예 문법, 변증법(철학 또는 논리학), 수사학의 삼학(trivium)과 기하학, 대수학, 천문학, 음악의 사학(quadrivium)을 가리킨다.

거나 비록 중산층 출신이라 하더라도 교육을 통해 지배계층이 된 인물들이었다는 점을 들 수 있다. 셋째, 구체적인 실례로서, 아우구스티누스(Aurelius Augustinus)의 교육 경험을 들 수 있다. 아우구스티누스는 북아프리카의 타가스테(Tagaste)에서 태어났는데, 하급 관리(농부였다고도 함)였던 그의 아버지 파트리키우스(Patricius)가 아우구스티누스를 출세시키기 위해 어려서부터 그리스–로마식 학교교육을 시켰다는 사실과, 이로부터 아프리카 오지에까지도 그리스–로마식 학교가 들어설 정도였다는 사실을 들 수 있다.(정기문 2012, 108)

5세기경 로마제국의 붕괴와 함께 시작된 중세 초기의 교육은 교회가 주도하게 되었다. 절대적인 교황의 권위 아래, 교회가 교육 전반에 대한 책임과 교사임면권을 가지고 교육을 실시하였다. 그래서 교육의 목적은 '세속적인 인간다움'을 가진 시민이 아니라 신의 말씀을 따르는, 종교적으로 '순수한 인간다움'을 가진 신민(神民)이 되는 것에 있었다고 할 수 있다. 크리스텔러의 주장처럼 중세에도 자유7학예가 정립되는 등 후마니타스가 계승되었다고 할 수 있지만 교리문답과 신학을 위해 필요한 문법교육이 주가 되었고 기타 교과는 교회와 관련된 범위로 국한되었다는 점에서, 로마제국 시기나 르네상스 시기처럼 흥성한 것은 아니었다. 반면에 군주정을 유지했던 대다수 유럽 국가들은 교회와는 달리 여전히 세속적인 교육을 필요로 하였다. 봉건영주들에게는 군중의 봉기와 외침을 막기 위해 군대조직과 같은 가신제도가 필요했기 때문이었다. 이에 따라 교육은 봉건제적 신분질서를 유지하면서 왕을 보필할 수 있는 기사를 양성하는 것에 초점이 맞춰졌으며, 지배계층을 대상으로 궁정에서 실시된 대표적인 세속교육으로 자리잡았다. 그러나 기사교육에서도 후마니타스는 주된 교육프로그램이 아니었다.(임채식 외 2015, 200; 최미리 2016, 60-80)

후마니타스가 재등장하게 된 것은 십자군원정의 실패로 인해 교권과 국권이 약화되고 도시와 부르주아 계층이 성장한 결과라고 할 수 있다. 성곽을 중심으로 형성된 도시에서는 주로 상공업, 은행업 등이 발달했고, 부르주아는 주로 이런 업종에 종사하며 도시에 사는 거주민을 가리키던 말이었는데, 이들이 승려와 귀족 그리고 농민과 하층민 사이의 중간계급, 이른바 시민계급으로 성장하게 된 것이다. 12세기경에 이르러 봉건영주 또는 국왕으로부터 재정, 사법, 군사상의 자치권을 획득하게 되자, 도시의 정치, 행정, 경제 등을 담당하기 위해 새로운 형태의 교육을 필요로 하게 되었고, 이에 따라 자체적으로 설립한 시민학교(도시학교, Town School)와 길드(조합)를 중심으로 설립된 직능학교(도제학교)를 통해서 시민교육을 실시하게 되었다. (임채식 외 2015, 200-203; 최미리 2016, 70-76) 나아가 도시와 시민계급의 지속적인 성장은, 고대 그리스의 아테네처럼, 고등교육에 대한 요구를 증대시켰고 대학의 설립과 발달을 가져왔다.

르네상스 휴머니즘은 바로 이런 대학의 설립과 함께 자유7학예, 즉 후마니타스가 교육프로그램으로서 채택되고 후마니스타가 양성되면서 시작된 것이다. 가린과 바론의 해석처럼, 15세기경에 피렌체 공화국을 중심으로 후마니타스에 키케로의 작품, 라틴어로 번역된 그리스의 작품, 고대 라틴 작가들의 작품(Latin Classics)들이 채택되어 공화국 시민의 덕성을 강조하는 '시민적 휴머니즘'이 형성된 것은, 밀라노의 압박에 대항하는 피렌체 공화국의 외적 특수성뿐만 아니라, 십자군 전쟁으로 흥성하게 된 이탈리아 도시와 시민계급의 성장 그리고 이들이 쟁취한 자치권의 실현을 위한 새로운 형태의 정치체제에 대한 요구라는 내적 특수성에 의한 결과라는 것이다.

이상과 같이 살펴볼 때, 르네상스 휴머니즘의 목적은, 덕과 진리를 가진 '순수한 인간다움'이 아니라, 고대 로마처럼, 사회적·정치적 명예나 부를 가진 '세속적인 인간다움'을 가진 시민을 양성하는 것에 있었다고 할 수 있다. 크리스텔러의 주장처럼 후마니타스는 이런 목적을 위한 교육프로그램으로서 계속되어 왔던 것은 사실이지만, 부르트하르트의 주장처럼, 고대 그리스의 민주정체나 로마제국의 공화정체에 적합한 시민을 양성하려 했다는 점에서 중세 교회주도의 교육과는 단절된 '시대적 정신'을 도모했던 것도 사실이라고 할 수 있다. 즉 중세와 단절된 시대적 정신과 민주정체와 공화정체에 적합한 시민의 성장과 교육은 별개의 것이 아니며, 단지 후자가 실용적 목적이었다면, 전자는 그에 따른 현상을 가리켰다고 할 수 있다. 그러나 후마니티스와 후마니스타가 지향한 휴머니즘이 무엇이건 간에, 교육의 목적은 고대 그리스에서부터 근대에 이르기까지 국가 형태 또는 정치체제와의 관계 속에서 규정되었던 것은 분명하다. 그래서 가린과 바론의 해석처럼, "자유를 쟁취하려는 시민적 휴머니스트"와 이들에 의한 시민적 휴머니즘이 유럽에서 점차 국가형태로서 공화국과 정치형태로서 민주주의가 부활하는 데에 교육적 그리고 이념적 토대를 제공했다는 것도 분명하다고 할 수 있다.

3. 민본주의의 기원과 발전

(1) 데모크라시(Democracy)의 동양적 수용과 민본주의

앞에서 언급한 것과 같이, 휴머니즘이란 용어가 사용되고 동양에 수용된 것도 19세기 말 20세기 초의 일이라 할 수 있다. 휴머니즘을 문학으로 번역하건 인본주의나 인성 등으로 번역하건, 문화접변이 일어날 때 자국의 학문적 전통 등을 토대로 하여 외국의 문물을 해석하고 수용하는 것이 일반적이듯이, 동양 특히 일본이 서양의 문물을 수용할 때, 토대가 된 학문적 전통은 유학(儒學)이라 할 수 있다. 일본이 서양 문물(양학)을 체계적으로 수용하기 시작한 것은 1716년경 아라이 하쿠세키(新井白石)가 난학(네덜란드)을 수용했을 때부터인데, 이후 와타나베 카잔(渡辺華山), 타카노 초헤이(高野長英), 니시 아마네(西周), 나카에 초민(中江兆民), 그리고 이노우에 테츠지로와 오니시 하지메(大西祝)를 거치면서, 네덜란드–프랑스–독일 유학파(遊學派)의 순서로 학문 수용의 중심이 변화된다. 그러나 이들은 양학을 수용할 때 유교를 본으로 삼았는데, 그것은 메이지 정부의 주도하에 니시무라 시게키(西村茂樹)가 유교를 재편성하려고 했던 것이 영향을 미쳤을 수 있겠지만, 처음부터 근대 일본의 사상가들은 유교를 바탕으로 양학을 해석하고 수용하는 태도를 견지했던 것이 보다 큰 이유라고 할 수 있다. 니시 아마네가 필로소피(philosophy)를 철학으로 번역한 것과 이노우에 테츠지로가 철학용어사전인 『철학자휘』를 편찬할 때, 번역의 근거로 유교의 경전을 제시했다는 사실은 이를 잘 뒷받침해 준다고 하겠다.(미야카와 토루 외 2001, 21-110)

민주주의로 번역되는 데모크라시(democracy)도 예외는 아니었다. 1873년의 『영화자휘』는 데모크라시(democracy)를 민정(民政)과 공화정치(共和政治)를 병기하여 번역했던 반면, 『철학자휘』는 1881년 판본에서는 민정, 1912년 판본에서는 민정에 평민정치(平民政治)를 병기하여 번역했다. 공화의 유래가 고대 중국 주나라에서 왕(君)이 없이 제후들에 의해 정치가 이루어졌던 14년간의 시기를 가리킨다는 점에서, 『영화자휘』가 데모크라시(democracy)를 공화정치로 번역했을 때 유교 경전에 근거를 두었음이 분명하다.

또한 『영화자휘』와 『철학자휘』가 공통적으로 민정을 수록한 것은, 데모크라시를 어떤 사상이나 이념이 아니라 제도로 이해했다는 것은 말해준다. 공화를 군(君)이 아닌 신분에 의한 통치로 이해한 것처럼, 『영화雙해숙어대사전(英和双解熟語大辭典)』(1909)이 소셜 데모크라시(social democracy)를 "사회민주, 사회민주당"으로, 토리 데모크라시(Tory democracy)를 "보수민주(保守民主), 보수민주당"으로 번역하고, 『정상영화대사전(井上英和大辭典)』(1919)이 민주정치(民主政治)로 번역한 것도 데모크라시를 제도로 이해했다는 것을 보여준다.

『대한화사전(大漢和辭典)』(1925, 〈그림 3〉)과 현대신어연구회(現代新語研究會)가 편찬한 『이로하인현대어대사전(いろは引現代語大辭典)』(1931, 〈그림 4〉)과 같이, 데모크라시에 이념적 성격을 부여하면서 민주주의로 번역한 것은, 후마니타스가 르네상스 시기의 피렌체의 정치적·사회적 환경에서 "시민적 휴머니즘"이라는 운동으로 전개된 것과 같이, 중국의

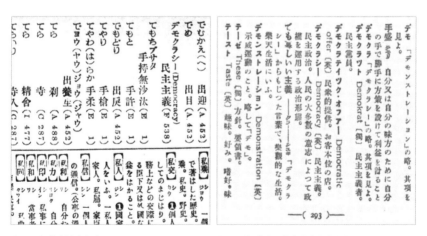

〈그림 3〉 『대한화사전』(1925, 1152)   〈그림 4〉 『이로하인현대어대사전』(1931, 293)

무술변법운동(1898)과 일본의 자유민권운동의 영향 때문이라고 할 수 있다. 두 운동의 공통점은 주권재민(主權在民)의 실현에 있었다고 할 수 있다. 무술변법운동의 경우, 담사동(譚嗣同)이 중국에 온 서양 선교사들의 저술에 나타난 기독교의 자유의지의 개념을 자주지권으로 이해하면서, 왕도(王韜), 정관응(鄭觀應), 강유위(康有爲), 양계초(梁啓超) 등과 함께 군민공주(君民公主), 자주지권(自主之權)을 외치며 입헌군주제 개혁을 시도했던 운동이라 할 수 있다.(양일모 2015, 3-7) 일본의 자유민권운동은 루소로 대표되는 근대 유럽의 자연권 사상이 확산되면서 전개된 것이다. 예를 들어, 우에키 에모리(植木枝盛)는 『민권자유론(民權自由論)』(1879)에서 "원래 국가란 인민이 모인 바의 것이지 결코 정부에 의해 만들어진 것도 아니며 군주에 의해 세워진 것도 아니다. 국가는 전적으로 백성에 의해 생겨난 것이다."라고 사회계약에 관해 설명하면서, '자주독립의 기질'을 갖춘 민이라는 주체에 의한 '작위의 능동성'을 지적하고, "국권을 펼치기 위해서는 먼저 민권을 펼쳐야 한다. 그렇지 아니하면 진정한 국권을 제대로 펼칠 수 없다."고 말한 바 있으며, 루소의 『사회계약론』의 1권을 『민약역해(民約譯解)』(1882)로 번역·출판한 프랑스 유학파 나카에 초민은 자유민권운동의 정신적 지주로서 추앙받기도 했다.(미야카와 토루 외 2001, 60-61)

특히 무술변법운동이 실패한 후 일본으로 망명한 양계초는 나카에 초민의 영향을 받았으며, 중국과 일본의 주권재민의 사상과 운동에 영향을 미쳤다고 할 수 있다. 예를 들어, 양계초가 ≪신민총보≫에 『신민설』을 연재하기 전인 1901년 『청의보(淸議報)』의 제96·95책에서 홉스(Hobbes), 스피노자(Spinoza), 루소를 소개하면서 자신의 정치적 입장을 표명했는데, 이 사상가들을 소개할 때 나카에 초민이 알프레드 훌리(Alfred Fouille)의 『철학사(Histoire de la philosophie)』를 번역한 『이학연혁사(理學沿革史)』(1885)를 참조했다는 사실을 들 수 있다.(양태근 2009, 214-215) 또한 양계초는 『선진정치사상사(先秦政治思想史)』(1922)에서 링컨(Abraham Lincoln)의 오브 더 피플(of the people), 바이 더 피플(by the people) 및 포 더 피플(for the people)을 각각 '정위민정(政爲民政)', '정유민출(政由民出)' 및 '정이위민(政以爲民)'으로 번역하면서, 유학에서 는 비록 바이 더 피플(by the people)에 대한 언급은 없었을지라도, '민유 방본'(民惟邦本 - 『僞古文尙書』「五子之歌」)과 '정재양민'(政在養民 - 『僞古 文尙書』「大禹謨」)과 같이, 오브 더 피플(of the people)과 포 더 피플(for the people)에 대응하는 이념, 즉 민본주의(民本主義) 또는 민본 사상이 존재했다고 주장하였다.(박병석 2014, 5) 이후 데모크라시에 대한 유교적 대응으로서 민본주의를 재해석하려는 시도는 소공권(蕭公權), 서복관 (徐復觀) 등으로 이어지는데(박병석 2014, 6-8), 이들은 유교에는 데모크 라시의 정치이념적 성격인 민유(民惟), 민향(民享)으로서 민본사상은 있 으나 제도적 성격을 가진 민치(民治)는 없었다는 점에서 데모크라시와 다르다는 점을 공유하고 있다.

한편 일본에서 데모크라시를 민본주의로 번역하기도 했다는 주장이 있다. 민본주의는 카야하라 카잔(茅原華山)이 천황의 조칙(詔勅)에서 따와서 최초로 사용했으며, 그 후 러일전쟁 이후 요시노 사쿠조오(吉 野作造)가 습용해서 널리 보급되었는데, 예를 들어 『광사원(廣辭苑)』에 서 요시노 사쿠조오는 민본주의를 주권의 소재에 대한 언급 없이 운 용의 민주화를 주장한 민주주의로 이해했다는 것이다.(김석근 2015, 30) 일본에서 데모크라시를 제도가 아니라 이념으로서 민본주의로 번역한 것이 요시노 사쿠조오의 유교적 해석이건 양계초, 나카에 초민의 자유 민권운동의 영향이건 간에, 민본주의는 데모크라시를 수용하는 과정 에서, 유교의 입장에서 데모크라시의 정치이념성에 상응하기 위해 발굴하고 주의(主義)를 붙여 만든, 사실상 신조어라는 것에는 변함이 없을 것이다.

(2) 민본의 정치이념성과 민의 정치객체성

유가들은 대체로 민본사상의 연원을 『서경』(書經, 또는 尙書)의 "민을 가까이 하고 업신여겨서는 안 된다. 민이야말로 나라의 근본이니, 근본이 단단해야 나라가 평안한 것이다〔民可近 不可下 民惟邦本 本固邦寧〕." (『서경(書經)』「夏書」, 〈五子之歌〉)의 '민유방본'과, 『맹자(孟子)』의 "민이 가장 귀하고, 사직(社稷)이 다음이며, 군주는 오히려 가벼운 것이다. 구민의 마음을 얻은 이가 천자가 되고, 천자의 신임을 얻은 이가 제후가 되며, 제후의 신임을 얻은 이가 대부가 된다(民爲貴, 社稷次之, 君爲輕. 是故得乎丘民而爲天子, 得乎天子爲諸侯, 得乎諸侯爲大夫)."(『孟子』「盡心下」)는 소위 '민위귀'에서 찾고 있다. 이를 고려하면, 유가의 정치 목적은 민생의 안정(爲民, 安民)을 최우선으로 삼았다고 할 수 있고, 그래서 정치는 경세(經世)와 같다고 해석할 수 있다.

연원을 이렇게 간주한다면, 민본사상은 데모크라시의 정치이념성과 상통한다고 할 수 있으며, 오히려 국가의 목적이 "국민의 생명, 자유와 재산의 보장"(Locke 1993, 178-181)이라는 근대 서양의 사상보다 훨씬 오래되었다고 할 수 있다. 그래서 비록 정치의 실제는 달랐다고 하더라도 유교를 통치이념으로 삼았다면, 민본사상이 정치이념으로서 기능했을 것이라는 추측을 부정하기는 어려울 것이다. 반면에 링컨의 연설을 해석한 양계초의 주장처럼, 민치, 민의(民意)에 따른 정치를 실현하는 제도가 없었다는 점에서 데모크라시와 차이가 난다는 것에는 쉽게 동의할 수 있을 것이다. 그러나 민주주의에 대한 비판적 시각들은 사실 제도 자체보다는, 예를 들어 대의제 비판과 정치엘리트론, 정경유착과 빈익빈부익부 비판과 같이, 과연 오브 더 피플(of the people), 포 더 피플(for the people)이 얼마나 충실히 실현되고 있는가를 겨냥한 것이라고 할 수 있다. 즉 민치의 제도가 있다 해도 오브 더 피플(of the people), 포 더 피플(for the people)이 실현되지 않는다면 민주주의라 할 수 없으며, 또한 피플(people), 민을 어떻게 정의하는가에 따라서도 민치의 유무를 다르게 평가할 수 있다는 점을 고려해야 한다는 것이다.

'오브, 포 더 피플(of, for the people)'의 역사적 사례를 찾고 증명하는 것은 매우 어려운 일이지만, 피플(people)과 민에 초점을 맞춰 민치의 유무를 증명하는 것은 상대적으로 가능한 일일 것이다. 다시 말해, 민치 혹은 '바이 더 피플(by the people)'의 개념의 유무는 동서양의 정치사에 있어서 민과 피플(people)의 정치적 주체성의 획득 여부와 관련되며, 따라서 열쇠는 민과 피플(people)의 의미와 발달 그리고 각각에 대한 시각이 변화한 원인을 찾는 것에 있다고 할 수 있다.

먼저 서양의 경우를 살펴보면, 고대 그리스 아테네의 데모크라시에 대한 평가는 부정적인 것이 지배적이다. 그런 입장의 시작은 플라톤이라 할 수 있는데, 플라톤이 데모크라시를 부정적으로 평가한 것은 제도적 결함이 아니라, 그것을 운영하는 사람, 즉 데모스(demos, 행정구역 단위 또는 그에 속한 사람, 대중)의 자질의 부재 때문이다. 사회계약론자로 분류되는 홉스, 로크는 물론 인민주권을 확립한 사상가로 평가받고 있는 근대의 루소도 『사회계약론』에서 인민의 자질에 대해 회의적인 입장을 견지하고 또 경계하는 것은 같은 이유에서라고 할 수 있다.

동양에서 민치의 개념이 없었던 것을 같은 관점에서 바라보는 것이 도움이 될 수 있다. 민이라는 글자의 기원에 관한 논쟁에서, 비록 글자의 기원에 대해 이견이 있고, 의미가 이주해 온 이방인을 가리키건, 눈을 찔리고 족쇄가 채워진 노예이건, 또한 농사를 짓는 사람들을 가리키는 단어로 발달되었건 간에(박병석 2014; 장현근 2015; 김석근 2015), 민이 항상 정치적 객체로 간주되었다는 점에서는 공통적이다. 사회의 신분질서를 유지한다는 측면에서 민의 정치적 주체성을 배제했을 가능성도 충분하지만, 정치를 함에 있어서 민의 자질의 부재, 혹은 정치적 자질을 갖춘 민이 있을 수 있는 가능성이 희박하다는 점에서 배제했을 가능성도 충분하다. 고대 그리스의 크고 작은 전쟁, 로마제국과 중근세 유럽 국가들의 전쟁, 중국의 춘추전국시대, 일본의 전국시대 등등, 사회정치적 격변의 시기에 신분이 상승하는 사람이 있었다는 것은 공통적으로 나타나는 현상이지만, 통치자로서의 자질이 없는 한 지위를 유지하지 못했다는 것도 공통적인 현상이라 할 수 있다. 즉 일반적으로 민은 정치적 자질이 부족하고 생업에 종사하는, "정치적으로 낮은 등급의 사람"(박병석 2014, 1)으로서 항상 정치적 객체로 간주되어 왔다는 것이다.

민과 대비되는 신분, 즉 정치적 주체로서 간주되어온 신분을 가리키는 말로 인(人)을 들어볼 수 있다. 문자로서 인과 민이 처음 출현했을 때부터 인은 지배층을, 민은 피지배층을 가리켰고, 이런 이유에서 정치현상을 기록한 중국의 초기 문헌은 예외 없이 피지배층인 민에 대한 지배층인 군과 인의 인식과 태도를 담고 있으며, 이것이 중국의 정치사상의 기본을 이루고 있다고 할 수 있다. 그래서 정통 유가의 정치사상 역시 민에 대한 인(人)의 인(仁) 또는 인정(仁政)의 맥락에서 논의되어 왔다.(박병석 2014, 4)

예를 들어, 공자는 『논어』 「학이」편에서, "천승(千乘)의 국(國)을 이끌려면 정사(政事)를 공경히 하여 믿음을 주고, 국용(國用)을 절약하여 인(人)을 아끼고, 민(民)을 부릴 때는 시기를 맞추어야 한다〔道天乘之

國, 敬事而信, 節用而愛人〕."(使民以時)고 말하고 있다. 장현근은 여기에서의 인을 두 가지로 해석한다. 첫째, 인을 관직에 있는 사람, 즉 『좌전(左傳)』에 등장하는 '국중(國中)의 사(士)' 이상으로 보는 경우인데, 주희(朱熹)가 인과 민을 구분하는 방식이다. 이럴 경우 인은 춘추전국 시기에 정치에 참여했던 사람들을 가리키던 국인(國人) 개념과 유사해진다. 둘째, 인을 제후국 안의 모든 사람을 포괄하는 것으로 생각하는 경우이다. 이렇게 생각할 때, 인은 사람 일반을 가리키는 개념이 되고, 민은 나라의 지배를 받는 사람이라는 정치적 의미가 부여된 것으로 볼 수 있다는 것이다. 그러나 앞에서 언급했듯이 맹자의 "민위귀"에서의 민은 노예나 이주민을 의미하는 것이 아니라, 신분적 제한을 거의 두지 않은, 보통 사람들 전체를 가리키는 뜻으로 변화된 것이라고 덧붙이면서, 맹자가 살았던 전국시대 중기까지 국인의 정치적 역할이 상당히 컸으며, 맹자는 측근이나 대신들보다 국인들의 말을 정책 판단의 준거로 삼으라고 주장했다고 적고 있다.(장현근 2009; 2015)

춘추전국시대와 같은 격변의 시기에 신분의 급격한 변동이 일어나건, 장기간에 걸쳐 일어나건 간에, 처음에 노예나 이주민을 가리키던 민의 의미가 점차 나라의 지배를 받는 사람을 가리키는 것으로 발달했다는 것을 부인하기 어려울 것이다. 그러나 주자의 해석(성리학)이 중국은 물론 조선과 일본에 전래되고 발달된 것을 고려할 때, 비록 맹자 이래로 민의 범주가 확대되었다고 하더라도, 인과 민의 구분이 계속되었을 가능성 또한 배제하기 어렵다. 즉 인은 국인과 같이, 정치적 주체나 주체가 될 수 있는 신분의 사람을 가리키고, 민은 단지 정치적 객체로서의 사람을 가리키는 의미로 받아들여져 왔을 가능성이 충분하다는 것이다. 무술변법론자들이 군민공주와 입헌군주제를 주장하면서 민권을 말할 때, 민은 중국의 향신(鄕紳)을 그래서 민권은 신권(紳權)을 의미했다는 사실은 인과 민을 구분해 왔다는 것에 대한 하나의 증거가 된다고 할 수 있다.(양일모 2015) 또한 휴머니즘을 인본주의로 번역한 예는 있으나 민본주의로 번역한 예는 찾아볼 수 없고, 또 근대 이전까지 주로 부정적인 정치제도로서 평가되었던 데모크라시를 민정, 민주주의로 번역한 예는 있으나 인정(人政)이라든가, 인민정치 또는 인주주의(人主主義) 등으로 번역한 사례가 없었다는 것도 재미있는 근거가 될 수 있을 것이다. 이렇게 생각할 때, 공자와 맹자의 가르침처럼, 유학은 민이 아니라 인을 대상으로 한 정치학(사상)이었다고 해석하는 것이 가능하고, 민본사상은 인이 나라의 정치에 관여할 때 본으로 삼아야 할 것이 무엇인지를 일깨워 주려는 이념이었다고 해석하는 것 또한 가능하게 된다. 그러나 이것이 민이 인이 될 가능성이 없었다는 것을 의미하는 것은 아니다.

4. 중간계급의 부상과 민주주의

(1) 후마니스타와 시민계급의 성장

도시와 시민계급의 성장에 의해 발달한 시민교육은 국가와 교육에 있어 획기적인 변화를 가져왔다. 2절에서 언급한 바와 같이, 그런 변화는 대학에서 비롯된다. 재판과 관련된 직업을 가질 수 있는 법학, 의사가 될 수 있는 의학, 신부가 될 수 있는 신학 등 실용적인 목적에 따라 학생들이 몰리면서 탄생한 대학은 길드 형태의 조직으로서[9] 자치권을

---

9 대학을 뜻하는 university의 어원은 단체나 조합을 의미하는 라틴어 universitas이며,

기반으로 하고 있었다. 교수와 학생은 병역, 부역, 세금이 면제되었고, 학장, 총장 선출권은 물론 자유롭게 여행할 수 있는 신분상의 보호와 자유가 허용되었다. 유럽에서 15세기에 80개교, 16세기 말에 108개교가 설립될 정도로 대학이 성장한 것과 로마제국 시기에 인문교사만을 가리켰던 후마니스타가 대학의 교수는 물론, 후마니타스를 배우는 학생과 연구자 모두를 가리키는 말로 확대되는 등(김영한 1975, 70-71), 학문하는 사람의 자유로운 단체로서 교황과 국왕으로부터 특권을 인정받은 소위 중세 3대 세력의 하나로 꼽힐 정도로 성장한 것이다.(임채식 외 2015, 204-206; 최미리 2016, 76-80)

대학의 증가와 시민계급의 성장은 도시의 성장뿐만 아니라 종교개혁과 전쟁, 절대왕정과 관료제의 등장으로 인해 교육 공급과 수요가 크게 증가한 결과였다고 할 수 있다. 종교개혁은 구교와 신교로 하여금 자신들의 입지를 강화하고 성직자 양성을 통해 신앙을 전파하기 위해 경쟁적으로 학교를 설립하고 교육에 열중하도록 만들었다. 예를 들어, 칼뱅(Calvin)은, 그 자신도 파리의 마르쉐(Marche), 몽테규(Montaigu), 오를레앙(Orleans)과 부르주(Bourges) 꼴레주(collège)에서 수학하고, 1531년에 오를레앙에서 법학박사학위를 받은 뒤에도 루와얄(Royal) 대학을 다니는 등 많은 대학을 다녔으며, 심지어 1559년에 라틴어와 교양교과를 가르치는 초중등 교육과정과 철학, 신학, 히브리어와 그리스어, 심화교양 교과를 가르치는 대학과정으로 구성된, 오늘날의 제네바대학교의 전신인 제네바학교(Genèva academie)를 설립했다. 이에 가톨릭 교회도 중등교육과 대학교육을 병행하는 꼴레주를 설립하는 것으로 대응했다. 1710년의 통계에 따르면, 1679부터 1718년까지 거의 일 년마다 하나의

---

college는 학생조합이 설립한 합숙소(Collegium)에서 유래되었다.

꼴레주가 설립될 정도였고, 대부분의 학생들은 부르주아 출신의 아들들이었다.(서정복 2006, 4-9; 113-119) 교육을 받은 부르주아, 즉 시민은 예를 들어 고등법원 변호사가 된, 부유한 장인의 아들 장 보댕(Jean Bodin)이나 의사이자 최초의 경제학자로 불린, 가난한 소농의 아들이었던 프랑스와 께네(François Quesnay)처럼(헨리 히그스 1994, 24), 귀족과 친교를 쌓고 때로는 왕의 지원(연금)을 받게 될 정도로, 명예와 부를 얻을 수 있는 지위를 획득할 수 있었다. 보댕과 께네뿐만 아니라 유럽의 계몽주의를 이끈 홉스, 로크, 흄, 애덤 스미스, 디드로, 루소, 칸트 등은 모두 시민계급 출신이었고, 이들 중 로크와 루소의 인민주권, 사회계약론은 특히 미국과 프랑스의 독립과 혁명 그리고 민주주의 정치체제가 성립되는 데에 커다란 영향을 미친 것으로 평가받고 있다.

한편, 유럽의 군주들은 종교전쟁과 내전에 대처하기 위해 중앙집권화된 관료제를 조직하면서 절대왕정으로 대응하였다. 교회와 마찬가지로 절대군주들 또한 자신과 국가의 안녕을 위해 신민의 지지를 확보해야 할 필요가 있었을 뿐만 아니라 충성스럽고 효율적인 행정가가 필요했기 때문에 교육에 열중하였다. 행정관료들은 '엘리트 시민'으로 간주되었으며, 관료교육은 '신사(gentleman)'를 양성하는 것에 초점이 맞춰졌다. 예를 들어, 엘리엇 경(Thomas Elyot)은 최초의 영어판 교육론이라 할 수 있는 『통치자란 이름의 우두머리(The Boke Named the Governor)』(1531)를 출간했는데, 16세기 말에 9판이 출판될 정도로 인기가 있었던 이 책은 플라톤과 키케로의 저작을 통해 도덕철학을 교육할 것을 강조하고 있지만, 주된 목적은 신참 공직자, 즉 통치자가 갖추어야 할 기술을 제시하는 데 있었다. 실제로 정부 3부처 - 중앙정부의 관리, 판사와 대법관, 의회의원 - 에 필요한 인재 대부분은 귀족 등 상위계급이었기 때문에, 이들이 공적 활동을 할 수 있도록 하는 것이 교육의 실제적인 목표였다. 그래서 유럽의 많은 국가에서 상류층 자제들은 공직을 맡을 엘리트 시민이 될 준비를 한다는 목적을 가지고 키케로, 그로티우스, 푸펜도르프의 저작 등을 통해, 지리, 역사, 법학 및 정치에 관해 교육받았다.(데릭 히터 2007, 63-73) 예를 들어, 프랑스 귀족의 자제들은 앙리 4세 이후, 제수이트 드 라 플레쉬(Jesuites de La Flèche)와 끌레르몽(Collège de Clermont) 대학을 졸업한 후에 궁정의 사무를 담당했으며, 루이 13세 때는, 몰락한 봉건영주의 아들이었으나 교육을 통해 추기경이자 총리가 되었던 리슐리외(Richelieu)가 관료를 양성하기 위해 설립한 왕립아카데미에서 신체훈련, 군사적 방어를 위한 지리학과 수학의 원리 등을 교육받았다.(서정복 2006, 4-9; 데릭 히터 2007, 64)

이와 같이 교회와 절대군주의 필요에 따라 촉진된 대학과 시민교육의 성장은, 결과적으로 17, 18세기 유럽의 계몽주의를 발흥시키고 유럽의 대부분의 국가들로 하여금 공화국과 민주주의 정치체제를 채택하는 데 커다란 영향을 미쳤다고 할 수 있다. 계몽주의는 교육의 목표와 대상을 신사와 상위계급에서 시민과 모든 계층으로 확대시키는 데 기여했고, 미국의 독립, 프랑스 혁명과 나폴레옹 전쟁은 시민권과 시민의 개념을 확대·변화시켰으며, 새로운 시민권과 시민의 개념은 민주적 권리를 부여받은 한편, 국민국가에 충성의 의무를 지는 대중으로서의 시민을 가정했다. 이와 함께 교육받지 못한 사람들에게 완전한 시민권을 부여하는 것에 관한 논쟁이 생겨날 정도로 민주주의 정치체제와 교육의 관계에 대한 관심을 증폭시켰다. 예를 들어, 루소의 영향을 받은 미라보(Mirabeau)와 꽁도르세(Condorcet)는 공교육(보통교육)이 없이는 헌정구조가 유지될 수 없다고 하면서 모든 이들을 공화주의적 도덕을 가진 시민으로 양성해야 한다고 주장했는데, 비록 종교적인 도덕을 시민의 도덕으로 대체하는 것에 대한 반발로 큰 성과를 보지는 못했다

하더라도, 이들의 노력은 시민권의 확립, 정치와 교육의 관계 그리고 시민교육을 위한 교과서들이 정부의 후원으로 생산되어 시민교육을 주도하게 하는 데에 기여했다고 할 수 있다. 이런 노력이 계속됨에 따라 점점 더 시민교육이 종교교육을 대체했으며, 학생들이 스스로를 국가와 동일시하며 시민으로서의 의무뿐만 아니라 권리도 숙지하도록 하는 교육이 유행하게 되었다.(데릭 히터 2007, 66; 92-102; 137-143)

정리하건대, 르네상스의 후마니타스는 '시민적 휴머니즘'을 이끌었고 17, 18세기 계몽주의를 거쳐 공화국과 민주주의를 확산시키는 데 기여했으며, 유럽의 많은 국가들이 민주공화국으로 전환한 19, 20세기를 거치면서, 그 교육의 목적과 대상이 전 인민을 대상으로 민주주의 정치체제에 적합한 시민을 교육하는 것으로 변화하게 되었다는 것이다. 이런 과정과 궤를 같이 하여 '자유롭고 독립적인 개인'이자 수준 높은 교육을 받은 시민계층이 점차 '정치적 주체'로서의 위상을 확보해 갔으며, 오늘날과 같은 민주주의의 확산과 발달을 이끌어내게 되었던 것이다.

(2) 민본주의와 인재 등용

유학·유가의 유(儒)의 뜻에 대해 여러 가지 해석이 있는데, 허신(許愼)의 『설문(說文)』에 의하면, 유(儒)는 유야(柔也), 술사지칭(術士之稱), 인인수성(人人需聲)이라고 하여, 유(柔)로서 술사를 가리키며 온화유순한 인품의 소유자로서 사회에 수용되는 유용한 인재라는 뜻이다. 또한 유는 문자 그대로 학자 또는 문사(文士)를 뜻하며, "유들은 무엇보다도 옛 경전에 밝은 교사들이었고 또 고대 문화유산의 상속자"를 말하기도 한다.(손인수 1991, 512-513) 즉 서양에서 인문학의 교과를 가르치는 교사를 일컫던 후마니스타·휴머니스트와 같은 의미를 지니고 있었으며, 서양에서와 마찬가지로, 유학·유가의 유는 그 자체로 계급적 성격을 지니고 있었다는 것이다. 그 이유는, 중세 로마의 휴머니즘이나 근대의 휴머니즘과 마찬가지로, 동양에서도 국가의 관리로서 각종 공무를 담당할 인재 및 인재교육, 다시 말해 서양보다 먼저 발달한 관리등용 제도와 불가분의 관계를 가지고 있기 때문이다.

중국 주대(周代, BC 1046-BC 771)에 행해지던 교육과목은 예(禮)·악(樂)·사(射)·어(御)·서(書)·수(數) 등 6종류의 기술을 가리키는 육예(六藝)이다. 예는 예용(禮容), 악은 음악, 사는 궁술(弓術), 어(御)는 마술(馬術), 서는 서도(書道), 수는 수학(數學)이다. 육덕(六德: 知·仁·聖·義·忠·和), 육행(六行: 孝·友·睦·婣·任·恤)과 합쳐 경삼물(卿三物)이라고 하는데 경대부(卿大夫)가 인물을 선발할 때 표준으로 삼았다. 육예는 사대부의 기초적인 교양으로 간주되던 『시경(詩經)』, 『서경(書經)』, 『예기(禮記)』, 『악기(樂記)』, 『역경(易經)』, 『춘추(春秋)』의 육경(六經)을 가리키기도 했는데,[10] 그것은 사대부가 육예를 쌓아 관리로 등용되기 위해 공부해야 할 과목이었기 때문이다.(손인수 1991, 512) 주나라가 힘을 잃고 전국시대에 진입하게 됨으로써 부국강병과 인재 등용이 더욱 중요하게 되자, 귀족의 몰락을 대신할 새로운 신분으로서 사(士) 계층이 부상하게 되었다. 이 시기에 공자(孔子)가 전래되던 유교를 집대성하게 된 것은 결코 우연한 일이 아닌 것이다.

---

10 유가의 경전은 육경에서 점점 늘어나 송대(宋代)에 이르러, 『논어(論語)』, 『맹자(孟子)』, 『시경(詩經)』, 『서경(書經)』, 『역경(易經)』, 『주례(周禮)』, 『의례(儀禮)』, 『예기(禮記)』· 『중용(中庸)』·『대학(大學)』, 『춘추좌씨전(春秋左氏傳)』, 『춘추공양전(春秋公羊傳)』, 『춘추곡량전(春秋穀梁傳)』, 『이아(爾雅)』, 『효경(孝經)』이 포함되어 총 13경으로 확대된다.

지배계급이자 학문으로서 유가와 유학은 전국시대를 통일한 진(秦, B.C. 249-B.C. 207)나라 시황제에 의해 오히려 탄압을 받기도 했으나, 한대(漢代, B.C. 206-A.D. 24)에 이르러 비교적 체계적인 관리등용제도를 시행하면서부터 점점 더 그 지위가 강고하게 되었다. 무엇보다도 유가와 유학의 지위를 강고하게 만든 것은 바로 중국의 대표적인 관리등용제도인 과거제의 시행이었다. 과거제는 시작 시기에 관한 논란이 있으나 대체로 수대(隋代, 581-618)에 처음 시작하여 당대(唐代, 618-907)에 정착한 이래 20세기 초까지 약 1,300년 동안 정기적으로 일정한 과목을 시험하고, 객관성과 기회 균등의 유지와 같은 특징을 가진 관리등용제도로서, 이념적으로는 "능력과 덕을 갖춘 인재를 선발하여 관리에 임명한다."는 공자 이래의 이상을 담고 있고, 현실적으로는 인간이면 누구나 갖고자 하는 지위와 권력 그리고 재부(財富)와 명예를 동시에 얻을 수 있는 기회로서 간주되었기 때문이었다.(오금성 2010, 245)

당 초기에는 한에서 수대에 걸쳐 실시한 수재과(秀才科)를 답습했는데, 수대와 마찬가지로 당대에도 수재과에서 요구하는 유학의 수준이 높아 일반 사인(士人)들이 응시하는 것을 두려워하여 오래지 않아 폐지되었고, 기타 명경과(明經科)와 진사과(進士科)를 제외한 기타 잡과는 관리에 나갈 길이 좁았기 때문에 사인들의 별 관심을 끌지 못했다. 즉 명경과와 진사과 두 과가 당대 과거의 중요한 근간이 되었으며 가장 많은 사람이 응시한 과거가 되었다. 명경과 고시는 일경, 양경, 삼경, 오경 등의 구분이 있었으나 십여 권의 각종 유가경전에 대한 암기와 이해를 시험했으며 여기에 『노자(老子)』가 처음으로 포함되었다.(金諍 1994, 77) 명경과는 첩경(帖經)과 묵의(墨義)로 구분되는데, 첩경은 일종의 괄호 넣기 방식의 시험인데, 10첩 가운데 6개 이상을 맞추면 합격이었다. 묵의는 필기시험으로서 시험관이 경문에 근거해 출제하면 응시자는 해당 경문의 주해(注疏)나 앞뒤의 내용을 써서 답하는 방식이다. 예를 들어, "'작자가 일곱 사람이다' 여기서 일곱 사람의 이름을 쓰시오."라는 문제가 나왔다면, 응시자는 이 구절이 『논어(論語)』「헌문(憲問)」편에서 출전한 것을 알고 거기서 말한 백이(伯夷), 숙제(叔齊), 장저(長沮), 걸익(傑溺) 등 일곱 명을 근거로 "일곱 사람은 누구누구이다. 삼가 답함(七人, 某某也, 謹對)"이라고 써야 했다.(金諍 2003, 90-91) 즉 명경과 등 과거에 합격하기 위해서는 유가의 거의 모든 경전에 대한 암기와 이해는 물론이거니와 당중후기에 이르러 진사과의 시부(詩賦)가 인기가 높아지면서 문학적 재능까지 겸비해야만 했다는 것이다.(金諍 2003, 91-101)

일단 관인(官人)이 되면 높은 신분과 여러 면에서 항상 평민과 구분되는 우월성을 가졌던 것은 분명하다. 그러나 관직과 과거제가 황제의 종실이나 공신 그리고 사인들의 전유물은 아니었다. 예를 들어, 청조(淸朝)의 경우, 황제의 종실과 국가에 공을 세웠거나 특별한 은총을 받는 귀족가문도 여러 개의 등급으로 나뉘어졌으며, 점차 강등되어 최하위인 12등급에 이르면 세습이 끝나게 되기도 했고, 이들의 관직 진출도 등급에 따라 한정되었다.(何柄棣 1988, 20-27) 일반관료는 1~3품관의 상층, 4~7품관의 중층 그리고 8, 9품의 하층관리로 나뉘었는데, 종실이나 공신 이외의 일반관리의 등급은 학문적 지위에 의해 정해졌다. 최고의 학위인 진사(進士)는 수도에서 회시(會試)와 전시(殿試)를 통과해야 얻을 수 있는 자격으로 거의 자동적으로 중급관리에 임명되었고 관직임용에 최고의 우선권이 부여되었다. 중간 학위인 거인(擧人)은 각성(省)에서 향시를 통과한 사람으로 하급관직에 임명될 수 있는 자격이 부여되었다. 다음으로 공생(貢生)은 낮은 학위이지만 거인과 함께 예비관료와 평민 사이의 경계를 긋는 중요한 의미를 지니고 있었다.

가장 낮은 학위라 할 수 있는 생원(生員)은 유학의 재학생으로 각성의 제학관(提學官)이 주관하는 정기적인 시험에 응시하여야 하며 관직의 기회는 없었으나 졸업 후에는 하급관직에 임명될 수 있는 자격이 부여되었다.(何炳棣 1988, 27-31)

학위에 따라 관리를 임명하는 과거제의 정착, 특히 명초에 현(縣)·주(州)·부(府)·성(省) 단위로 관학과 전국 규모의 장학금제도가 설치되고, 유가의 경전을 교과서로 삼아 교육하게 됨으로써, 유교는 불평등한 신분질서를 정당화해줌과 동시에 사회적 신분은 개인의 능력에 따라 결정된다는 원칙을 확산시켰다. 이는 학위를 얻어 관리가 될 수 있는 신분이 사인에서 점차 공상인(工商人)으로까지 확대되는 결과를 낳았다. 중국은 기본적으로 중농(重農)정책을 폈고 농민을 귀하게 여겼기 때문에, 예를 들어, 가난한 농민이지만 1529년에 진사가 되고 어사(御史)를 지낸 양작(楊爵)처럼, 농민이면 누구나 과거에 응시할 수 있는 자격이 부여되었다. 그리고 특히 청조에 이르러, 거인이 되어 지방관리가 된 대장장이 오중량(吳中良) 사례와, 부유한 상인이 자신의 두 아들이 최초의 학위인 생원이 되었을 때는 별다른 반응을 보이지 않다가, 둘째 아들이 하급관리에 임명될 수 있는 거인의 학위를 얻게 되는 향시에 합격하자, "이제야 우리는 이 장사에서 벗어날 수 있게 되었다."고 소리쳤다는 예가 있다.(何炳棣 1988, 30; 98-99)

이와 같이, 과거제와 함께 관이 인재교육을 주도한 결과, 또 개인의 능력에 따라 사회적 신분이 결정된다는 유교의 이념은 신분의 고하를 막론하고 널리 확산되게 되었고, "30세에 명경과에 합격하면 너무 늦은 것이고, 50세에 진사과에 합격하면 빨리 합격한 것[三十老明經, 五十少進士]"이라는 속담이 있을 정도로, 사인은 물론 많은 평민들도, 비록 일대(一代)에 그치긴 하지만 관직을 얻어 지위와 재부를 얻기 위해, 일

생 유학 공부에 매진하는 경우가 비일비재하게 된 것이다.(오금성 2010, 248-249)

5. 결론

이상과 같이 휴머니즘과 민본주의의 개념과 발달을 살펴본 바를 바탕으로, 양자의 유사성과 상이성을 탐색해 보면 다음과 같이 정리될 수 있을 것이다. 유사성으로 첫째, 근대의 휴머니즘과 민본주의는 교육 또는 교육프로그램의 사회적 영향에 의해 고취된 일종의 정신이자 이념이라는 점이다. 휴머니즘과 민본주의가 각각 그리스–로마의 고전과 유가의 경전을 교재로 삼았다는 것도 교육 또는 교육프로그램의 유사성을 강화해 주는 사실이다.

둘째, 휴머니즘과 민본주의의 현상을 주도한 계층은 중간계층 이상의 지배계층이었다는 점이다. 휴머니즘을 주도한 후마니스타는 '인문교사'로서 지배계층 또는 지배계층이 되고자 했던 중간계층의 출신이었으며, 민본주의를 확산시킨 유가 또한 유학의 교사이자 관인층으로서 중간계층 이상의 지배계층을 이루었다는 사실이다. 그래서 또한 셋째, 휴머니즘과 민본주의는 국가의 공무를 담당할 관리 또는 인재 등용과 불가분의 관계를 가지고 있었다는 점을 들 수 있다. 아우구스티누스의 사례와 피렌체에서 시민적 휴머니즘이 활발하게 된 것은, 사회적 지위와 부를 위해 공직을 얻으려는 실용적인 목적의 교육에 의해서였으며, 민본사상이 널리 고취되게 된 것 역시 학위를 얻고 관리가 되어 사회적 지위와 재부를 얻으려는, 유학교육의 실용적 이용에 의해서였다는 것이다.

이 세 가지에 근거하여 결과적으로 넷째, 휴머니즘과 민본주의는 지배계층이 될 수 있는 신분의 범위와 신분 이동을 확대시켰다는 것 또한 공통적이라 할 수 있다. 고대의 후마니타스가 로마제국 전역에 확산된 것과 함께 로마제국의 시민권이 확대된 것 그리고 로마원로원에 속국의 출신의 의원이 과반수 이상을 차지한 사실과, 관인층이 다양한 계층과 신분으로 구성되었고 청조에는 공상인 출신도 학위를 취득하여 관직에 오를 수 있었던 사례들은 이를 잘 대변해 준다고 할 것이다.

이와 같은 유사성에도 불구하고 휴머니즘과 민본주의는 몇 가지 상이성을 지니고 있다. 첫째, 휴머니즘이 사회적 현상으로서 민간 차원에서 주도된 경향이 강하다면, 민본주의는 국가 차원에서 주도된 경향이 강하다는 것이다. 서양에서는 민주주의 정치체제가 절대왕정을 대체하기 전에는 인재 등용과 교육을 국가가 주도한 사례가 없었던 반면, 동양에서는 오히려 국가가 적극적으로 인재교육과 등용을 주도해 왔기 때문이다. 둘째, 휴머니즘이 발달하여 결과적으로 민주주의의 이념과 태동을 낳게 한 근거이념이 되었던 반면, 민본주의는 오히려 기존의 질서를 보수하는 유가의 이념을 재생산하는 데에 기여함으로써, 기존의 정치체제를 변화시키는 힘으로 작동하지 못했으며, 민주주의의 전래와 번역과정에서 역사적인 근거와 의의가 부여된 신조어였을 뿐이라는 점이다.

민주주의에 민본주의가 결합 또는 융합될 수 있는 접점은 이상에서 정리한 일곱 가지의 유사성과 상이성 모두를 포함한다고 할 수 있다. 휴머니즘과의 상이성을 상쇄시켜 유사성을 높일 수 있다면, 민본주의를 근거로 하여 민주주의를 설명할 수 있는 이론을 구축할 가능성을 높일 수 있을 것이다. 즉 유가의 경전교육(또는 교육프로그램)이 개인들의 실용적 목적을 달성하는 데에 기여할 수 있는, 국가 공직을 담당할 인재로 등용될 수 있는, 그리고 누구에게나 기회가 주어질 수 있는 제도나 기반을 마련한다면, 민주주의와 민본주의는 결합될 가능성이 높아질 것이다. 그러나 다만, 그러한 제도나 기반을 마련하는 것은 국가가 주도하기보다는 민간 차원에 맡길 필요가 있으며, 유교적 질서를 보수하는 이념을 재생산하는 것이 아니라, 민주주의에 부합하는 민치의 이념, 예를 들어 "능력과 덕을 갖춘 인재를 선발하여 관리에 임명한다.", "사회적 신분은 개인의 능력에 따라 결정된다."는 원칙을 보다 철저하게 실현함으로써, 지배와 피지배 계층 간의 이동이 보다 원활하게 하여 인민의 평등에 기여하는 이념으로 거듭나야 할 필요가 있다는 것이다.

마지막으로, 휴머니즘과 민본주의를 융합하고 결과적으로 유가의 민본주의가 유교 교육이 오늘날의 시민교육과 시민의 양성에 기여할 수 있도록 하는 제도나 기반이 마련되어야 한다는 것이다. 그리고 아마도 제도나 기반을 마련하는 것에 선행해야 할 작업은 유가의 경전을 보다 원전의 뜻에 가깝게 해석하고 고수하기보다는, 민주주의에 기여할 수 있는 민본사상의 내적 논리를 찾아 오늘의 현실에 맞게 재해석하고 재정립한 교육프로그램(교육과정)을 구성해내는 일일 것이다.

참고문헌

G. F. 넬러. 정희숙 역. 1990. 『교육철학이란 무엇인가』. 서울: 서광사.

곽차섭. 1985. 「르네상스 휴머니즘의 이해에 대한 재검토: Kristeller학파의 수사적 휴머니즘에 대한 비판을 중심으로」, 『역사학보』 108집.

김석근. 2015. 「民本과 '民主主義' 개념과 정치: 비판적 고찰과 현재적 함의」, 선비민주주의 총서학 연구팀 제2차 학술회의 발표집. 25-36.

김영한. 1975. 「르네상스 휴머니즘과 수사학」, 『역사학보』 66집.

김용민. 2008. 「키케로에 있어서 수사학과 정치」, 『한국정치연구』 17권 1호.

金諍. 1994. 강길중 옮김. 『중국문화와 과거제도』. 대구: 중문.

金諍. 2003. 김효민 옮김. 『중국과거문화사』. 서울: 도서출판 동아시아.

데릭 히터. 2007. 김해성 옮김. 『시민교육의 역사』. 서울: 한울아카데미.

미야지마 다츠오(宮島達夫). 「일본어의 사전」, 『새국어생활』 제2권 4호. 93-106.

미야카와 토루 외. 이수정 옮김. 『일본근대철학사』. 서울: (주)생각의 나무.

박병석. 2014. 「중국 고대 유가의 '민'의 관념」, 『한국동양정치사상사연구』. 3권 2호. 1-80.

빌헬름 딜타이. 2009. 손승남 옮김. 『고대 그리스와 로마의 교육』. 서울: 지식을만드는지식.

신창호. 2010. 『「大學」, 유교의 지도자 교육철학』. 파주: 교육과학사.

아리스토텔레스·크세노폰 외. 2002. 최자영·최혜영 옮김. 『고대 그리스정치사 사료: 아테네·스파르타·테바이 정치제도』. 서울: 도서출판 신서원.

양일모. 2015. 「근대 중국의 민주 개념」, 선비민주주의 총서학 연구팀 제2차 학술회의 발표집 별쇄본.

양태근. 2009. 「루소 정치사상의 전파 과정을 통해 본 중국 전통사상과 서구 정치사상의 교류와 소통」 『중국현대문학』 제48권. 207-230.

오수웅. 2015. 「플라톤의 '좋음의 이데아': 개념추론과 정치교육적 함의」, 『21세기정치학회보』 25집 1호. 1-24.

오금성. 2010. 「중국의 과거제: 그 이념과 정치사회적 영향」, 『한국사시민강좌』 46집. 244-262.

임채식 외. 2015. 『교육철학 및 교육사』. 파주: 양서원.

장현근. 2009. 「민(民)의 어원과 의미에 관한 고찰」, 『정치사상연구』. 제15집1
　　　호. 131-157

_____. 2015. 「동양에서 政治와 民 개념의 형성과 변천」, 선비민주주의 총서
　　　학 연구팀 제2차 학술회의 발표집. 189-202

정기문. 2012. 「로마의 후마니타스와 인본주의」, 『서양고대사연구』30집.

최미리. 2016. 『서양교육사』. 서울: 도서출판 문예사조.

클로드 모세. 2002. 김덕희 옮김. 『고대 그리스인의 시민』. 서울: 동문선.

플라톤. 1997. 박종현 옮김. 『국가 · 정체』. 파주: 서광사.

_____. 2000. 김태영 옮김. 『정치가』. 파주: 도서출판 한길사.

_____. 2007. 이정호 옮김. 『크리티아스』. 서울: 이제이북스.

何炳棣, 조영록 옮김. 1988. 『中國科擧制度의 社會史的 硏究』. 서울: 동국대학
　　　교 출판부.

헨리 히그스, 김기태 · 배승진 옮김. 1994. 『프랑소와 케네와 중농주의자』. 서
　　　울: 비봉출판사.

Black, Robert. 2001. *Humanism and Education in Medieval and Renaissance
　　　Italy*. Cambridge: Cambridge University Press.

Cooper, John M. 1997. *Plato Complete Works*. Indianapolis: Hackett
　　　Publishing Company.

Halliwell, Martin & Andy Mousley. 2003. *Critical Humanisms*. Edinburgh:
　　　Edinburgh University Press.

Locke, John. 1993. *Two Treatise of Government*. Edited by Mark Goldie.
　　　London: Everyman.

Meinert, Carmen. 2010. *Traces of Humanism in China*. New Brunswick:
　　　Transaction Publishers

Plato. 1968. *The Republic of Plato*, translated by Allan Bloom. New York:
　　　Basic Books.

● 신정근

약력

서울대학교 철학과 졸업
동 대학원 철학과 석사, 박사

현 성균관대학교 동양철학과 교수
　성균관대학교 유학대학장
　성균관대학교 유교문화연구소장
　(사)인문예술연구소 이사장

저서

『마흔, 논어를 읽어야할 시간』(2011), 『공자의 숲, 논어의 그늘』(2015),
『신정근 교수의 동양고전이 뭐길래?』(2012), 『동양철학 인생과 맞짱 뜨다』(2014) 외
저역서 다수

논문

「商鞅 法사상의 내재적 특징」(동양철학, 2007),
「맹자와 순자 사상의 결정적 차이」(동양철학연구, 2011),
「유교 윤리의 '동반성'에 대한 현대적 재해석」(동양철학, 2010) 등

● 방상근

고려대 정치학 박사, 현재 여주대학교 사회복지학부 강사

경력

여주대 세종리더십연구소 선임연구원
한국정치학회 편집위원, 한국정치사상학회 이사, 한국동양정치사상사학회 감사

저서

『민의와 의론』(이학사, 공저, 2012)

논문

"철인왕 성종의 설득적 리더십"(2011), "성종과 포황(包荒)의 정치"(2012)
"다중적 근대의 모색"(2013), "대의민주주의위기와 공공성의 정치"(2015)
"Confucian Tradition and Human Rights"(2016)
"17세기 조선의 예(禮) 질서의 재건과 송시열(宋時烈)"(2017) 외 다수

● 임경석(zxmoz32@naver.com)

현 경기대학교 교양학부 초빙교수
튀빙엔대학 철학박사
한양대학교 서양철학석사
사회와철학연구회 연구기획위원장, 한국정치사상학회 회원, 한국아렌트학회 이사

저서 및 논문

『이해의 에세이』,(공저, 2012)
『한국교육 현실의 철학적 성찰』(공저, 2014)
『기본소득의 쟁점과 대안사회』(공저, 2014)
「세계화 시대와 소외된 노동」(2013)
「대한민국의 법치민주주의는 살아있는가?」(2015) 외 다수의 논문이 있음

● 심승우

현 한양대학교 유럽-아프리카연구소 연구교수
성균관대학교 정치학 박사
한국정치사상학회 이사 역임
한국정치학회 편집위원. 국제정치학회 연구간사

주요 저역서

『다문화 시대의 도전과 정치통합의 전략』(2013)
『정치학 : 인간과 사회 그리고 정치』(공저, 2015)
『아웅산 수치평전』(역서, 2013)

주요논문

"신자유주의 시대와 공화주의 시민경제의 모색"(시민과세계, 2016)
"민주적 시민성에 대한 동서양 교육철학의 통섭 모색"(공저, 안암교육학회, 2017)

● 함규진

현 서울교육대학교 윤리교육과 교수
성균관대학교 정치학 박사
성균관대학교 행정학 학사
한국정치학회 특임이사
한국평화연구학회 기획총괄이사

저서
『정약용, 조선의 르네상스를 꿈꾸다』(2012)
『조약의 세계사』(2014)

주요 논문
"17세기 초 조선의 恩義兼盡論 논쟁과 그 정치사상적 의의"(퇴계학과 유교문화, 2013)
"한국 신화의 정치의식 : 창세신화, 건국신화와 유사 세계 신화의 비교를 중심으로"(한국정치외교사논총, 2014)
"전통 동아시아 사상의 민주주의적 가능성 : 정약용과 황종희를 중심으로"(유교사상문화연구, 2016)

● 이현선

현 서울대학교 철학사상연구소 연구원
서울대학교 철학과 박사
서울대학교 철학과 석사

저서
『장재와 이정형제의 철학—기 철학과 리 철학의 대립』, 문사철, 2013
『정명도와 정이천의 철학(원제: Two Chinese Philosophers)』(역서), 심산, 2011
『마음과 철학(유학편)』(공저), 서울대학교 출판문화원, 2013

논문
「장재철학에서 '神' 개념과 마음의 문제」(2013)
「新儒學에서 마음과 도덕실천—張載와 二程형제의 철학을 중심으로—」(2014)
「정호의 철학과 明代 유학의 탈주자학적 경향」(2015)
「李滉의 程顥 철학 해석과 명대 유학 비판—「定性書」의 주요 개념을 중심으로」(2016) 외 다수

● 이시우

현 대전대학교 초빙교수
성균관대학교 동양철학과 박사
대전대학교 철학과 석사
인문예술연구소 이사 겸 편집위원장
한범동양인문학연구소 사무국장

저역서
『대역지미, 주역의 미학』(공역, 2013)
『동양의 지혜와 한국인의 삶』(공저, 2013)
"주역의 죽음담론을 위한 시론"(2012)
"공자 삶의 주제와 죽음의 변주"(2014) 외 다수

● 오수웅

현 숙명여자대학교 교육대학원 교수
한국외국어대학교 정치학 석 · 박사
한국정치사상학회 이사
한국정치평론학회 부편집위원장
글로벌교육연구학회 사무국장

저서
『루소, 정치를 논하다』(공저, 2017)
『좋은 삶의 정치사상』(공저, 2014)

주요 논문
"루소의 일반의지와 공동심의"(『한국정당학회보』, 2017)
"루소의 정치경제 : 부의 개념과 자유"(『문화와 정치』, 2017)
"플라톤의 좋음의 이데아 : 개념추론과 정치교육적 함의"(『21세기정치학회보』, 2015)
외 다수

선비민주주의 총서 II

제도적 통섭과 민본의 현대화

초판 1쇄 인쇄 2017년 8월 23일
초판 1쇄 발행 2017년 8월 31일

지은이   신정근, 방상근, 임경석, 심승우
         함규진, 이현선, 이시우, 오수웅
펴낸이   정규상
책임편집 신철호
외주디자인 고연
펴낸곳   성균관대학교 출판부
등록   1975년 5월 21일 제1975-9호
주소   03063 서울특별시 종로구 성균관로 25-2
대표전화   02) 760-1252~4
팩시밀리   02) 762-7452
홈페이지   press.skku.edu

ISBN   979-11-5550-243-3 94150
       978-11-5550-241-9 (세트)

잘못된 책은 구입한 곳에서 교환해 드립니다.

※ 이 책은 2014년 9월 1일부터 2015년 8월 31일까지
   한국연구재단 토대연구지원사업(과제번호 2014
   S1A5B4038412)의 지원을 받아 출판되었다.